现代建筑产业概论

叶 明 欧亚明
　　　　　　　　　著
张 静 姜 楠

中国建筑工业出版社

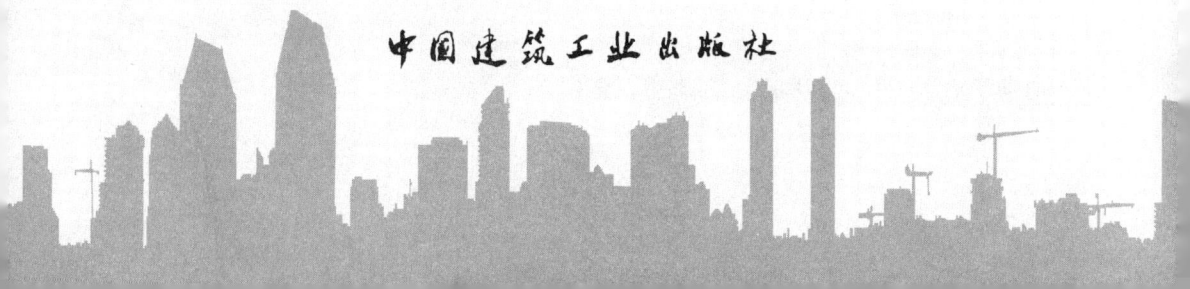

图书在版编目（CIP）数据

现代建筑产业概论 / 叶明等著 . — 北京：中国建筑工业
出版社，2020.9
　ISBN 978-7-112-25576-4

　Ⅰ. ①现…　Ⅱ. ①叶…　Ⅲ. ①建筑业—产业发展—研
究—世界　Ⅳ. ① F416.9

　中国版本图书馆 CIP 数据核字（2020）第 205816 号

本书结合产业经济学理论，以产业的视角和思维方式，系统地介绍了国内外建筑产业的发展概况，产业的形成与发展，现代建筑产业与建筑工业化、建筑产业现代化等之间的关系。全书共 8 章，分别是：建筑产业发展概况、建筑产业发展滞后原因分析、现代建筑产业概念与内涵、现代建筑产业体系建设、现代建筑产业技术创新体系、现代建筑产业的企业组织管理体系、现代建筑产业发展水平的评价、现代建筑产业政策。本书可供建筑行业管理人员参考使用。

责任编辑：尚春明　范业庶　万　李
版式设计：京点制版
责任校对：姜小莲

现代建筑产业概论

叶　明　欧亚明
　　　　　　　　著
张　静　姜　楠
*
中国建筑工业出版社出版、发行（北京海淀三里河路 9 号）
各地新华书店、建筑书店经销
北京点击世代文化传媒有限公司制版
北京市密东印刷有限公司印刷
*
开本：787 毫米 ×960 毫米　1/16　印张：16½　字数：244 千字
2020 年 10 月第一版　2020 年 10 月第一次印刷
定价：59.00 元
ISBN 978-7-112-25576-4
　　（36429）

序

  2020 年年初，突发的疫情一下子打乱了我们的生活和工作节奏，不能正常上班，也不能到外地出差，但这恰好给了我自由支配的时间，在闲暇之余，能够静下心来，写这本酝酿已久但始终没有时间动笔的书，来总结一下自己多年来对现代建筑产业的思考。

  写这本书的初衷，一方面是由于负责中国建筑学会建筑产业现代化发展委员会工作，对建筑产业和企业的发展有更多的理解，同时也是职责所在；另一方面，是源于自己在中建科技集团有限公司顾问多年，对建筑企业的具体探索和实践有亲身的感悟；再一方面，是来自于自己对建筑产业现代化事业的长期追求与心存的梦想。

  进入新时代，国家正朝着社会主义现代化强国的目标迈进，新一轮科技革命和产业变革正在加速演变。在此大背景下，建筑业作为国民经济支柱产业，必然要实现现代化，我国也必然要由建筑大国走向建筑强国，这是历史赋予我们的责任和使命。但是，目前我国推进建筑产业现代化始终还没能步入良性的发展轨道，产业进步和转型发展相对缓慢。截止到目前，还没有针对有关"建筑产业"的发展规划和目标，以及为推进产业结构合理化、高度化、现代化所制定的一整套政策体系。尤其缺乏"产业"系统思维，缺少产业基础理论研究，更缺失建筑产业体系的支撑。

  在疫情期间，本人带着这些问题，认真学习了有关"产业经济学理论"，并根据自己多年来的工作实践和体会，构思了这本书的框架。在编写过程中，越发清醒地认识到，在我国推进建筑产业现代化进程中，如果不能树立"产业"思维，从产业系统理论的高度，深入洞悉建筑产业发展的内在规律，全面系统地构建现代建筑产业体系，明确未来发展方向，我们将错失产业发展的机遇期，也将无法实现建筑产业现代化的发展目标。为此，本书旨在把握新时代建筑产业发展的新特征、新业态，针对建筑业转型升级和创新发展的新要求，提出适应建筑产业发展条件及其形成因素的产业理论和现代产业体系。

在编写过程中，欧亚明、张静、姜楠三位同事积极参与写作，与我共同完成了这本《现代建筑产业概论》。希冀能通过此书，抛砖引玉，给大家一点点启迪，引起业界对"建筑产业"的重视，特别是能从建筑产业发展理论的高度开展广泛深入的研究，并分享我们不完全成熟的认识和研究思考。本书难免有疏漏和不足之处，仅供致力于推动建筑产业现代化发展的业界同仁参考借鉴，以此奉献给这个科技与产业变革的新时代。

2020 年 8 月 25 日

前 言

建筑业是行业，还是产业？这个问题对于业内人士来说，似乎是一个非常简单的概念问题。但是，我们注意到，业界对于这个概念的理解和诠释，始终是处于模糊或混淆的状态。究其原因，主要是由于我国建筑业受到早期计划经济体制下形成的行业划分以及条块分割体制机制的影响，而且在建筑业的定义上又有"狭义"和"广义"之说，由此造成了概念的相互混淆。按照通常定义的说法，狭义的建筑业主要包括从事土木工程、房屋建筑、建筑安装和装饰装修等行业，属于行业的范畴；而广义的建筑业则涵盖了与工程建设相关联的所有企业和生产活动，反映了建筑业整个生产经营活动的全过程、全产业链和全系统空间，应属于产业的范畴。对于建筑业这两种不同的理解或定义，有其历史形成和政府业务定位的原因，但其结果，必然会导致两种截然不同的思维方式、发展路径和发展观，也直接关系到建筑业的持续健康发展。

毋庸置疑，建筑业是国民经济重要的支柱产业，为我国经济社会发展、城乡建设和民生改善做出了重要贡献。但是，长期以来，我国建筑业始终没能跳出"行业"管理的业态和发展路径，缺乏"产业"思维，更没有将建筑业作为"产业"来管理、规划和发展。因此，也造成了目前的建筑业大而不强、产业基础薄弱、产业链协同水平不高、产业组织碎片化、建造方式粗放、组织方式落后、价值链断裂等突出问题，与我国新时代迈向现代化强国的目标存在着相当大的差距。既表明我国建筑业在很大程度上仍然没有摆脱传统路径的依赖，同时也表明建筑业的发展进入了必须转型升级的重要历史关头。此时，要求我们必须重新审视传统的"行业"思维方式和发展路径的弊端，从"产业"的视角和思维，深入研究我国建筑业的一系列根本性认识和内在规律问题，这对于探索我国建筑业转型升级之路具有非常重要的理论意义和现实意义。

进入新时代，党的十九大报告中提出，要加快建设实体经济、科技创新、现代金融、人力资源协同发展的产业体系。在我国经济转向高质量发展阶段的大背景下，发展壮大现代产业体系不仅是解放和发展社会生产力、推动经济持续健康发展的内在要求，也是夯实产业基础能力、提升产业链协同水平的根本保证。建筑业作为国民经济的支柱产业，必须注重"产业"发展问题，要从传统的"行业"发展路径中摆脱出来，构建现代建筑产业体系；必须要从产业发展入手，紧紧抓住产业的"牛鼻子"，拉动产业链的各环节协同起来向前走，才能真正实现建筑业的高质量发展。这不仅仅是一个简单的概念问题，也是一个产业经济理论问题，同时也是经济发展的新思维、新生态和新动能，而且也是关系到我国建筑业转型升级与创新发展的根本方向和关键所在。

但是一直以来，始终没有形成针对建筑业的产业理论体系、产业发展规划以及相应的体制机制。同时，我们还注意到在学术界也很少有关"建筑产业"方面的系统性论述。为此，本书结合产业经济学理论，以产业的视角和思维方式，系统地介绍了国内外建筑产业的发展概况，产业的形成与发展，现代建筑产业与建筑工业化、建筑产业现代化等之间的关系，通过明晰建筑行业与产业的概念，力图使读者可以对现代建筑产业形成宏观、系统、科学的认识。本书以问题为导向，对于我国建筑业目前存在的主要问题，从理论高度进行了比较深入的剖析，指出了建筑业发展相对滞后的深层原因。本书还从现代建筑产业体系建设、技术创新体系、企业组织管理体系、现代建筑产业发展水平评价、现代建筑产业政策等方面，提出了现代建筑产业在产业与企业两个层面的发展理念、路径和方法等。

编者在编写过程中，查阅和检索了大量有关建筑产业方面的期刊、论文、著作和网络资料，并得到了许多领导、学者、专家的支持和帮助，在此表示衷心感谢！由于现代建筑产业正处于不断发展、完善和提升过程中，尚有许多理论和实践问题需要进一步深入研究，加之编者水平所限，不当之处在所难免。相信通过业界同仁的共同探索与努力，我国现代建筑产业必将迈上绿色化、工业化、信息化、集约化和社会化的高质量发展之路，一定会早日实现建筑产业现代化。

目 录

第 **1** 章

建筑产业发展概况

1.1 产业与建筑产业

1.1.1 产业的形成与发展

产业是一种社会分工现象，随着社会分工的产生而产生，并随着社会分工的发展而发展。在远古时期，人类将狩猎和采集作为他们所有的生产活动，他们共同生活、共同劳动，不存在社会分工，也不存在任何的生产部门，产业更是无从谈起。随着人类生产力水平的提高，他们狩猎的野兽和采集的野果满足了自身需求并出现了剩余，他们开始饲养野兽、种植野果，出现了有畜群和没有畜群的部落的分工，具备了经常交换的条件，农业从狩猎和采集活动中分离出来，社会分工开始出现。之后随着生产工具的不断进步和生产力水平的不断提高，又相继发生了三次社会大分工，形成了农业、畜牧业、手工业、商业等产业部门。

18世纪60年代，英国爆发第一次产业革命，英国的主要工业部门逐渐从手工业生产过渡到机器生产。20世纪初，第二次产业革命爆发，铁路、钢铁工业快速发展，新兴产业部门不断出现、产业分工更加细化，工业的主导地位进一步巩固。20世纪50年代，第三次产业革命的爆发体现在信息技术的产生和发展，信息技术的广泛应用给农业、工业和服务业带来了翻天覆地的变化，各产业内部分工进一步细化，新的产业部门大量涌现。

"产业"一词在不同历史时期和不同理论研究领域含义不尽相同。随着社会生产力水平的不断提高，产业的内涵不断充实，外延也在不断扩展。通过产业的发展过程可以看出，在生产力水平较低时，产业主要指农业；资本主义工业产生后，工业的发展对社会经济发展至关重要，在这个阶段，产业主要指的是工业。之后随着生产力的发展，服务业部门分工更加细化，产业的含义也扩展到农业、工业、服务业三大产业及其细分产业。直到今天，凡是具有投入产出活动的产业和部门都可以列入产业的范畴。产业不仅包括生产领域的活动，也包括流通领域的活动；不仅包括物质资料部门的生产、流通和服务活动，也包括非物质生产部门（服务、信息、知识等）的生产、流通和服务活动；不仅包括生产部门，也包括流通部门、服务部门甚至是文化教育等部门。

1.1.2　产业的概念

产业是指由利益相互联系的、具有不同分工的、由各个相关行业所组成的业态总称，尽管它们的经营方式、经营形态、企业模式和流通环节有所不同，但是，它们的经营对象和经营范围是围绕着共同产品而展开的，并且可以在构成业态的各个行业内部完成各自的循环。通俗一点的表述，就是从事国民经济中同性质的生产或其他经济社会活动的企业、事业单位、机关团体和个体的总和。

一个产业可以由一两个企业甚至是多个企业的同类经济活动组成，当然一个企业也可能从事多类型的经济活动，从事多产业经营。例如，我们将通过培育动植物生产食品及工业原料的产业称之为农业，将通过原料采集与产品加工制造的产业或工程称为工业。这些产业的生产活动都有共同的属性或者特征，例如农业的共同特征是从自然界获取产品。

产业是具有某种同类属性的企业经济活动的集合。例如，建筑产业涉及的行业和企业包括：从事投资开发、建筑规划、勘察设计、工程监理、技术咨询服务的企业，从事产品生产经营过程中设备、部品、新材料的研发生产制造企业，从事工程总承包、现场施工、装饰装修以及房屋维修、管理服务的企业等。这些企业之间联系非常紧密，贯穿工程建设的投资、建造、生产、供应、流通等全过程，各自从事各领域各行业的专业化的工作，并且形成了专业化的社会分工协作机制，根据其工作性质的不同，分布于产业链的上下游，共同为生产最终的"建筑物"产品服务。

1.1.3　产业与行业的关系

在英语国家，产业与行业用语均为 industry，两者并没有多大区别。在我国，产业与行业虽然没有严格的界限划分，甚至有时在用语上还存在相互混淆。但是，在经济理论和发展角度上，却有较大不同。

1. 从定义方面看

产业是具有某种同类属性的企业经济活动集合。而行业是指从事国民经济中同性质的生产、服务或其他经济社会的经营单位或者个体的组织结构体系。产业的概念范畴比行业的要大，一个产业可以跨越（包含）几个行业。产业和行业存在从属关系，一个产业包括多个行业，而一个行业却只能从属于一个产业。例如，建筑产业是由开发、设计、生产、施工、安装、装修等行业构成，施工、装修行业一定是属于建筑产业，而不会属于其他产业。

2. 从着眼点方面看

产业着眼于宏观经济范畴，体现的是以产业为单位的生产力布局上的社会分工。行业着眼于微观经济范畴，体现的是以行业为单位的某种产品生产上的社会分工。产业由行业组成，行业由企业组成。

3. 从性质方面看

产业的经营对象和经营范围是围绕着共同产品而展开的，并且可以在构成业态的各个行业内部完成各自的循环。行业则可以被预测以及引导未来的发展趋势，通过判断行业投资价值，揭示行业风向，为各组织机构提供投资决策或投资依据。

1.1.4 建筑业与建筑产业的区别

1. "建筑业"称谓的由来

"建筑业"是目前业界在工程建设领域普遍采用的称谓，关于称谓的由来，据业界学者的考证，有其历史的原因，大体概括为：一是与国家对行政主管部门的职能设置有关。中华人民共和国成立初期，国家成立了建筑工程部，行使统管全国规划建设管理和承担国家重点工程建设两项职能，其主要职能是从事建设领域的行政管理，而不像工业、农业属于产业生产管理部门。二是与国家对"产品"的界定有关。国家颁布的《产品质量法》没有将"建筑工程"纳入产品的范畴，"建筑物"不属于"产品"。三是与计划经济时期的国家建设行政主管部门的业务定位有关。当时的建设行政主管部门主要注重建设领域的体制机制、行政管理和宏观规划指导，而没有定位在建筑产业结构、产业组织、产业布局等层面。因此，在计划经济时期国家将工程建设领域称之为"建筑业"更为适合，而不是"建筑产业"，因为"产业"应该具有"生产"和"产品"的属性。

2. 建筑业与建筑产业的区分

通常情况下，我们将建筑产业简称为建筑业。建筑业在概念上一般有"狭义"和"广义"之分，狭义的建筑业主要包括从事土木工程、房屋建筑和建筑安装等行业的集合，属于行业的范畴；而广义的建筑业则涵盖了与工程建设相关联的所有企业和生产活动，包括投资开发、规划设计、建筑材料、建筑部品、施工安装、运营维护和管理，以及相关的咨询和中介服务等，反映了建筑产业整个生产经营活动的全过程、全产业链和全系统空间，属于产业的范畴。《国民经济行业分类》和国家统计数据中所指建筑业即为"狭义"的建筑业，而目前业内通常所说的建筑产业是指"广义"的建筑业。

3. 建筑业的行业分类

1984 年，国家首次发布《国民经济行业分类和代码》GB 4754—1984，之后分别于 1994 年、2002 年、2011 年和 2017 年进行了四次修订。《国民经济行业分类》GB/T 4754—2017 将建筑业划分为：房屋建筑业，土木工程建筑业，建筑安装业，建筑装饰、装修和其他建筑业四个大类，详情如表 1-1 所示。

国民经济行业分类和代码（E 类：建筑业）　　　　表 1-1

| 门类 | 代码 | | | 类别名称 | 说明 |
	大类	中类	小类		
E	47			房屋建筑业	指房屋主体工程的施工活动；不包括主体工程施工前的工程准备活动
		471	4710	住宅房屋建筑	
		472	4720	体育场馆建筑	指体育馆工程服务、体育及休闲健身用房屋建设活动
		479	4790	其他房屋建筑业	

代码				类别名称	说明
门类	大类	中类	小类		
	48			土木工程建筑业	指土木工程主体的施工活动；不包括施工前的工程准备活动
		481		铁路、道路、隧道和桥梁工程建筑	
			4811	铁路工程建筑	
			4812	公路工程建筑	
			4813	市政道路工程建筑	
			4814	城市轨道交通工程建筑	
			4819	其他道路、隧道和桥梁工程建筑	
		482		水利和水运工程建筑	
			4821	水源及供水设施工程建筑	
			4822	河湖治理及防洪设施工程建筑	
			4823	港口及航运设施工程建筑	
E		483		海洋工程建筑	指海上工程、海底工程、近海工程建筑活动，不含港口工程建筑活动
			4831	海洋油气资源开发利用工程建筑	
			4832	海洋能源开发利用工程建筑	
			4833	海底隧道工程建筑	
			4834	海底设施铺设工程建筑	
			4839	其他海洋工程建筑	
		484	4840	工矿工程建筑	指除厂房、电力工程外的非节能环保型矿山和工厂生产设施、设备的施工和安装
		485		架线和管道工程建筑	指建筑物外的架线、管道和设备的施工活动
			4851	架线及设备工程建筑	指敷设于地面以上的电力、通信、广播电视等线缆、杆塔等工程建筑
			4852	管道工程建筑	指供水、排水、燃气、集中供热、线缆排管、工业和长输等管道工程建筑

代码				类别名称	说明
门类	大类	中类	小类		
			4853	地下综合管廊工程建筑	指建于城市地下用于容纳两类及以上城市工程管线的构筑物及其附属设施，如水管网、燃气网、电信网等
		486		节能环保工程施工	
			4861	节能工程施工	
			4862	环保工程施工	
			4863	生态保护工程施工	
		487		电力工程施工	
			4871	火力发电工程施工	
			4872	水力发电工程施工	
			4873	核电工程施工	
			4874	风能发电工程施工	
			4875	太阳能发电工程施工	
			4879	其他电力工程施工	
E		489		其他土木工程建筑	
			4891	园林绿化工程施工	
			4892	体育场地设施工程施工	指田径场、篮球场、足球场、网球场、高尔夫球场、跑马场、赛车场、卡丁车赛场、全民体育健身工程设施等室内外场地设施的工程施工
			4893	游乐设施工程施工	
			4899	其他土木工程建筑施工	
	49			建筑安装业	指建筑物主体工程竣工后，建筑物内各种设备的安装活动，以及施工中的线路敷设和管道安装活动；不包括工程收尾的装饰，如对墙面、地板、天花板、门窗等处理活动
		491	4910	电气安装	指建筑物及土木工程构筑物内电气系统（含电力线路）的安装活动
		492	4920	管道和设备安装	指管道、取暖及空调系统等安装活动

续表

代码				类别名称	说明
门类	大类	中类	小类		
		499		其他建筑安装业	
			4991	体育场地设施安装	指运动地面（如足球场、篮球场、网球场等）、滑冰、游泳设施（含可拼装设施、健身步道）的安装等
			4999	其他建筑安装	包括智能化安装、救援逃生设备安装及其他未列明的安装活动
	50			建筑装饰、装修和其他建筑业	
E		501		建筑装饰和装修业	指对建筑工程后期的装饰、装修、维护和清理活动，以及对居室的装修活动
			5011	公共建筑装饰和装修	
			5012	住宅装饰和装修	
			5013	建筑幕墙装饰和装修	
		502		建筑物拆除和场地准备活动	指房屋、土木工程建筑施工前的准备活动
			5021	建筑物拆除活动	
			5022	场地准备活动	
			5030	提供施工设备服务	指为建筑工程提供配有操作人员的施工设备的服务
		509	5090	其他未列明建筑业	指上述未列明的其他工程建筑活动

注：引自《国民经济行业分类》GB/T 4754—2017。

1.1.5 建筑产业的概念与构成

1. 建筑产业的形成

建筑产业的形成和发展，经历了漫长的成长和演进过程。古老的中国房屋以土、木、石为材料，由泥瓦匠、木匠建造，许多朝代官府通过"匠役"制度加以管理，设立作坊营建政府工程。近代中国，受到西方资本主义经营方式的影响，随着建筑材料和生产工具的变革，在一些沿海城市成立营造厂和建筑事务所，从事建筑设计与施工建造业务，孕育了中国建筑产业的萌芽与未来。

中华人民共和国成立后，随着国民经济的恢复和发展，国家把建筑产业放在了国民经济重要位置。1952 年，国家成立了建筑工程部，行使统管全国建筑产业和承担国家重点工程建设两项职能。建筑业作为"产业部门"提出，见于 1980 年 4 月邓小平《关于建筑业和住宅问题的谈话》。他指出，建筑业"是可以为国家增加收入、增加积累的一个重要产业部门。要不然，就不能说明为什么资本主义国家把它当作经济的三大支柱之一。所以在长期规划中，必须把建筑业放在重要地位"，从而凸显了建筑业是国民经济重要物质生产部门的社会地位，这无疑为建筑业体制改革指明了方向。1983 年，国务院批准采用"国民收入"指标作为衡量国民经济发展的综合指标之一，农业、工业、建筑业、交通运输业、商业 5 个物质生产部门的净产值之和作为国民收入总值。

我国对三次产业的划分始于 1985 年，建筑业被划分到第二产业。之后于 2003 年、2012 年、2018 年，国家统计局分别根据《国民经济行业分类》的修订，印发的《三次产业划分规定》也得到了调整和修订，建筑业始终属于第二产业。应该讲，这是国家对建筑业的科学界定，也是今日我们把建筑业作为"产业"来论述的科学依据。

2. 建筑产业的定义

建筑产业至今尚没有一个明确的定义，也反映出产业思维尚未普遍建立。综合上述分析，本书将建筑产业定义为：建筑产业是指围绕建筑产品的产业链而展开的投资开发、规划设计、咨询服务、建筑材料、部品生产、施工安装和维护管理等不同分工的、利益相互联系的行业所组成的业态总称，是国民经济的重要物质生产部门。建筑产品表现为各种工厂、矿井、铁路、桥梁、港口、道路、管线、房屋以及公共设施等建筑物和构筑物的总和。

3. 建筑产业的构成

根据建筑产业的定义，建筑产业的构成应包含与"建筑物"产品相关的所有生产经营行业。依据国家现行标准《国民经济行业分类》GB/T 4754—2017，通过分析和判定，在行业分类中与建筑产业的"建筑物"产品相关的生产经营行业主要包括：建筑业，房地产业，制造业中的相关行业，科学研究和技术服务中的专业技术服务业，水利、环境和公共设施管理业。由此可以确定，建筑产业涉及五大行业，建筑产业的构成与行业分类详见表1-2。

建筑产业的构成与行业分类　　　　　　　　　　　表 1-2

行业门类	大类	中类
建筑业	房屋建筑业	—
	土木工程建筑业	铁路、道路、隧道和桥梁工程建筑
		水利和水运工程建筑
		海洋工程建筑
		工矿工程建筑
		架线和管道工程建筑
		节能环保工程施工
		电力工程施工
		其他土木工程建筑
	建筑安装业	—
	建筑装饰、装修业	—
	其他建筑业	建筑物拆除活动
		场地准备活动
		提供施工设备服务
		其他未列明的建筑活动
房地产业	房地产开发经营	—
	物业管理	—
	房地产中介服务	—
	房地产租赁经营	—
	其他房地产活动	—
制造业（相关行业）	木材加工和木、竹、藤、棕、草制品业	—
	家具制造业	—
	化学原料与化学制品制造业	合成材料制造
		涂料制造
		密封用填料及类似产品制造
	橡胶和塑料制品业	塑料板、管、型材制造

行业门类	大类	中类
制造业（相关行业）	非金属矿物制品业	水泥、石灰和石膏制造
		石膏、水泥制品及类似制品制造
		砖瓦、石材等建筑材料制造
		建筑用玻璃及玻璃制品制造
		建筑用陶瓷制品制造
	金属制品业	金属门窗制造
		建筑、安全用金属制品制造
	专用设备制造业	建筑工程用机械制造
		建筑专用设备制造
科学研究和技术服务业（相关行业）	专业技术服务业	工程技术与设计服务
		质检技术服务
水利、环境和公共设施管理业（相关行业）	公共设施管理业	市政设施管理
		环境卫生管理
		城市绿化管理

1.1.6 建筑产业的特殊性

建筑产业是以"建筑物"为最终产品的产业，建筑产业与其他工业门类的产业在生产经营方式上相比，有其自身的特性。其特殊性主要体现在：

1. 建筑"产品"的固定性

房屋建筑和市政基础设施等建筑物作为建筑业的最终产品，寿命周期长，是不可移动的财产，具有单独性和一次性的特点，建筑产品固定，生产人员流动。而工业产品大多是产品流动，生产人员相对固定，而且具有重复生产的特性。建筑物的不动性和长寿命，不仅决定了它本身的价值属性和产业链系统，也决定了它必然带动周围的配套设施、交通、服务等项目的建设和消费的特性。

2. 建筑"产品"的多样性

建筑物作为产品不同于其他工业产品，各个建筑物几乎是没有雷同的或一模一样的，也不可能用一个模具、流水线或相同工艺制造出相同的建筑物（产品），另外，建筑文化的多样性要求，也决定了建筑物作为产品的多样性。

3. 建筑"产品"的地域性

建筑物（产品）的设计和建造过程往往受到当地的气候条件、地理环境、人文文化和生活习俗等因素的影响，在建筑外形、建筑功能和建筑材料等方面具有一定的地域性。因此，也造成了建筑物（产品）在生产（建造）过程中产品的差异性和材料选用的局限性。

4. 生产组织的流动性

建筑物（产品）不同于其他工业产品在工厂的生产线上完成，其生产建造过程主要是在建筑施工现场完成，尽管很多建筑部品、部件可以在工厂生产，但是，大量的建筑安装和建造过程必须要在施工现场作业，随着工程项目各阶段的完工交付，施工人员不断调整，施工场地也在不断地变换，由此带来了建筑产业的生产组织的流动性和不确定性。

5. 生产劳动的密集性

由于建筑物（产品）投资数量大、涉及工种多、用材用料复杂、标准化程度低，特别是简单重复性的生产劳动多，很多施工环节离不开现场手工作业，需要大量的现场作业工人，由此造成了建筑业属于劳动密集型产业。

6. 投资消费的联动性

根据有关专家研究的资料显示，建筑业每增加 1 万元的产出，将对国民经济其他行业产生 7345 元的直接生产拉动和 16700 元的间接拉动，间接拉动数值位列国家 42 个经济部门的第 14 位，而建筑业的影响力系数为 1.2317，在 42 个部门中位列第 16 位（房地产影响力系数只有 0.3193，排第 42 位）。

1.2 建筑产业的地位与作用

1.2.1 建筑产业在国民经济发展中的地位

1. 建筑产业是我国国民经济重要支柱产业

改革开放伊始，国务院把建筑业作为国民经济支柱产业，拉动经济增长和社会发展，建筑业承担着数量巨大的住宅、市政公用设施、交通运输和工业建筑任务，使用了大量水泥、玻璃、钢材、木材、塑料制品和机械设备，带动了众多相关产业的发展。改革开放 40 多年来，建筑业取得了突飞猛进的发展，建造能力不断增强，产业规模不断扩大，吸纳了大量农村转移劳动力，带动了大量关联产业，有力支撑了国民经济增长，为经济社会发展、城乡建设和民生改善做出了重要贡献。特别是"十三五"期间，无论是棚户区和城乡危房改造领域，还是海绵城市、城市地下综合管廊、地上地下停车场的建设；无论是加快城镇化进程，还是关系国计民生的各种大型基础设施建设；无论是长江经济带建设，还是粤港澳大湾区建设，都离不开建筑产业。各项数据和发展情况都可以充分表明，建筑产业是我国国民经济重要支柱产业。

2. 建筑产业的规模持续增长

2019 年，我国建筑业持续深化供给侧结构性改革，促进建筑业转型升级，发展质量和效益不断提高，产业规模实现稳中有进。全国具有资质等级的总承包和专业承包建筑企业完成建筑业总产值达 248445.77 亿元，同比增长 5.68%，全年全社会建筑业实现增加值达 70904 亿元，同比增长 5.6%，占 GDP 比重为 7.16%（图 1-1）；全国有施工活动的建筑业企业 103814 个，同比增长 8.82%；从业人员总数 5427.37 万人，同比下降 2.44%，占全社会就业人员总数的 7.17%；按建筑业总产值计算的劳动生产率为 399656 元 / 人，同比增长 7.09%（图 1-2）。

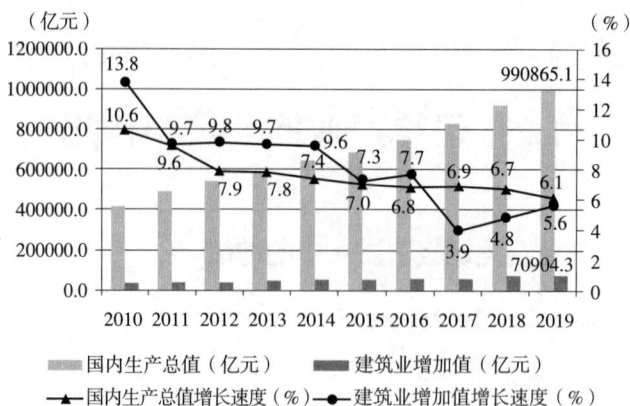

图 1-1　2010—2019 年国内生产总值、建筑业增加值及增速

注: 数据引自中国建筑业协会《2019 年建筑业发展统计分析》。

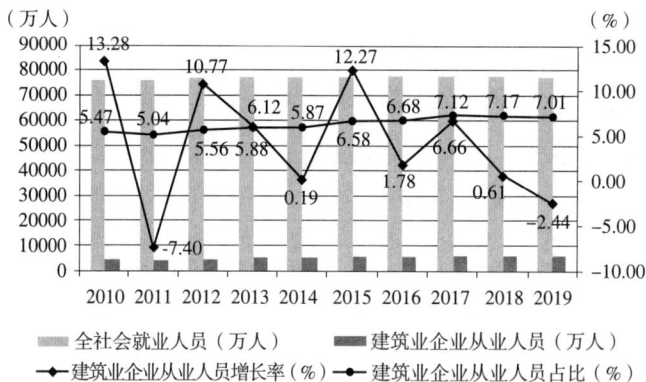

图 1-2　2010—2019 年全社会就业人员总数、建筑业从业人数增长情况

注: 数据引自中国建筑业协会《2019 年建筑业发展统计分析》。

3. 建筑产业是国民经济发展的重要指标

建筑业全年全社会的总产值的统计数据, 是以货币形式表现的建筑业企业在一定时期内生产的建筑产品和提供服务的总和, 建筑业总产值主要包括: 建筑工程预算内的各种工程价值、设备安装工程产值、房屋构筑物修理产值、非标准设备制造产值等。其中: 建筑工程预算内的各种工程价值计算方法, 主要按建筑工程项目施工图预算价格或按合同规定的包干价格计算，即以实物工程量乘以预算单价，加上施工管理费、利润和税金等。数据统计是以独立核算的企业为对象，按其生产活动的最终产品（项目成果）计算产值，是狭义建筑业的产值。而本书所指的建筑产业是指广义的建筑业，是各类建筑企业在生产和经营上具有同类产品属性的经济活动的集合，是名副其实的建筑产业。建筑产品的生产经营过程涵盖了全产业链的各环节、各生产要素，各环节主要包括：勘察设计、建筑施工、建设监理与咨询、工程招标代理、工程总包与分包、对外承包工程等；各生产要素主要包括：劳动力、建筑材料与产品、资本投入等，相关产值尚未计入建筑业总产值。建筑产业占 GDP 的比重和从业人数占全社会就业人员总数的比重以及生产经营活动对国民经济的拉动作用，决定了建筑产业在国民经济和社会发展中的重要地位。

1.2.2 建筑产业在国民经济发展中的作用

1. 扩大产业规模，推动经济增长

随着我国经济建设的步伐加大，城市规模扩张速度加快，建筑产业迅速发展，产业规模不断做大做强，建筑产业在国民经济中的比重不断提高，其支柱产业地位不断增强，支柱产业的支撑作用越发显著，对整个国民经济增长和社会全面发展的推动作用愈来愈突出。1978 年，全国工程建设行业完成总产值 138.2 亿元，到 2018 年完成总产值 235085.53 亿元，是 1978 年的 1700 倍，年均增速 22.3%。1978 年全国工程建设行业实现增加值 286 亿元，占 GDP 的比重为 4.3%。2018 年工程建设行业实现增加值达到 61808 亿元，占国内生产总值比重达 6.87%，比 1978 年提高了 2.57 个百分点。

2. 立足城乡建设，提供物质基础

改革开放 40 多年来，建筑产业紧紧抓住我国经济建设的重大机遇期，顽强拼搏、攻坚克难，圆满完成了一系列关系国计民生的重大基础设施工程项目建设任务，确保了我国农田水利设施建设快速推进，交通路网建设继续提速，信息和能源等设施建设迈上了新台阶。建成的各类工业、交通运输、农业水利、文教卫生、科技等建设项目，在推进城镇建设和城市化

进程中发挥了独特作用,保证了经济建设和社会进步发展之所需。这些能源、交通、基础设施等重点工程的建成投产,给建筑业增加了大量的生产能力和工程效益,也给国民经济和社会发展增添了可靠的物质基础。

3. 努力改善民生,满足城镇需求

我国的城镇化率已从 1949 年的 10.64% 增加到了 2019 年的 60.60%,城市人口从 5763 万人增加至 84843 万人,远远超过了 2018 年中低等收入国家城镇化率 41% 的平均指标,已经接近中高等收入国家平均为 66% 的水平,虽然和高收入国家 81% 平均水平还有一定差距,但是我国建筑产业的房屋建设能力确实得到了大幅提升,建筑业在推进新型城镇化过程中,做出了重大贡献。改革开放 40 多年来,建筑产业的房屋建设能力大幅提升,为全社会建造了大量住宅,2018 年完成房屋竣工住宅面积 41.35 亿平方米,有效地改善了人们的居住条件,提高了居民的生活质量,满足了人民群众对更美好更高品质住宅的需求,不断改善了城乡居民居住环境。此外,建成了大量的学校、医院、商店、科研文化设施,为满足人们的文化教育、医疗卫生及购物娱乐活动提供了基本设施条件。

4. 解决就业问题,保持社会稳定

据有关部门统计,2018 年底,全社会就业人员总数 77586 万人,其中建筑业的从业人数 5563.30 万人,建筑业从业人数占全社会就业人员总数的 7.17%。随着城镇化和小城镇建设步伐的加快,中心城市对周边地区的辐射力增强,带动了区域内建筑业的发展。而建筑业形成的产品大多以劳动密集型的产业活动为主,为社会提供着大量的就业岗位。走出农田步入城镇建设洪流的农民工,自然成为建设领域的产业大军,通过贡献体能和智慧,将大量的资金回流回农村,拓宽了农民增收渠道,提高了农民收入。建筑业在吸纳农村转移人口就业、推进新型城镇化建设和维护社会稳定等方面发挥了显著作用。

5. 产业融合发展,拉动相关产业

建筑产业对相关的上下游产业,包括相关的研发、咨询服务以及各类新型建材产业的发展,都起到了明显的拉动和辐射作用。尤其表现在对工

业企业的拉动、辐射作用，直接带动了水泥、钢铁、制造、电力、水利等多个经济门类和行业的发展，为实现工业强国发展目标发挥着积极作用。根据 2019 年中国建筑业统计年鉴显示，2018 年建筑业企业消耗水泥 24.23 亿吨，钢材 8.94 亿吨，木材 4.87 亿立方米，玻璃 2.18 亿重量箱，铝材 0.64 亿吨。

1.3 日本、美国、德国建筑产业发展状况

1.3.1 日本建筑产业发展

日本的建筑产业是国民经济的支柱产业，2017 年建筑业占到 GDP 比重的 5.7%。日本是世界上建筑产业发展最为成熟的国家之一，在世界的建设领域上享有很高的声誉。

1. 日本建筑产业发展历程

日本建筑产业是从第二次世界大战后的日本经济恢复中发展壮大起来的。20 世纪 50 年代，战后的日本面临的最大问题就是住房紧缺，据不完全统计，当时住房不足数量达 420 万户，为了解决"房荒"和劳动力严重不足问题，日本政府开始探索采用工业化建造方式进行大规模的住宅建设。与此同时，道路、铁路、港口以及城市公共建筑与设施也迅速开始大规模地修建与改善，此后，日本的建筑产业在政府的大力支持下获得了快速发展和壮大。20 世纪 50 年代中期，日本的建筑工业化就有了相当的发展，主要是发展建筑机械化。建筑机械化的开展带来了施工技术现代化，机械化的施工方式给工程建设带来了降低造价、缩短工期、提高工程质量的效果；在此基础上，高强度钢材、铝材、合成树脂、预应力混凝土、泵送混凝土等新型建筑材料和技术的出现，极大地促进了日本建筑工业化发展，日本建筑产业进入了起步阶段。

自 1960 年起，日本经济进入了快速增长期，建筑产业扮演了举足轻重

的角色。日本全国各地大兴土木，建设一批基础设施。日本政府对东京奥运会场馆及相关基础设施建设的总投资为 1 兆日元。按照当时汇率计算约为 30 亿美元。日本政府借此契机带动了房地产、建筑业、通信业等快速发展。到 20 世纪 60 年代中期，日本构配件与制品的工厂化生产和商品化供应发展很快，参与建筑产品生产的各类厂家越来越多，进而，混凝土构配件生产首先脱离建筑承包企业，形成独立行业。同时，建筑产品的生产与供应开始从以前的"业主订货生产"转变为"以各类厂家为主导的商品的生产与销售"。日本政府围绕建筑构配件与制品的生产与供应，将各有关企业的活动加以"系统化"协调，正是在市场关系发生这种重大变化的情况下，提出了发展以承担建筑构配件与制品的生产与供应的企业群为对象的"建筑产业"。

1972 年，田中角荣内阁发表《日本列岛改造论》，开始实施日本列岛改造政策，意图兴建"新 25 万人城市"，配置大规模工业地区。

1976—1986 年，日本建筑产业进入稳步增长期。1985 年，日本签署了广场协议，日元升值。政府加大建筑投资，下调利率，鼓励企业发债，企业债的总规模是前一年的 5.5 倍。建筑行业也在这段时间稳步增长，并且延伸产业链，不仅仅承包工程，也开始向综合规划、设计咨询、投融资、运营维护等高附加值方向发展。

1987—1993 年，日本建筑产业进入成熟稳定期。因 20 世纪 70 年代日本采用日、美浮动汇率制以及投入大量的政府投资，导致进入 20 世纪 80 年代后，日本各种用地的价格都呈现泡沫化趋势。国内通货膨胀的局势下，日本已经不满足于本土的住宅建设，迫切地想将资产应用到国外市场，在夏威夷等度假胜地的建筑产业，均能找到日本资本的身影。随着大量资金涌入房地产行业，对房屋的需求激增，因而也刺激了建筑产业快速发展。

1994—2010 年，日本建筑产业进入寒冬期。20 世纪 90 年代初，日本的人口红利出现了拐点，日本适龄购房人群开始大幅减少，日本政府意识到房地产危机即将到来，主动挑破泡沫，将利率从 2.5% 提升至 6%，控制货币供给，减少房贷提供，上调土地税，房地产泡沫破裂。与此同时，在1991—1996年期间，政府依旧投资基础建设，建设投资一直稳定在800万亿日元左右。因为有基础设施建设的托底，虽然房地产泡沫破裂，但依旧没有很大地影响到建筑业，建筑企业数量继续上升，建筑工人数量在1996年达到历史最高的692万人。1996年之后，随着基本建设投资的减少，建筑工人数量也开始减少。1999年，建筑企业数量开始逐步下降，2009年日本共有3441家建筑企业破产，是当年日本破产企业总数的1/4。日本建筑产业进入谷底。

2011—2016年，日本建筑产业进入复苏期。随着2011年震后重建以及2020年东京奥运会和残奥会的举办，需要对国内基础设施建设进行新一轮升级，导致国内基础设施建设订单的增长。与此同时，2013年自安倍内阁采取经济刺激政策——贬值日元和货币宽松政策开始，日本建筑业进入了复苏期。

2. 日本建筑产业主要特点

日本建筑产业在管理与技术方面都具有非常鲜明的特色，最显著的特点就是组织管理模式，日本政府强大的管控能力是日本建筑产业在国际竞争中脱颖而出的推动力。经过多年发展，日本建筑产业已经探索出了一整套行之有效、可供借鉴的组织管理模式和机制。

（1）组织管理、机构健全。日本建筑产业的管理机制为纵向管理体制，由中央政府和各地方（都道府县）垂直管理。国家的主管部门是国土交通省，是在2001年由日本交通运输部、日本建设省、运输省和国土厅等合并而成，约占日本政府总雇员人数的三分之一，是日本较大的省（中央省厅）。国土交通省下设日本建设中心、日本建设业团体联合会、日本建筑学会、日本建筑家协会、日本土木工业协会等行业团体和研究机构，负责具体行业标准的制定及行业自律。

（2）顶层设计、法制管理。日本的建设法律分为：建筑基准法及与其配套的建筑基准法实施令（政府令）、建筑基准法实施条例（省令）、指定合格检查机构令（省令）。此外，还有一些同样涉及建筑防火安全、结构安全、建筑节能等方面技术要求的法律文件。这些法律文件分为限定性法律和促进性法律。形成了以建筑产业的主要管理法《建设业法》为核心，相关建筑业法律、法令等共计五十余种的完整的管理建筑业法规体系。日本建设法律的最大特点就是体系完备、措施得力、责任严明、可操作性强。

建筑法律法规的管理、制定、实施、监管层级清晰，统一联动。国土交通省是建筑基准法的全权负责机构，各地方在全国性法规原则指导下，根据地区特点制定《建筑指导纲要》等细则，构成主要法规的补充。日本建筑技术法规的管理和实施是政府主导型，管理机构主要有国土交通省和指定机构日本建筑中心，技术法规的研究与制定采用中央与地方相结合、政府与协会相结合的方式制定，而具体的实施和监管工作由地方政府负责，基层地方政府是法规实施和监管的主体。

（3）政策引导、市场运行。为推动日本建筑产业发展，日本政府重点做了两个方面的引导：一方面是从优化产业结构上入手，加强政策引导，通过制定具体、严格的标准，有选择地促进大型建筑企业和中小型建筑企业的自主就位，实现产业资源的合理流动和高效使用，从而实现产业结构的合理化，最终使整个建筑业得到健康发展。在此过程中日本政府对于大型建筑企业最基本的原则是通过市场来优胜劣汰，政府只起辅助作用来保证市场机能的正常发挥。日本政府非常重视中小建筑企业的发展，通过推进经营革新，推进系统标准化建设、企业间信息交换平台的建设、建立技术人员信息库等工作，加强对中小建筑企业的服务，大力推进拥有不同营业重点的企业间合作，使企业达到降低经营成本的目标，又保持各企业的独立性和特色。另一方面是从生产方式上引导，重点放在建筑工业化和技术方面，建立了"会计体系生产技术开发补助金制度"和"住宅生产工业化促进补贴制度"。除此之外，还采取了技术方案竞赛、成立法人财团，以及金融手段扶持等多种手段，为建筑产业提供推力。

（4）结构合理、配套齐全。日本建筑产业发展60多年来，在政府资金资助和制度扶持下，培育和发展了一大批大型龙头建筑企业集团，比如：清水建设、鹿岛建设、大成建设、大林组、竹中工务店、前田建设等世界超级建设集团。这些企业都以工程总承包业务为统领，既有综合性、一体化生产经营，也有大规模生产某种制品的专业化大企业。由于这些企业之间的竞争与合作发展，使日本的建筑产业呈现出工业化、社会化大生产的高水平、大规模、低成本、高效益、综合化与专业化相结合的格局。大型建筑产业集团的形成是日本建筑产业成熟的重要标志，也由此形成了完整的建筑产业链，并实现了设计、加工、生产、安装、装修、售后服务一体化的生产经营模式。

在龙头企业引领下，各个企业根据市场需要展开了各种技术开发，推动了产业化的进一步发展。例如，松下住宅、三泽住宅开发了大型板材构造法；积水化学开发了住宅单位构造法；大和住宅的主要业务定位为住宅建设开发，在其探索过程中投入了大量的人力、物力，建立了综合技术研究所（即从各角度、全方位对生活及建筑进行研究的重要科研基地）、奈良住宅生产厂及遍及全国的其他配套设施。日本的其他各大建筑企业都有工业化住宅生产基地，包括钢结构的切断、熔接、电镀及外墙、门、窗等的加工和生产，同时还有配套零部件生产厂，为各类工业化住宅提供五金、水暖、照明、装饰等部件。

（5）良性竞争、互赖互惠。日本建筑业实施以资质管理为核心的市场准入管理。建筑业资质管理分为国家和地方政府颁发的国家及地方资质证书，每种证书又分为特殊建筑许可和普通建筑许可，通过资质管理来实现不同区域、不同专业领域的有序竞争。长期以来，日本建筑产业链中的不动产业、建筑设计业、建筑公司、建材生产厂家、承包转包建筑队及用户之间相互依赖相互渗透，建筑业形成了一个完整的产业体系。只有那些重合同、守信用、保质量的企业，才能与产业链上下游建立稳固的"依赖关系"，从而在激烈的市场竞争中生存发展。

（6）技术领先、信息赋能。在新技术研发与创新方面，日本政府也显示了非常强的顶层设计、管理能力。政府主管的科研机构与企业各司其职，政府通过减税、实施低息贷款政策等经济杠杆，加强对创新方向的导引，保证了基础理论、超前技术与实用综合技术的同步发展，使日本建筑业不断发展，在国际上保持优势。

日本政府对于信息化技术非常重视，早在1995年政府通产省牵头成立了"产业信息化委员会""生产、采购、运行辅助集成信息系统技术研究组"等组织，1996年5月做出了关于针对公共建设项目推进信息化的决定，也使日本成为世界上第一个在建设领域系统地推进信息化的国家。早在2010年前，日本即已在全部公共建设项目中实现信息化，从项目的招标投标、过程管理信息的提交，直到竣工资料的提交，都通过计算机网络或电子介质来进行。建筑业信息化全面实施达到了降低成本、提高质量、提高效率的目的，全面增强了行业的竞争力。

（7）标准先行、体系完整。目前，日本作为实行建筑工业化推进较早的国家，在建筑工业化方面已经走在了世界前列。尤其在建筑标准化方面，日本各类建筑部件（构配件、制品设备）工业化、社会化生产的产品标准已非常齐全，占标准总数的80%以上，部件尺寸和功能标准也已形成体系；在建筑部件化方面，全套的卫生洁具（浴缸、坐便器、洗脸盆等）、地板、墙面，都由在工厂生产的一个个整体部件组装而成，整体卫浴设备、厨房整体设备、干式架空地板铺设、新型轻钢龙骨安装等实现工厂化、标准化、系列化生产；同层排水系统、卫浴节水系统、地热系统、墙面保温系统、太阳能发电系统等也非常完善和先进；在建筑智能化与节能方面，新建建筑物中60%以上是智能化，并鼓励采用新型的绿色节能材料，以减少采暖降温的费用、节省能源和资源。

当然日本建筑产业的管理也存在一些难以避免的问题，包括基建投资过度、营私舞弊和贿赂等问题。20世纪90年代初，日本基础设施投资额就曾达到占GDP总值的10%，过度的不计成本的基建投资，使日本政府欠下巨额债务，绑架了整个国家经济的发展。在学习借鉴日本经验的同时，也必须注意到类似的问题。

3. 日本龙头建筑企业

（1）大林组（Obayashi Corp）。大林组1892年在大阪创立，在日本建筑行业内是与鹿岛建设、清水建设、大成建设、竹中工务店齐名的"大手五社"

（指总承包型的综合工程公司）之一。主要业务范围包括国内外建筑、地区开发、城市开发、海洋开发、环境改善和其他项目建设，以及相关的工程管理咨询服务、房地产业务等。无论规模还是技术均为世界一流，是名副其实的巨无霸企业。

（2）鹿岛建设（Kajima Corp）。鹿岛建设创办于 1840 年，在日本建筑业的发展中发挥了重要作用。该公司在西式建筑、铁路和大坝建设中，尤其是在核电厂建设和高层建筑建造中享有盛誉。

（3）大成建设（Taisei Corp）。大成建设是日本大型的综合建设公司，主要从事建筑工程、土木工程、投资开发等业务，集团的规模在建筑界属顶尖地位，创立于 1917 年。大成建设是以一个大型企业为核心、外延联结着若干小型子企业和关联公司的企业集团，工程主要由核心企业（母公司）来承包。大成建设的企业集团不是一个松散的结构，在主要的承包业务方面保持着大型化、集约化的组织形式。

（4）清水建设（Shimizu Corp）。清水建设创建于 1804 年，是一家拥有 200 多年历史的老牌建筑商，经过两个多世纪的发展，公司已经成为国际著名的跨国建筑工程承包商。清水建设一直是日本先进技术的代表，对技术的不断追求和创新是清水建设在激烈的市场竞争中保持竞争力的最有力的保障。

（5）竹中工务店（Takenaka Corp）。竹中工务店创业于 1610 年，1909 年正式成立，是全球最具声誉的建筑设计、施工企业之一，在世界范围内雇有 1 万名员工。可以综合承包建筑、土木工程以及不动产事业和土地利用、城市、地区开发计划业务。

1.3.2 美国建筑产业发展

建筑产业是美国经济发展至关重要的发动引擎，具有重要的经济地位，长期以来，美国以钢铁工业、汽车工业和建筑业作为三大经济支柱产业。2017 年，美国建筑业增加值达到 8391 亿美元，占 GDP 比重为 4.3%，近年来占比不断攀升。

1. 美国建筑产业发展历程

20世纪40年代，第二次世界大战给美国建筑业承包商提供了不少的机会。在这个时期，由于所有的工作都是在有偿的基础上完成，承包商们被保证有合理的利润，承包商组织无论在大小还是在经验上都得到了发展壮大。战后年代，继续成为建筑业的鼎盛时代。国内和海外的军事建筑持续发展，并且还有一大批主要工业建筑工程。水泥厂、钢厂和铝厂成为承包商的主要工程来源。

20世纪50～60年代，美国开始了新一轮大规模的基础设施建设，一大批高速公路、桥梁持续兴建，核电站也成为新的建设热点，工业化扩展持续进行。这段时间是建筑承包商的黄金时代，建筑企业得到了快速发展。

20世纪70年代开始，美国建筑企业在国际工程承包方面取得了快速发展，为中东国家修建了大批大型炼油厂、石油化工厂、制造业工厂和电厂及其他设施，造就了一批实力超群的大型工程总承包企业，几乎已经取得了建筑业中的垄断地位。1968年推出的《住宅与城市发展法案》（Housing and Urban Development Act）及同年政府开始实施的"突破行动"（Operation Breakthrough），标志着政府开始主导与推进住宅工业化。随后在1976年，美国住宅和城市发展部发布《国家工业化住宅建造及安全标准》《国家工业化住宅建造及安全法案》（National Manufactured Housing Construction and Safety Act），极大地促进和规范了美国以住宅产业发展为特征的建筑工业化发展进程。

20世纪80年代美国的建筑公司管理进一步规范，很多家族企业也开始转变为公众上市公司，并开始努力提升建筑工业的效率。这导致了建筑工业费用效率（CICE）项目和建筑工业研究所（CII）的出现。

随着基础设施建设的逐步完成，美国的建筑业更多转向房屋、住宅建设为主的平稳发展阶段。进入21世纪，全球金融危机对于持续发展的美国建筑业造成了沉重的打击，受益于大型经济刺激计划的推出，建筑业得以继续发展，特别是在健康医疗、基础教育、高等教育、运输、能源和危险废弃物处理等市场领域获得了新的发展机遇。

2. 美国建筑产业主要特点

（1）市场为主的调节机制。美国建筑业的管理与日本有着很大的差异，并不存在一个管理建筑设计、施工咨询的专门政府管理机构，政府通过商务部和住宅与城市发展部实行间接管理，美国政府其他的部在其计划中也对建筑业发展提出相关的规定。政府的职能主要是通过完善的法律法规体系进行宏观协调，规范市场行为，政府对于市场的管理基本上不具体针对行业。经过多年的发展，美国已经建立了比较完善的市场经济体制，建筑业主要依靠市场机制和自我调整发展。

（2）产业结构多样分散。美国建筑产业最显著的特点是它的多样性和分散性，据《美国统计摘要》资料，2016 年统计的全美国建筑总承包商为 9.76 万家，其中，大型工程总承包商 0.49 万家，而专业承包商则为 9.27 万家。这些专业承包商的专业分工很细，其中：混凝土工程 0.84 万家，钢结构安装 0.40 万家，建筑施工承包 1.33 万家，建筑设备安装 0.13 万家，楼面铺设和其他楼板安装 0.52 万家，屋面、护墙、金属板工程 1.38 万家，其他小型专业配套承包商约 4.47 万家。这为在美国的建筑产业实现高效灵活的"总 / 分包体制"提供了保证，由此形成了专业化、市场化、社会化的分工协作的产业组织结构。

（3）标准化系列化程度高。美国建筑及其产品专业化、商品化、社会化的程度很高，几乎达到 100%。主要表现在：高层钢结构建筑基本实现了干作业，达到了标准化、通用化；独栋式木结构住宅、钢结构住宅在工厂里生产，在施工现场组装，基本实现了干作业，达到了标准化、通用化；用于室内外装修的材料和设备、设施种类丰富，用户可以从超市里买到各种建材，非专业的消费者可以按照说明书自己组装房屋。

（4）工业化多样化有机融合。与其他国家的建筑产业发展路径不同，在民用建筑方面，美国在发展初期就比较注重个性化和多样化。现在美国人对工业化住宅的要求不断提高，更加注重提升美观、舒适性，许多工业化住宅的外观与非工业化住宅外观差别无几。随着相关技术标准的不断修订发展，对建筑的抗灾性、通风性和节能环保方面也提出了更高的要求。这说明，美国的工业化住宅经历了从追求数量到追求质量的阶段性转变。在美国，工业化住宅已成为非政府补贴的经济适用房的主要形式，因为其成本还不到非工业化住宅的一半。在低收入人群、无福利的购房者中，工业化住宅是住房的主要来源。

（5）建筑部品构件专业化。部品构件生产企业方面，全美国现有建筑部品与构件生产企业近4000家，所提供的通用梁、柱、板、桩等预制构件共八大类50余种产品，其中应用最广的是单T板、双T板、空心板和槽形板。这些构件的特点是结构性能好、用途多，有很大通用性，也易于机械化生产。美国模块工程制造业从设计到制作已成为独立的制造行业，并已走上体系化道路。在生产品种方面，该行业为了竞争、扩大销路，立足于品种的多样化；全美国现有不同规格尺寸的统一标准模块3000多种，在建造建筑物时可不需砖或填充其他材料。

（6）建筑产业链的完善通顺。美国建筑产业链尤具特色，产业链以产业合作作为实现建筑产业形式和内容的区域合作载体，呈现"研发—生产建造—运输—零售—金融服务—安装"的六大环节的链条式协同发展特色。

1）在技术研发方面：企业与学校或研究机构保持紧密合作，根据企业需求，向大学或研究机构提出联合或委托研究，完成技术与产品的研发目标。

2）在生产建造方面：主要有大板建筑生产商、建筑组装营造商、建筑部件生产商、特殊单元生产商、多类型装配式住宅分包商五种类型。企业独立运营或相互配合，形成了完善的生产流程，包括合同洽谈及工程设计、工厂生产及加工装配、基础设施及避雷处理、结构施工及屋面安装、内外装饰及设备安装等。

3）在现场运输方面：一般外包给专业公司，承担运输的公司同时兼营挖掘、搬运、清理现场垃圾等业务。

4）在市场零售方面：部品与构件样式齐全，而且轻质板材、装修制品以及设备组合构件、花色品种繁多、可供用户任意选择。用户可通过产品目录，买到所需的产品。工厂生产商的产品有 15% ~ 25% 的销售是直接针对建筑商。大建筑商并购生产商或建立伙伴关系大量购买住宅组件，通过扩大规模，降低成本。

5）在金融服务方面：美国是一个典型的以财团投资为主的商业经营型的产业金融服务市场，产业信贷成为产业发展机制和财团投资的中心，完善和发达的产业信贷系统，有力地支持了美国许多大中小建筑与建材企业拥有自己的发展。

6）在安装方面：在美国，安装被认定是装配式住宅与建筑的最后一道工序。美国的安装机械设备租赁业也较发达。装配建筑机械租赁业的发展提高了机械的利用率，避免了企业资金积压，也推动了装配建筑界的产业化发展。

3. 美国龙头建筑企业

（1）柏克德公司（Bechtel）。柏克德公司是全球工程、建筑和项目管理公司之一。自 1898 年成立以来，柏克德公司在全球七大洲的 160 个国家完成了超过 25000 个特别项目。柏克德公司拥有四个全球业务：基础设施、核安全与环境、石油与天然气和化学品、采矿与金属。

（2）福陆公司（Flour Corp）。福陆公司成立于 1912 年，是财富 500 强排名中规模最大的工程和建筑公司。公司为世界各地不同行业的政府和私营部门客户提供包括工程总承包的采购、制造、施工、维护和项目管理的系统解决方案。一个多世纪以来，福陆公司作为复杂项目问题开发和实施创新解决方案的建造商，是客户首选的建筑公司。

（3）Aecom 公司（Aecom Corp）。Aecom 公司是全球顶尖的基础设施全方位综合服务企业。从规划、设计、工程到咨询和施工管理，为客户提供项目全生命周期各阶段的专业服务，帮助公共及私营客户应对最复杂的挑战。Aecom 公司在交通运输、建筑、水务、能源、环境和政府服务等领域都拥有建设项目。作为《财富》500 强公司之一，在 2019 财年，Aecom 公司年营业额约 202 亿美元。

（4）特纳公司（The Whiting-Turner Contracting Co）。特纳公司于 1902

年由 Henry C. Turner 创立。特纳是一家总部位于北美的国际建筑服务公司，是各个细分市场的领先建筑商。公司拥有 5200 名员工，每年完成约 100 亿美元的 1500 个项目建设。

（5）基威特公司（Kiewit Corp）。基威特公司于 1884 年创建，世界最大的承包商之一。除了大型的矿山开采和离岸业务，公司还承包为住宅或商业发展的小分级（垃圾移动）项目。近年来，公司项目包括旧金山湾区的几个桥梁改造项目，夏威夷州的州际 H-3 项目，以及在奥马哈亨利门利动物园构建世界上最大的测地圆顶项目。

1.3.3 德国建筑产业发展

德国建筑产业水平世界领先，建筑投资居世界第 3 位。据德国联邦统计局的数据，近年建筑产业连续 5 年实现全产业增长，占 GDP 比重为 4.5%。另据《南德意志报》2018 年 12 月 10 日报道，德国 2018 年 9 月份建筑产业营业额较 2017 年同期大幅增长 6%，达到创纪录的 1200 亿欧元。

1. 建筑产业发展历程

第二次世界大战对德国重要基础设施和工业设施造成了严重破坏，战后建筑产业成为德国重建家园、恢复经济的"领头产业"。进入 20 世纪 70 年代，整个西方经济因中东"石油冲击"引发的"滞胀"，使德国建筑产业受到沉重打击。但是，这也成为德国建筑产业战略性结构调整的契机。内需萎缩、竞争激化，建筑企业优胜劣汰进程加快。通过分化改组和联合兼并的资产重组，资本向少数大企业集中，企业集团化得到新的推进和发展，大公司开始走向海外，开拓国际工程承包市场（中东石油输出国、拉美和东亚），并且带动了德国成套设备、技术和资本输出的增长。中小建筑企业在大公司挤压的夹缝中，在细分市场中寻找生存定位和发展空间，或被大公司"择优录取"，成为中间产品和服务的提供者、分包商和施工队；或培育发展企业核心能力，以"精、专、特"适应建筑市场特别是房建市场的多元化和个性化需求。

1990 年，德国重新统一后，东部基础设施和民居建设的巨大需求，使建筑产业再度经历了一次繁荣。联邦政府通过持续多年的财政转移支付，扩建和改善东部基础设施建设，也给德国建筑产业带来巨大的商机。如东西柏林交界的波茨坦广场，成了欧洲最大的建筑工地。西部大公司东进，借助政府优惠政策和补贴，以较低成本大举购并东部企业。在长期实行的计划经济体制下生存下来的大约 2700 个生产合作社和 82000 多个私人手工业企业，也获得了新的发展机遇。到 1996 年底，东部的合作社和私人企业增加到 15.58 万家，就业人数达到 130 万，成为超过工业的第一大经济部门。建筑产业在减缓东部经济转轨过程中的经济和就业萎缩中，发挥了支撑作用。

进入 21 世纪，在经历了经济危机的低迷以后，德国建筑产业开始快速回升与发展，2009 ~ 2017 年建筑产业劳工大幅上涨 20%，远超同期德国整体 9% 的就业人数增长水平。但管理人员与熟练技工匮乏，成为了影响建筑产业发展的结构性障碍。

2. 德国建筑产业主要特点

（1）行政管理与市场调节有机结合。德国的建筑产业管理在政府与市场的关系和作用方面，介于美国与日本之间，形成了具有自身特色的组织管理模式。德国建筑产业的主管部门是联邦空间规划、建筑和城市建设部，该部设有一名部长，多名副部长，下设综合司、空间规划与城市建设司、建筑司。联邦制的德国在联邦、各联邦州、市三级政府均设有建筑主管部门，各级地方建筑主管部门有较大的自治权，国家主管部门主要承担规划和行政管理职责。各级政府的行政管理以完备的法律体系作为基础，通过运用法律和经济手段制定正确的产业政策和行业技术标准进行宏观调控。德国社会市场经济坚持实行两大基本原则：一是经济效益与社会公平兼顾的原则；二是资源配置以市场机制的基础性与政府适度干预的辅助性结合原则，引导建筑产业沿着正确的轨道健康地发展。

（2）私营企业形成合力。德国建筑业经过长期发展，已分化为"建筑工业"和"生产性建筑手工业"。其中，"建筑工业"由少数现代化的大型建筑企业集团组成，"生产性建筑手工业"包括雇员在 10 人以下、营业额在 50 万欧元以下的小型营造商、建筑合作社，以及个体工匠。后者是大型建筑承包商运营网络的组成部分。他们为大型建筑企业提供前期和中间产品与服务，充当大企业与顾客之间的"桥梁"或"纽带"，通过各类联盟等民间组织，形成了良性的自律与合作机制，避免了无序竞争的不利影响。比如成立于 20 世纪 20 年代的联邦预制房屋协会不断地壮大，成员企业都是家族私营企业，他们敏锐地适应了市场需求，通过协会作用形成合力，不断地开发新的房屋体系来适应人们日益增长的需求。

（3）特有的绿色化发展。德国是个特别注重节能和环保的国家，甚至用法律对行业的发展进行约束。在这样的大环境背景下，建筑企业的技术研发、构件产品生产及施工都是朝着提高效率、提高质量、减少人工、减少排放和保护环境的方向发展。

（4）超前的信息化应用。德国在信息化方面是世界上发展较早水平较高的国家之一。德国于 2013 年的汉诺威工业博览会上正式推出"工业化 4.0"的概念，致力于利用信息化技术促进产业变革。德国"工业化 4.0"和美国工业互联网总体目标相同，执行相对路径和逻辑思维不同。区别于美国的从软件出发连通硬件，德国是以生产企业为主导性，实现从硬件连通到软件。在建筑业通过数控式的构件生产，实现了依托 BIM 技术的信息化设计到生产、施工乃至企业管理的信息贯通与高效利用。

（5）产业链具有社会化性质。

1）产业链。德国建筑产业的产业链（图 1-3）相对非常完善，研发—设计—生产—施工—运营维护等各环节相互协作、密切配合。

2）研发。企业根据自身产品和技术革新所需的要求，向大学或者研究机构提出联合或者委托研究，大学或研究机构在理论和验证性试验方面具备完整的科研体系及对试验性研究有丰富的积累，能有效地推进产学研结合。例如，Filigran 公司是个小型家族企业，主要从事钢结构方面的产品的研发和生产，发明了钢筋桁架，联合了汉堡、德雷斯顿大学等科研单位，对钢筋桁架叠合楼板进行了大量研究，比如如何实现双向叠合楼盖、叠合板裂缝分析及对策等，最终形成行业标准，对钢筋桁架叠合板的全球应用产生

```
专业建筑、结构事务所
专业的水、电和暖设计事务所          研发 ──┤ 大学与应用技术大学
预制建筑的深化设计事务所                  专业的研究机构
大型构件集团内部设计部门                  企业内部研发部门和试验室
专业的设计软件供应商              设计 ──┤ 各类预制构件生产厂家
                                      各类预制构件所需埋件和耗材的供应厂家
                                      各类生产设备供应商
                                 生产 ──┤ 流水线系统控制软件供应商
专业建筑施工企业                         特殊物流工具及车辆供应商
所需支撑及模板及其他辅材供应商            各类工人培训机构及协会
专业的吊装设备供应商              施工
建筑施工机械，临时办公室租赁公司    运营及维护 ──┤ 专业FM物业管理公司
                                      既有建筑改造的专业公司
                                      检测公司
                                      维护所需材料的供应商
```

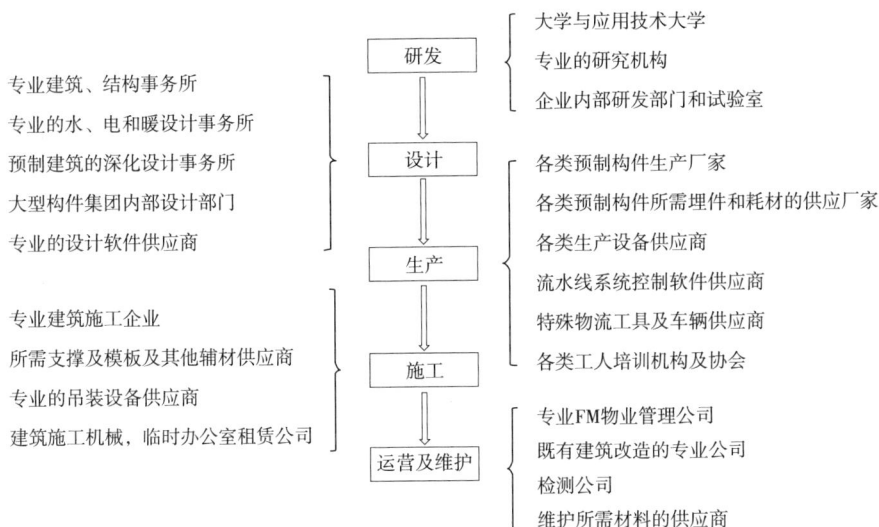

图 1-3 德国建筑产业的产业链

了深远的影响。

3）设计。建筑设计是各建筑事务所之间紧密合作的成果。首先是由建筑事务所牵头与客户对接，然后相关的机电专业如水、电和暖专业的专业事务所也会受委托进行专项设计，而预制构件深化则是和结构设计基本结合在一起。

4）生产。德国强大的机械设备设计加工基础也使得预制构件的生产形式得到了变革式的飞跃发展。由于有了像 Vollert、Avermann 这类专职于做设备加工的企业和 Unitechnik、SAA 这样的生产控制系统的软件供应商的支持，使板式构件加工的流水作业变为可能，而且摆脱了传统板式构件预制必须具备固定模数尺寸的限制，在不减效的情况下自由度提高，更加能满足个性化的需求。

5）施工。德国大多数建筑施工企业都有着预制建筑的施工经验，从 Hochtief、Zublin 这些大集团公司到地方上的小家族企业。Zublin 的某总部办公楼就是预制建筑在德国公共建筑中的经典案例，其还完成了很多预制建筑领域的创新和施工技术的创新。而像 Peri、Doka 这类公司则对这些施

工企业在工具、支撑、模板等方面给予了莫大的支持。Liebherr 这类公司则是在吊装机械方面做着贡献。在预制建筑施工领域也有专门的协会，促进着交流与创新。

6）运维。战后所建的多层板式住宅楼，由于当时的技术条件和建造条件的限制，经历了半个世纪，面临着大量的维修维护和改造。例如，西伟德建材集团，在德国提供了大量改造类项目以及维修维护类项目所需的特殊建材。而新建的复合很多功能的预制建筑则也面临着有效的能源管理、物业管理等，所以专业的物业公司在德国也是常常能见到的。

3. 德国龙头建筑企业

（1）豪赫蒂夫公司（Hochtief Aktie-Ngesellschaft）。豪赫蒂夫公司成立于 1875 年，总部位于德国埃森，是德国最大的承包商，其主要业务包括设计咨询、投资开发、建筑施工、机场管理和运营维护等，是南北美洲、欧洲、南部非洲、亚太等地区重要的建筑服务提供商。其子公司特纳公司（Turner Corporation）为美国建筑市场规模最大的公司之一；在澳大利亚，其子公司雷顿集团（Leighton Group）为建筑市场规模最大的公司。截至 2006 年，豪赫蒂夫共 5 家法人子公司，总员工 42000 人。其中除豪赫蒂夫机场公司（Hochtief AirPort）主要涉足机场管理领域外，其他四家的经营范围全部为建筑领域项目策划、融资、建筑施工和运作。近年来，完成众多大型建筑施工项目，如埃及阿布辛拜勒神庙迁移工程、新雅典国际机场、德国第一座核电站等。

（2）旭普林公司（Ed. Zublin Ag）。旭普林公司成立于 120 多年前，是德国土木建筑及环保工程界最大的承包商之一，在全球四十多个国家拥有七万多名员工。业务范围涵盖了工程及建筑行业的所有领域，如建筑、环境保护、高速铁路、普通铁路、地铁、轻轨等各类轨道交通、新能源、水利、港口、公路及桥梁等。在环保工程方面，业务涵盖了几乎所有的水、固、土、气领域。其在土壤、地下水修复及土壤、气处理方面有着三十多年的修复净化的总承包服务经验，共完成了两千多项成功案例，是全球场地修复市场的领导者。

1.4　我国建筑产业存在的不足和问题

1.4.1　我国建筑产业存在的不足

我国的建筑业与发达国家相比还有一定差距，主要表现在以下几个方面：

1. 技术创新动力不足

（1）设计原创能力不足。由于设计体制机制落后等原因影响，我国的建筑设计水平与国际最高水平还存在着一定的差距，特别体现在设计原创能力相对较低，导致国内一些重大的、标志性的新建筑工程也不得不依靠国外设计，如国家歌剧院、国家体育场、国家游泳中心、北京大兴国际机场、上海中心等，无一不是出自外国设计师之手。

（2）施工技术水平低。尽管我们自主施工完成了北京中信大厦（俗称"中国尊"）等国内所有的超高、超大、超难的工程项目，但是不可否认，我国建筑业的整体技术含量低，还多属劳动密集型工程，依靠的是人海战术，而非技术密集型工程，工程中的先进技术多数都是从国外引进，而非自主研发。

（3）工业化程度低。自 20 世纪 20 年代开始，建筑工业化开始在欧洲发达国家蓬勃发展。我国由于巨大的建设需求使得建筑企业没有时间与精力来开展建筑工业化的技术科研，开发商也不愿意使用不成熟的建筑工业化技术。经历了 20 世纪不太成功的尝试之后，直到 2016 年，国家才开始正式大力鼓励发展装配式建筑。中国工程院院士周福霖曾在几年前的一次演讲中表示，当时中国建筑工业化程度仅为 3% ～ 5%，而欧美建筑工业化达 75%，瑞典更是高达 80%，日本也能达到 70%。这意味着中国的建筑工业化程度与欧美等发达国家相比相差超过 10 倍。

2. 建筑质量与品质不高

按照我国《民用建筑设计统一标准》GB 50352 的规定，一般性建筑的耐久年限为 50 年到 100 年。但是，中国房屋的实际寿命大多只有 25 ~ 30 年。相比而言，欧美等国家"百年老屋"随处可见，英国建筑的平均寿命达到 132 年，美国为 74 年。虽然这不完全是质量问题，也和我们的规划和对未来的发展理念有关。但设计水平低、原材料把关不严、盲目压缩工期、野蛮施工粗制滥造、低价竞标偷工减料等问题，确实是造成建筑普遍短寿的主要原因。

3. 施工安全问题时有发生

在施工安全方面，我国与日本、德国还存在一定的差距，近年来每年均有 600 ~ 700 人死于事故，建筑行业都属于最危险的行业之一。由于对安全工作的认识不足，用于安全教育、劳动保护、文明施工和现场安全的投入占比方面，中国仍然处于比较低的水平。近年来，群死群伤事故频发，死亡人数也超过了 800 人，说明我国的建筑施工还存在着比较大的安全隐患，安全监管仍需进一步加强与完善。

4. 劳动生产率与经济效益低

在 20 世纪末，中、美大型建筑业企业的劳动生产率水平差距是非常巨大的。中建集团作为我国建筑业企业中的佼佼者，无论是企业规模、技术力量还是管理水平、经济效益均居全国领先地位。但是，据有关资料显示，中建集团海外业务发展与集团行业地位并不相称，在国际化方面存在一定差距。在国际工程设计领域，国际工程设计业务营业收入较低，ENR 国际工程设计公司 225 强排名未上榜，设计引领作用发挥不够。海外业务主要集中在工程承包领域，处于国际产业链底端，海外营业收入占比 7.5%，而德国豪赫蒂夫、西班牙 ACS、瑞典斯堪斯卡等企业均在 79% 以上。在国际资源配置方面，海外员工人数同国际化程度较高企业对比来看相对偏少，是西班牙 ACS 海外员工人数的 6%，人才以及资本、研发等资源已成为制约开展国际化经营的瓶颈。

进入 21 世纪以来，我国劳动生产率水平虽然得到了快速的提升。但是，

2015 年数据显示，我国全行业劳动生产率水平为世界平均水平的 40%，仅相当于美国的 7.4%。建筑业劳动生产率无论与发达国家还是其他行业劳动生产率相比，均处于偏下的水平。由于劳动生产率水平长期偏低，加之流动资金不足，企业不得已大量向银行贷款，造成资金成本居高不下，阻碍了企业其他方面的发展；工程款拖欠等问题，影响了企业的生产效率和效益，也因此无法通过提高工资水平吸引高素质的技术工人和管理人员，从而形成恶性循环，严重限制了我国建筑业企业劳动生产率的提高。

5. 节能环保意识薄弱

由于我国以往的发展模式属于高消耗和低产出的粗放型生产，资源消耗大，环境污染严重，我国单位 GDP 的能耗和原材料消耗，都远远高于发达国家，建筑行业更是如此。建设领域大量建设、大量消耗、大量排放，目前我国每年生产了超过世界总产量一半的水泥和钢材，同时也消耗了全球近一半的钢铁和水泥用于建筑业。有数据显示，我国建筑建材相关能耗达到了社会总能耗的 49.5%，建筑垃圾占整个社会垃圾的 45%。

近年来，伴随着新型城镇化进程的加快，新建、改建、扩建了大量建筑，且由于中国建筑的使用寿命远远短于先进国家水平，拆除旧建筑也产生了大量的建筑垃圾，预计 2020 年将产生建筑垃圾 26 亿吨。海量的建筑垃圾既造成巨大浪费，也埋下了污染和安全的隐患。

我们的建筑垃圾的来源主要有三个方面：旧建筑拆除产生、新建筑施工产生以及建筑装修产生。从 2017 年我国建筑垃圾的构成分布来看，旧建筑拆除所产生的建筑垃圾占建筑垃圾的 58%，新建筑施工产生的建筑垃圾占 36%。由此可见，建筑物的拆除阶段和新建筑的施工阶段是建筑垃圾的控制关键点。

纵观全球，发达国家也越来越重视建筑废弃物的再利用，很多发达国家的建筑垃圾资源化率已经高达 90%，韩国、日本建筑废弃物资源化率甚至高达 95% 以上。而我国建筑产业正处于快速发展期，建筑垃圾资源化率不足 5%，差距非常巨大。

1.4.2 我国建筑产业存在的主要问题

改革开放 40 多年来，建筑业作为国民经济的支柱产业为经济社会发展、城乡建设和民生改善做出了重要贡献。但也要看到，目前建筑业大而不强、产业基础薄弱、产业链水平不高、产业组织碎片化、产业工人技能素质低、建造方式粗放、组织方式落后、价值链断裂等问题还较为突出，仍未摆脱传统粗放式发展方式。主要表现在以下方面：

1. 产业大而不强

长期以来，建筑业依赖我国经济快速发展的强大市场，规模由小变大，但大而不强。从建筑业发展统计分析报告中看，2018 年，建筑业总产值达 23.5 万亿元，产值利润率（利润总额与总产值之比）仅有 3.45%，近 10 年来，建筑业产值利润率一直在 3.5% 上下徘徊，而且近两年略有下滑；建筑业从业人员 5563.33 万人，其中流动性工人占较大比重；全国建筑企业单位数 95400 家，基本上以工程管理公司为主，没有自己的产业工人队伍，建筑企业缺乏核心能力，同质化竞争严重，整个建筑业在企业之间尚未形成社会化的多层级的专业化分工协作。作为市场和价值链主体的建筑企业，缺乏应有的管理创新意识和创新能力，在企业组织架构设置、管理体系优化以及协同技术创新等方面，尚难以形成差异性的核心竞争能力。

2. 产业碎片化严重

（1）体制机制条块分割。我国工程建设领域一直存在条块分割管理、政出多门的问题，特别是行业划分的影响，建材行业与建筑行业监管分离；建筑设计、加工制造、施工建造分属不同行业，互相分隔、各自为政。不同部门监督执法依据各自领域的规范性文件，使得工程建设全过程的监管规范性、系统性大大降低。再加上建筑业法律法规体系不够系统、完善，均在很大程度上制约了工程建设项目的一体化建造水平。

（2）设计、生产、施工脱节。当前工程建设领域还普遍存在设计、生产、施工脱节的现象，建筑设计对规范和标准考虑得多，偏重于设计的安全性和适应性，而对采购加工和施工安装的需求考虑较少，这也导致工程施工中各自为战，各方都以自身利益最大化为主，不会考虑工程的整体建造效益与效率。很多工程开工后，图纸一改再改，工期一拖再拖。很多工程最终为了赶工期，不是通过提升一体化建造能力，而是靠"人海战术"来完成，这不仅造成了极大的人力浪费，也增加了工程建造成本的不可预见性。

（3）开发建设碎片化。与发达国家普遍推行工程总承包模式不同，我国在这方面虽然也提出了明确推广要求，但实际效果并不理想，目前，国有投资或国有控股项目，已开始逐步推行工程总承包模式，但开发建设项目基于各种利益平衡，往往将工程设计、生产、采购、施工等交由不同单位实施，人为将工程建造碎片化，从而不仅造成了极大的资源浪费，也直接带来工程成本增加、工期拖延、投资超额等一系列矛盾问题。

（4）信息数据不能共享、系统流程不能贯通。进入 21 世纪，信息资源日益成为重要生产要素、无形资产和社会财富。以共享为特征的信息化技术，在某种程度上已代表了各个行业的融合发展水平。但相比其他行业，我国建筑业的信息化、数字化程度还很低。以 2015 年以来的数据衡量，建筑行业整体数字化水平在 22 个细分行业中仅高于农业和屠宰业，位列倒数第三。数字化和互联互通的程度低，在一定程度上也如实反映了我国工程建设领域各自为政的管理现状，在信息数据共享方面制约了建筑业的产业现代化发展。

3. 产业基础薄弱

（1）生产建造方式粗放。长期以来，我国建筑业是一个劳动密集型、粗放式经营的行业，现场施工主要以手工湿作业为主，"出大力、流大汗、脏乱差"是建筑工人的代名词。我国每年 20 亿平方米以上的竣工建筑中，相当一部分在投入使用仅 25 ~ 30 年后，便会出现墙面开裂甚至漏风、漏筋、屋面漏水等质量问题，极大影响建筑使用寿命。目前我国新建住宅有 80% 以上仍为"毛坯房"，导致建筑产品是"半成品"，并由此造成建筑功能的不完整和建造过程的残缺，特别是由于二次装修产生了大量建筑垃圾，还容易发生施工扰民、环境污染等社会问题。

（2）工程组织方式落后。我国实行工程招标投标制以来，基本都采用传统平行发包方式，即业主将工程设计、施工等进行拆分，发包给各个独立单位。这种落后的工程建设组织方式，直接导致工程建设主体责任落实不到位，造成人为的条块分割及碎片化，割裂了设计与施工之间的联系，造成施工过程中的设计变更次数增多，带来项目周期延长、管理成本增加、协调工作量大、投资超额、资源浪费等问题。由于责任层次不清晰，企业的责权利无法做到有效统一，对工程建设质量也造成了很多负面影响。这些问题都直接或间接导致了工程建造的整体效率效益低。

（3）产业链协同水平低。目前我国建筑业的产业化程度和产业链协同水平与制造业相比有较大差距，产业要素市场没能得到充分调动，资源尚未得到合理配置，由此造成企业核心能力不强，企业主体技术创新动力和能力不足，技术集成能力和协同高效的组织能力薄弱。由于传统产业分工和工程组织方式落后，产业创新体系的各种要素资源分散、价值链割裂的原因，导致工程建造全过程、全产业链、各环节各自为战，缺乏环环相扣对接的关联关系。比如：建筑设计对功能、规范考虑得多，对采用材料、部品的制作与施工因素考虑得少，甚至关起门来设计；施工企业以土建施工为主，照图施工，施工过程产生大量的不经济、不合理和质量安全隐患；材料部品生产企业关起门来搞产品研发，与工程设计、施工建造系统技术不匹配、不配套。全产业链的系统性、整体性和协同性问题普遍处于较低水平。

（4）产业工人技能素质低。我国工程建设领域高水平技术专家人才、建造管理人才、科技创新人才严重不足，而懂技术、晓经济、会管理的具有工程总承包管理能力的复合型、创新型人才尤其缺乏。而且，我国在工程施工环节，主要依赖于"知识不系统、离散度高"的劳务市场的农民工队伍，建筑工人普遍文化程度低、年龄偏大、缺乏系统技能培训。据统计，2017年，建筑业一线作业人员中，高中以上学历的只占总数的5.7%，平均年龄为43.1岁。产业工人队伍整体素质不高，也在很大程度上制约了工程质量和水平的提高。

第 2 章

建筑产业发展滞后原因分析

改革开放 40 多年来，建筑业作为国民经济的支柱产业，对我国国民经济发展、城乡建设和民生改善做出了重要贡献。由于城镇化进程的需求以及高速增长的固定资产投资的拉动作用，促使我国建筑业持续高速发展。但同时也要看到，近年来，尽管建筑业在许多方面都实现了较大的进步，但发展的很大程度仍依赖于中国巨大的市场以及资源的投入，传统粗放的发展方式没有发生根本性改变。进入新时代，建筑业目前存在的诸多问题，已经反映出产业可持续发展能力不足，各种潜在矛盾已复杂地交织显露，瓶颈制约越发严重，即表明建筑产业粗放式、规模化的经济高速增长之路已难以为继，同时也表明我国建筑产业发展进入了必须要转型升级的重要历史关头。

鉴于建筑产业对于整个国民经济的重要地位，以及自身持续健康发展需要，必须全面审视建筑产业目前发展现状，通过深入研究、系统分析、综合判断，才能洞悉建筑产业发展的内在规律，发现阻碍建筑产业健康发展的深层原因，也才能进一步综合考虑我国建筑产业发展所面临的各项影响因素及特点，保证建筑产业各相关方面做到精准施策，力出一孔，真正走出一条符合我国国情、具有中国特色的建筑产业现代化之路。

2.1 缺乏产业思维，传统路径依赖

长期以来，我国建筑产业始终是沿用"行业"的管理思维在管理建筑产业，以"建筑业"替代"建筑产业"，甚至在建筑业发展进程中几乎没有将建筑业作为"产业"，更没有从产业链上寻求建筑业的发展，尤其是在建筑业转型发展阶段，很大程度上缺乏系统性、整体性和协同性的产业思维和方法。

当前，建筑业转型发展的主要问题是"系统性"与"碎片化"的矛盾，这种矛盾不能从根本上得到解决的深层次原因，主要是缺乏产业链的系统

思维，没有摆脱传统路径依赖，发展理念和思维方式滞后。我国改革开放已经走过了 40 多个年头，建筑产业依然延续着计划经济条件下形成的"行业"管理的体制机制，这与新时代发展要求极其不相适应，这种发展理念和思维方式已经严重制约了建筑产业的转型升级和创新发展。

2.1.1 问题产生的历史诱因

当前建筑业缺乏"产业"的系统思维，传统路径依赖性强，有其经济社会发展阶段的历史原因，其主要原因是：

1. 受到中华人民共和国成立初期借鉴"苏联经验"的影响

中华人民共和国成立之初，我国建筑事业百废待兴，由于政府缺乏对建筑业的技术与管理经验，为了尽快建立新政权下的城乡建设管理体制机制，政府主要学习借鉴了"苏联经验"，苏联在管理体制上着重强调政府的计划、管理和协调作用，采用"建设综合体"的管理协调机制。进而我国在当时，建筑产业在管理体制上就形成了计划经济的条块分割，将建筑设计、加工制造、建筑施工分属于不同行业，将建材业与建筑业的管理分离，统一由政府进行分业管理、协调。由此，造成了建筑产业的生产活动的各环节互相分隔、各自为政。

2. 受计划经济时期政府统一管理建筑工程的影响

在计划经济时期，所有的建筑工程项目都是由政府部门统管、统建。政府主管部门统一安排并确定建筑工程的设计单位，并安排不同专业公司完成不同阶段的工程项目任务，各设计、生产、施工企业均归政府部门统一管理和调动。在这种背景下，我国建筑业形成了设计、生产、施工企业各自为战、自成一体的生产经营格局，也造成了工程建造全过程的各阶段的对接相互脱节，在产业链的技术和管理上整体呈现出"碎片化"的特征，一直延续至今。

3. 受早期国家政府行政管理部门分工的影响

一直以来，我国工程建设管理体制主要按行业划分管理，勘察设计、建筑材料、加工制造、施工安装分属不同行业，由政府部门进行分业管理。

比如：技术标准编制基本上是按部门管理划分，如原化工部主管化学建材标准，原建材局主管水泥、钢材、木材和砌块、墙板等标准。由于关联的生产技术与产品标准，以及设计和工程标准不一致，加之技术产品的类型不断调整提升，与工程建设采用的技术产品改变提升进程不同步等原因，使上下游之间不可分割的相互配合的产业链条，受管理体制机制的影响，造成了相互制约，这已成为制约建筑产业技术进步和高质量发展的瓶颈。

4. 受建筑设计行业缺乏"产品"设计理念的影响

由于行业划分的影响，建筑工程设计归属勘察设计行业，行业管理相对独立，造成了设计院的生产经营方式仅仅是为了设计而设计，将设计的"图纸"作为"最终产品"。由此在设计过程中对规范和标准考虑多，偏重于设计的安全性及适应性，而对工程施工安装过程的需求考虑少，没有将建筑工程作为"最终产品"。建筑工程项目的设计是由建筑、结构、机电设备、装饰装修等专业设计共同完成，由于设计人员缺乏将"建筑"作为"产品"的设计理念，各专业则强调各自专业的设计和技术应用多，不注重建筑本身的系统性和整体性，忽视各专业之间协同配合，进而造成各专业之间协同不足，设计文件的完整度不好，工程系统优化的程度不高，导致建筑工程的全产业链的技术集成、整体效率效益低，也制约了产业化程度和发展水平。

5. 受房地产快速发展和大规模开发建设的影响

我国改革开放进入市场经济后，房地产开发建设应运而生，基于我国当时的经济发展水平和居民消费水平，开发商在住宅建设上首先推出了大量的"毛坯房"，导致了建筑设计成果和建造的房屋基本是"半成品"，由此形成的这种开发行为方式目前依然延续，拉低了建筑设计的水平，导致建筑功能的不完整和建造过程的残缺，特别是居民二次装修带来很多结构安全、材料浪费、建筑垃圾等社会问题。由于建筑工程缺少整体的协同优化设计，极大阻碍了建造活动的产业化、社会化和工业化的发展进程。另外，由于建筑业粗放式经营管理，尤其缺乏工程总承包的能力，难以满足开发商对开发建设的工程项目的高品质、高质量需求，导致开发商将开发建设的工程项目肢解分包为"无数"个乙方，人为造成了工程项目的技术与管理的"碎片化"，责任主体不明确，并且带来了诸多的不协同、相互"扯皮"以及质量、安全等问题。

2.1.2 问题产生的根源分析

从问题产生的历史诱因分析中我们可以清楚地认识到，当前制约建筑产业向高质量发展的关键，是建筑产业在很大程度上还没有摆脱传统路径依赖，特别是当传统建筑业已经走到了尽头，各种潜在矛盾已经复杂地交织显露，瓶颈制约越发严重，必须向新型工业化道路转轨时，更应该深刻认识传统建筑业的弊端。尤其是，传统产业的发展理念和思维方式具有很强的路径依赖性，技术、利益、观念、体制等各方面都顽固地存在着保守性和强大的惯性。追溯其根源主要表现在以下方面：

1. 追求产值的依赖

建筑业作为国民经济支柱产业，可以说，在一定程度上是依赖生产总值占 GDP 比重较大而得以实现。但是，从建筑业的产业基础、产业链协同水平以及发展质量上看，与其他支柱产业相比还存在较大的差距，这与建筑产业的发展方式密不可分。目前建筑产业的发展方式主要还是以追求产值、利润率为主，以大为傲，将经济增长与产业发展基本上看作是同义词。尤其是大型国有建筑企业，过分追求生产产值增长而忽视了企业的核心能力建设，甚至忽视企业生产的效率和效益。一些企业为了得到工程项目，甚至不择手段、低价中标，忽视工程项目的经济性、合理性。虽使企业的经济总量有所增加，但总的来说却出现了"有增长而无发展"的现象。

产值只能反映经济增长的总量和产出，不反映发展的质量和水平，经济增长没有给企业自动带来诸如技术进步、产业结构优化、核心竞争力等目标的实现，粗放式的经济增长导致长期发展的产业资源和产业基础遭到破坏，造成企业核心竞争力不强，可持续发展能力弱，其后果是产业大而不强、资源短缺、产业系统失衡，产业要素市场的发展动力不足，最终使发展难于持续而陷入困境。

2. 低价劳动力依赖

20 世纪 80 年代以来，中国建筑业发展走的是一条同质化"狼性"的"血拼"式竞争的道路，建筑施工企业主要依赖充足的低价劳动力（农民工）资源。"血拼"式竞争的积极意义是对计划经济的彻底否定，也可以说是当中国进入无情的市场经济，建筑企业被"逼上梁山"而不得不采取的竞争方式。这种狼性的"血拼"式竞争就是无限制地将"优势"资源用到了极端，抛弃了资源配置的合理性和要素市场的关联性，以及可持续发展的创新性，也进而形成了对粗放式增长方式的依赖性。在改革开放初期，建筑企业可以利用低价劳动力资源获取较大的效益，在一定的历史时期内具有存在的理由，但这仅仅是短期的经济合理性，其结果必定是高代价的和不可持续的。

进入到"十二五"时期时，中国最丰富的劳动力资源几乎"突如其来"地发生了供需关系的显著变化，2011 年，我国工资的增长幅度显著提高，企业普遍感受到工资成本的巨大压力。我国经济增长长期以来依靠的人口红利开始消失，导致劳动力短缺和老龄化，建筑企业开始面临了"招工难""用工荒"的巨大压力，用工成本一涨再涨，人力成本由原来的 30% 左右提高到 50% 以上，而且还难以找到稳定、合适的工人，大量的工程建设因为招不到工人而拖延工期、违反合约。这些情况证据确凿地表明，建筑业依赖低价劳动力资源的时代正在走向终结，也直接意味着狼性的"血拼"式竞争的粗放式增长方式必须要从根本上转变。

3. 传统路径的依赖

进入新时代，我国经济发展正在由高速增长向高质量发展转变，建筑业要实现高质量发展，必须要摆脱传统路径的依赖，从传统粗放的建造方式向新型工业化建造方式转变，形成新的竞争优势。当今时代正在发生广泛而深刻的变化，信息化、数字网络化、人工智能深入发展，科技进步日新月异，技术创新、管理创新、制度创新将成为推动经济社会发展的引领力量，成为有效利用和优化各种资源的核心要素和内驱动力。

我们必须清楚地看到：改革开放 40 多年来，建筑业依赖我国经济快速发展的强大市场，规模由小变大，但大而不强，产业基础十分薄弱，产业链不能协同高效，信息化管理难以系统集成，企业主体技术创新动力和能力不足，产业创新体系的各种资源分散，价值链割裂，尤其是在改革发展的路径上缺乏针对产业发展的规划和目标。因此，必须要沉下心来，将建筑业改革的基点放到"产业"发展上来，要紧紧抓住"产业"这个牵动建筑业改革发展全局的"牛鼻子"，全面系统深入地研究"产业"的创新发展问题，尤其在建筑业进入必须转型升级的重要历史关头，要进一步明确建筑产业的改革发展的路径和方向，深耕细作、夯基垒台。

2.2　产业结构不合理，企业同质化竞争

产业结构的调整是建筑产业供给侧结构性改革的重要组成部分。近年来，随着国家供给侧结构性改革的不断深入，建筑业的现代企业制度建设，产业结构调整取得明显进展，大中型建筑企业以股权多元化、中小企业以民营化为特征的产权制度改革已经取得明显成效，产业组织结构进一步优化，企业分化日益明显，集中度不断提高。但是，进入新时代，我们从产业结构理论的高度，纵观建筑产业结构的企业规模组织、企业的内部组织、承包业务的组织、工程项目承包组织、从业人员的组织等方面存在不合理、不平衡、不协调的问题还较为突出，企业分化的分工比例关系失衡，各类企业之间的市场联系纽带和协作机制还没有得到建立和完善。我们可以通过与发达国家进行对比的方法，分析我国建筑产业结构存在差异的问题和原因，探索我国建筑产业结构的思路和政策建议。

2.2.1　与发达国家产业结构的对比

1. 企业规模组织结构差异明显

通过收集整理的相关资料显示，发达国家的建筑产业组织结构都有一个

特点，呈明显的金字塔形，小型企业数量最多，一般在 60% ~ 95%，中型企业数量较少，一般在 5% ~ 40%，大型企业数量很少，一般在 0.1% ~ 0.5%。在日本，员工不足 50 人的小型建筑业企业占了建筑业企业总数的 95%，1000 人以上的大型企业只占 0.1%，日本排名前 10 的建筑业企业的营业额占全国建筑市场的 16%。日本的大型建筑业企业的规模都名列世界建筑业企业的前茅，韩国的大型建筑业企业也有共同特点。我国排名前 10 的大型建筑业企业的市场占有率虽然达 9.7%，但是我国的大型建筑企业是集团形式，多家法人的集合体，而日本和韩国的建筑企业是一个法人，如果以每个独立法人为单体比较，我国排名前 10 的大型建筑企业的市场占有程度要大大降低。截至 2018 年统计，全国特级、一级资质的大型企业总数达 6782 家，占全国有施工资质企业总数的比例为 6.8%，远远高于发达国家的比例。我国有资质企业人数普遍较多，几百人至上千人的企业居多，央企大多数万人以上，从人数规模上判断我国建筑业企业结构呈蜡烛型，20 人以下的建筑业企业几乎不存在，且企业雇佣人数基数上移，与发达国家的格局差异很大。

美国和日本等发达国家的建筑市场结构具有一定的垄断因素，发达国家这种结构，反映了其建筑市场和承包体系的特点。大型企业一般只从事工程总承包业务，以先进的技术和管理能力实施项目管理，大量的中小型企业承接大型企业的专业分包业务。日本总承包商在承揽工程后，多将工程分包给本企业集团内部的专业承包商，从而有效地降低市场交易费用，提高了工程项目的协同和效益水平。与日本相比，美国的大型承包商则把企业的注意力更多地放在自己的核心能力上，将薄弱环节通过外包的方式委托给外部专业承包商，而这些外部承包商通常都与总承包商建立了长期稳定的"类企业"关系，通过这种战略联盟式的组织方式，总承包商不仅享受到了降低管理和交易费用的好处，而且还可以降低建筑业经济景气循环对企业的不利影响，实现企业成本降低、效益提高和经营风险规避的目标。分包商在这种稳定的协作关系中，获得了稳定的工程来源，保证了企业效益的稳定。众多的小型建筑企业一般都是专业分包企业，业务范围非常专注、熟练、精益，专业化程度非常高。

经过以上对比分析不难看出，我国建筑产业的企业同质化严重，是中国建筑产业结构不合理的主要问题。美、日等国家对产业结构调整的做法值得借鉴，产业结构调整不可能完全指望由市场机制的自动调节去解决，而必须辅之以政府调节机制的主观能动性，形成具有我国特色的建筑产业组织结构格局和分工协作的产业体系。

2. 企业运营管理组织结构差异明显

从企业内部运营管理的组织结构来说，发达国家一流建筑业企业更多地是围绕项目来配置和组织资源，采用事业群、事业部组织形式、"总部－事业部＋区域公司－项目部"三层次管理控制的居多。全球 ENR 排名中 80%以上的企业均采用事业部制组织结构，这种扁平化的组织结构，有利于总部集中控制和多元化业务的发展，缩短各业务单元与客户的距离，提高服务质量，降低运作成本；有利于公司整体的高效管理和内部资源的充分共享，尤其使得公司在全球范围内进行资源配置时更快捷、更方便。

扁平化的企业内部运营管理的组织结构，决定了国际一流建筑企业一般具有较强的总部控制、业务标准一致化的特点，总部通过控制资金、核心管理人员在分公司占董事的席位、人事任命权、项目分包等形式实现对分公司的管控。同时能够保证无论集团的分支机构在哪个市场区域、哪个国家，都能在集团总部支持下，为客户提供最先进的技术支持与最专业的人才服务，提供工程项目的最佳方案。

相比而言，我国的建筑业企业的内部组织有两种典型形态，一种是一些国有大企业，纵向层次过多，从子公司至最高层级层次达到 4 ～ 5 层或者更多，子公司大多以号码公司并列，最上层很多只是执行国有资产、发展战略管理职能和一些行政职能，实际履行着行政和社会组织职能。另一种有代表性的企业组织结构是公司设有大量的项目经理部，这些项目经理部类似于分公司，有不同程度的人、财、物权力，总部主要依靠增加项目经理部，提取管理费取得收益，项目经理部作为独立核算单位承揽工程，完成工程建造。两种组织形态都有同质化竞争、专业分工不够、整体性不强、运营成本过高的问题。

由于历史原因，许多央企内部在同一区域形成众多分支机构，作业方式几乎相同却不能整合，从公司整体来看，存在资源整合度、经营一体化程度低，行政成本较高，核心竞争优势不集中，运作方式不灵活，管理效率受影响等问题。

3. 工程总承包运营管理差异明显

国外大型建筑企业工程总承包范围大多具有横向多元化、纵向一体化的特征。横向涉及交通、房建、环保、能源、水利、石化、污水处理、电信等领域，纵向包括咨询、融资、规划、施工、项目管理、施工管理、运营及维修等产业链环节。以核心骨干业务为基础、多元化的业务格局有利于降低企业交易成本，实现外部经济内部化，不仅能够"熨平"经济周期波动带来的风险，还能回避某一行业的过度同质化竞争，寻求高利润的机遇。

与此同时，企业独特的竞争优势领域得到持续关注和强化。美国柏克德公司除了传统的石油领域的突出业绩外，在危险废弃物的处理、核反应堆的建设方面有突出业绩，凭借这两类业务技术获得较高市场份额和附加值。KBR（Kellogg，Brown&Root）公司经营着超过世界 50% 的液化天然气（LNG）产能。西班牙 ACS Dragados 公司 60% 的业务是大型民用工程。德国豪赫蒂夫公司能够提供独家整合的融资、设计、规划、建设、运营业务。万喜（Vinci）公司在公路施工的技术和材料方面，一直是欧洲无与伦比的工程承包商和材料供应商。这些公司基本上是围绕一个专业核心领域，在项目价值链上构建企业的集成服务能力，其核心能力的特征集中表现为：以核心技术为中心的技术集成能力，以核心业务为中心的产业链整合能力，以建设业绩和能力带动的强大资本运营能力和大型复杂项目的集成管理能力。

虽然我国大型建筑企业近些年也正在走向综合承包，同时优势领域不断强化的道路，但业务板块之间的承包能力差距悬殊，各业务板块纵向各环节之间的一体化整合水平不高，战略优势领域的打造与国际上一流承包商的差距明显。企业内部法人同质化竞争普遍存在，资源的集中控制、调度能力有限，造成利润水平低，没有过多的资金和精力进行技术和管理的研发提升，向高端发展步伐缓慢，企业抗风险能力差的情况。

国外建筑企业组织形式以"总包－专业分包"为主。一般除土建部分外其他项由专业分包承担，如水暖电、装饰装修工程、绿化等。分包具有较高的独立性，在取得权利的同时也承担风险。美国联邦政府或州政府投资的公共项目，要求总包单位自己经营的部分是合同额的51%（工资或付款由总包企业直接付出），此外还有其他要求，譬如联邦政府投资项目要求照顾弱势企业的部分为合同额13%，也就是说总包企业必须按合同目标，将13%的合同额分包给弱势企业或供应商。分包以专业为基础，专业分包可以按照工序，也可以是按照工种，还可以是基于设备、部品部件制造加安装。

再以日本大成建设株式会社为例。在该公司总部和子公司业务关系中明确，总部负责对外市场营销，获得总承包工程后，再把部分（约占总营业额的4%）业务分包给子公司；小型、零散的住宅项目，则通常由子公司和关联公司直接与业主签约。与此同时，大成建设总部承包的工程大部分分包给300家左右的外围中小型专业施工企业。日本大成建设与这些外部专业分包商的关系非常稳定，通过业务纽带建立了紧密的关系，这种关系有利于大成建设对分包企业进行必要的培训和管理监督，从而保证工程质量。

国内建筑企业的项目组织形式的主要差距是基于专业分包的总分包关系没有得到普遍建立，层层转包、层层盘剥情况较多存在，上层承包组织收取3%或更高的管理费用后，将工程转给下一层承包组织，常常接最后一棒的是劳务企业或包工头，这种总分包关系不仅没有降低工程成本，反而大大增加工程成本，最后用于工程的资金受到严重挤占，直接导致偷工减料，降低工程质量，增加安全隐患，总分包企业的技术管理水平下降。

国外为建造过程提供服务的企业分工细致，业态丰富，各类工程咨询组织发育良好。我国法定承包管理形式较单一，不能适应业主多元化需要。由于业主需求和建设条件不同，国际上有多种的承发包和项目管理模式可供选择，包括施工总承包（General Contractor，简称 GC，美国称作 CM at-risk）、施工总包管理（Managing Contractor，简称 MC，美国称作 CM not-at-risk）、建设管理（简称 CM）、工程总承包（D+B 或 EPC）模式，等等。与国际上丰富的承发包方式相比，我国建筑承发包组织形式以施工总承包为主，由于特殊的业主结构和机制，先进的工程总承包模式得不到充分发育，施工总承包与施工组织管理、劳务分包界限不清，合同示范文本单一，承发包方式落后，与国际上通用的承发包方式的差距巨大。

2.2.2 与发达国家产业结构的差距分析

1. 市场行为机制不同

发达国家建筑市场主要是由私营企业主导，而我国建筑市场主要是计划经济体制下形成的。虽然我国改革开放 40 多年，已经完全进入市场经济，但是，大量的公共工程项目依然由政府部门主导。发达国家即使是政府公共部门主导的工程，也会在一个相对透明严格的规则下运行，而我国各级政府主管部门对于公共工程项目的干预相对过多，从一个侧面影响了建筑市场组织结构。从另一个层面来说，建筑市场是个专业性明显的综合性系统，涉及方方面面，主要包括由政府部门、企事业单位、房地产开发公司等组成的发包人；承担工程建设和勘察、设计、施工、装修等建筑企业组成的承包人；为市场主体服务的各种中介机构等单位，市场主体关系复杂。由于政府职能定位模糊，行政主管部门干预过多，造成我国建筑市场绝大多数的工程建设发包人难以成为真正的市场主体，自主经营权不足，无法承担发包方应当承担的义务和责任，也导致各方主体在质量、安全等方面的责任规定模糊不清，承发包双方的利益界定不明确，在项目建设中的责任体系中难以真正健全和落实。

2. 政策制定出发点不同

一直以来，我国制定并出台有关建筑业的发展政策，主要是针对各个行业，几乎没有针对产业的系统性发展政策，由此形成了设计、生产、施工企业各自为战、自成一体的生产经营格局，也造成了工程建造全过程的各阶段相互脱节、各自为政，在产业链的技术和管理上整体呈现出"碎片化"的特征。另外，我国建筑业的政策体系偏重于鼓励企业做大，强调企业产值增长的速度和规模，追求 GDP 增长，GDP 的贡献率成为我国评价考核产业发展的重要指标，也是考核政府政绩最为核心甚至是唯一的指标，政府公共服务资源也倾向于此。而发达国家政府则重视整个产业的系统性发展问题，包括产业结构、分工协作、市场行为、员工就业、权责平衡。不同的政策制定出发点对我国建筑业市场有别于国外建筑市场的影响深远。

3. 企业盈利模式不同

当前，我国建筑业的企业发展方式单一，主要以施工总包或分包为主，企业同质化竞争的问题十分严重，规模粗放扩张的特征非常显著。尤其是大型国有建筑企业，过分追求生产产值增长而忽视了企业的核心能力建设，科技研发投入不足的问题十分突出，无法以新技术带动企业进入新领域、创造新优势、形成新的增长点。工程管理更多是靠"人治""人海"管理，项目管理过程具有随意性，结果呈现差异性，质量、安全、环保风险事件时有发生，制约企业可持续发展。在市场竞争中长期采用"群狼战术"来助力企业的规模增长，一些企业为了得到工程项目，甚至不择手段、低价中标，忽视工程项目的经济性、合理性。虽然企业的经济总量有所增加，但总的来说却出现了"有增长而无发展"的现象，产值只能反映经济增长的总量和产出，无法反映发展的质量和水平。发达国家建筑业更多的是以技术、管理，业务精专支撑发展，而我国建筑业普遍存在着利用资质，扩大规模，通过低成本的人力资源取得盈利的倾向。发达国家建筑企业标准化管理较为先进，通过采用扁平化组织结构，总公司相关事业部直接对所有项目提供统一、标准化支持；我国大型建筑业企业更多的是以法人单位形式存在，子母公司机构设置上下对应，导致组织结构纵长，并造成企业没有精力也没有充分的资源开展管理的研究与优化、技术的开发与创新，从而导致了企业核心能力不强、发展质量不高。

2.3 技术创新能力不强，企业创新活力不足

技术创新是建筑产业兴旺和长盛不衰的源泉，是建筑企业生产经营组织结构调整的中心环节，也是提升建筑企业核心竞争力的关键。企业是技术创新的主体，是把科学技术变成现实生产力的载体，其核心竞争力的提升体现在技术创新能力、资源配置效率、从劳动密集型到技术知识密集型的发展轨迹上。谁能率先运用新技术、新材料、新工艺、新设备，谁能率先掌握信息技术手段，谁能拥有复合型、国际型人才，谁就拥有核心竞争力，这一点越来越成为建筑企业的共识。我国建筑产业近年来取得了巨大的成就，技术也有了长足的进步，但在技术创新方面仍然存在很多问题并制约了建筑产业的创新发展。

2.3.1 技术创新中的主要问题

1. 对科技进步重要性认识不足

建筑业长期以来被视为劳动密集型行业，没有太多技术可言，甚至不少业内人士也存在这样的认识误区，一些企业在面对涌现的新型建筑项目的技术挑战时还始终处于被动应对局面，喜欢采用"临时抱佛脚"的方式，未能真正意识到技术水平是增强企业竞争力的有效手段。相对于快速发展的制造业和信息产业，建筑业科技创新、技术进步意识还有明显差距。主要表现在：

（1）重投入轻产出。很多人错误地认为只要不断加大科技投入，科技成果就会源源不断地产生，我们的整体科技实力就会成比例地提升，而忽视了对于造成科研运行效率低下的根本原因的思考。

（2）重自主轻引进。不综合考虑自身条件与研发成本、周期，在不全面了解外界技术发展现状的情况下，盲目追求自主知识产权，为了立项而立项，重复开发不仅造成了资源的浪费，也无法保证成果的水平，无法及

时满足生产的需求。

（3）重过程轻结果。论文、专利其实都属于过程而不是科研的结果，研发的唯一目的只能是通过理论或技术的实际应用，支撑企业发展，引领未来。

（4）重专项轻集成。片面强调研发项目的专业性而忽视了与其他领域的关联与技术集成，也是造成成果无法落地的重要原因。跨学科的研究更应该成为今后科学研究的主流。只有以产品为核心开展综合技术集成开发与应用，才能为产品的顺利建造提供系统的解决方案，提升企业核心竞争力。

2. 技术研发机构不健全、目标不明确

有数据显示全国仍有 60% 以上的大中型建筑企业没有设立专门的技术研发机构，大部分科技资源都在大专院校等研究机构。即使已经设立研发机构的单位，也普遍存在组织机构不健全的问题，严重影响了研发的职能正常发挥。建筑业科技研发工作的推动主要来源于两方面，一是由国家和各级行政主管部门推动的科研计划，属于自上而下的政府管理行为，不了解实际需求，为了研发而研发；二是由企业自发设立的研究内容，但为了配合完成行政课题的研发，占用了大量宝贵的科技资源，自主选择空间受到严重挤压。由于建筑科技创新在很大程度上是以企业的工程建设项目为载体，特别是技术创新成果的转化，首先应体现为工程项目的设计主导作用，这样技术创新的目标才会更加明确。但是，由于现行建筑设计标准规范的制约，使设计单位缺少科技创新的动因，施工企业也没有通过新技术的应用，来主动提升建筑的品质并在经济上得到回报的积极性，这种冲击在某种程度上动摇了建筑企业科技创新的热情。

3. 高水平研究人才短缺、科研创新效率低下

由于建筑业的盈利水平偏低，企业缺乏投资能力、研发经费投入严重不足，对行政拨款的依赖度非常高等原因，导致了我国建筑企业与发达国家企业在科技的投入上相比差距巨大。科技投入不足，也直接导致了高水平技术成果产出不足。由于科技研发对于人员的素质要求极高，高学历、高素质、有经验的专家型人才本就属于稀缺资源，建筑企业的薪酬水平与分配机制使得高级人才在企业中的价值不能充分体现，造成企业难以招聘和留住高级专业人才，高水平人才大多集中在研究院所。近年来，我国持续加大对科技创新投入，研发经费已经居世界第二，投入强度甚至超过欧盟创始国的平均水平。国家、各级行政主管部门主导开展了名目繁多的科技研发计划，投入了大量的公共资源，企业也开展了大量配套研发和自主研发，由此也产生了大量科研成果，中国已跃升为世界上论文第一大国。但在实际工作中，却体现出一个自相矛盾的逻辑关系，即重研发轻应用、重应用轻基础的错误做法。由国家主导的行政课题是研发经费的主要来源，研究机构与企业都不遗余力地争取。而一旦完成课题验收，巨大投入形成的科研成果多数被束之高阁，隔断了研发与应用的有机联系。有些科技成果基本上成了企业评优报奖、业绩考核、维护资质的面子工程。

2.3.2　技术创新能力不强原因分析

党的十八届三中全会以来，我国整体推进科技体制改革，通过破除体制性障碍、打通机制性梗阻、推出政策性创新，显著增强了各类主体创新动力，优化了创新要素配置，提升了国家创新体系整体效能，推动我国科技事业取得了新突破。同时，也要看到，我国建筑产业科技体制改革任务落实还不到位，一些重大改革推进步伐不够快，产业内部的改革协同不足，一些深层次制度障碍还没有根本破除，其根源在于科研管理体制僵化、机制落后，科研模式急需变革。必须要从体制机制上增强科技创新能力，加快构建关键核心技术攻关的新模式，提升科技创新体系化能力，打通建筑产业产学研的创新链、产业链、价值链，进一步创新科技成果转化机制。目前问题产生的主要原因：

1. 科研管理体制僵化

我国建筑产业的科研管理体制是在改革开放之后，用40多年的时间逐渐建立起来的，随着经济社会的快速发展，以及建筑产业的技术进步和生产力水平的不断提升，科研的条件和任务已经发生了巨大的改变。但是，原有的科研组织原则、组织方式、组织结构等均没有根本性改变，已经不能适应我国现代建筑产业发展的需要，建筑产业的科研管理领域的改革势在必行。

（1）政府的职能定位有待调整。一直以来，我国建筑产业科研管理体制主要是沿用中华人民共和国成立初期的举国体制搞科研与创新的方式，难以适应当今科技管理的需要。这种以政府为主导的科研组织方式，特别在政府相关主管部门一不懂技术、二不懂产品、三不完全了解市场需求的前提下，无法精准、高效地调配手中的公共资源，难以主导建筑产业的研究机构与企业协同做好研发与应用。为此，以政府为主导的科研管理模式已经不符合新时代的发展要求。政府主管部门要切实落实中央"放、管、服"的工作要求，致力于配套政策的制定，并将工作重点放到创造良好的创新生态上来。着重发挥市场机制配置创新资源的作用，市场更有效率的领域应该交给市场去做。只有将真正为科研工作者服务作为宗旨，才能改变工作思路，优化工作作风，才有可能彻底改变中国科研目前面临的窘境。

（2）科研组织模式单一。长期以来，因为在国防科研中通过举国体制下的集中攻关，取得过一些重大的成功，所以我国科研工作仍采取的是举国体制。然而，举国体制的优势被片面夸大了，尤其是在建筑产业领域，忽视了建筑产业科技工作的复杂性和多样性。我们可以清醒地看到，在"九五"到"十二五"期间，国家针对建筑产业发展确立了许多重大科研项目，投入了大量科研经费，组织调动了全国各主要科研院所集中研发、攻关，取得了一系列科研成果。但是，我们重新审视其科研成果转化情况，可以说大部分科研成果被束之高阁，甚至是无效的。因此，必须要对科技工作的组织模式予以高度重视，综合考虑并兼顾有序模式与无序模式，举国体制与自由探索，任务带学科与学科引任务，自主创新与开放创新等多元化的科研组织模式。尤其在建筑产业领域，必须充分发挥企业自主研发创新的能力，特别是要通过制度建设，鼓励企业研发并建立企业的专用体系。

（3）科研与应用脱节。长期以来，我国科技研发和经济发展是相互脱离的"两张皮"，科技成果很多，但成果转化应用不畅。所谓"成果转化"不是技术发展的客观规律，国外一般只讲技术转移，不提成果转化。以发明"即时贴"闻名世界的 3M 公司的杰弗里·尼科尔森博士曾经对两者做出了清晰的界定，"科研是将金钱转换为知识的过程"，而"创新则是将知识转换为金钱的过程"。研究与应用是两个完全不同的过程，各自有不同的要求和规律，因此，两个截然相反的过程由同一批人同步发展，这根本就是不可能完成的任务。

（4）企业尚未成为创新主体。目前，我国科研队伍的精兵强将集中在大学和科研机构的国家重点实验室，一半以上的中国科学院院士、40% 以上的"杰青"工作在国家重点实验室。与之对照的是，截至 2016 年，全国 177 个企业的国家重点实验室只有 9 名"杰青"、71 名"千人计划"入选者。从人力资源上看，企业还没有真正成为创新的主体。然而只有在以企业为主体，以需求为导向的市场经济条件下的创新活动，才能最大限度地形成科技动能，提升科技资源使用效率。

2. 科研管理机制落后

长期以来，我国科技计划基本上是由政府主导，具体操作模式主要是根据科研机构和一些大学的专家提出的技术发展趋势，来决定未来 5 年的科技研究方向。但是，科技成果不是计划出来的，由于技术发展并没有呈现明显的规律性，大多数研发方向也很快会过时，导致研究方向与技术需求出现大量脱节，在国家层面上造成时间和金钱的极大浪费。真正需要并适合政府主导的，是那些无法通过市场机制推进的部分基础性或共性的科研项目，其余则应该交给更有效率的市场。事实上那些大型成功企业的决策都是由市场主导的，因为企业的实际需求很难反映到课题指南上。

（1）投入机制。国家资助企业科研的模式不失为一种有效的模式，西方发达国家也曾在一些关键领域，比如在电子信息产业上取得巨大的成功，其关键在于资助范围和对象性质的把握上。应把重点放在科研资助而非创新资助上，特别是在市场失灵的领域，或企业无力和不愿意投入的环节上，只有通过政府增加投入，才有可能改观落后和"卡脖子"的局面，比如建筑业的图形软件与 BIM 技术的底层基础技术的研发，这些是单个企业无法承担的。

（2）评价机制。目前科研管理部门对于科研项目的评价存在的主要问题，一是重过程控制，不重结果控制。有关部门对科研项目的管理，在财务管理方面很严，而对科研成果的内容和实际效果则缺乏有效监督。各种检查、要求，浪费了大量的资源，造成科研人员疲于应付，有效研发时间大幅缩水，严重影响了成果的质量。二是以过程指标来评价结果内容。科研的行政管理对科研成果的评价，通常是以发了多少论文、发表在什么类国际期刊上、影响因子为多少等作为成果评价的指标，无法反映成果的真实水平。现有的评价体系貌似科学、周密，但是对于成果的应用效果与实际贡献却缺乏行之有效的、持续的评估方法。这也直接导致了无法开展有效的激励，科技人员的价值无法体现。

（3）激励机制。我国创新激励的体制机制还不健全，高端领军人才数量不足。我国的绝大多数大学科研机构都是公立的，按事业单位管理，受体制机制的约束，对科研人员的激励措施不到位，创新难以获得相应的回报，抑制了部分科研人员的积极性。特别是职务科技成果的产权激励机制还不到位，科技人员的创新潜力尚未得到充分发挥。虽然我国科技人员总量居世界前列，但是，由于缺乏针对性的激励机制，使得高端领军人才缺乏，创新型企业家数量有限。

（4）推广机制。因为评价机制的诱因，国有企业大都采用自主研发或校企联合的方式来解决技术难题，而较少采用市场化的方式，通过知识产权的交易来实现技术的提升。这就导致了研发成本高、周期长、时效性差、水平难以保证等问题，也导致了技术成果运行效率低，忽视知识产权交易，难以使新技术产生规模效益，也无法形成良好的市场环境。

3. 知识产权管理不到位

知识产权、专利等只有通过大规模应用，才能产生规模效益，反过来促进更多的资源投入，并产生更多有价值的专利。无法带来直接或间接效益的知识产权开发必将无法持续。因此，只有理顺新技术研发与应用的产业链、价值链，才有可能形成良性循环。

（1）知识产权管理与应用脱节。建筑技术被市场接受的过程较长，往往经过多年努力推广才能被广泛应用。特别是新技术的应用往往需要建设单位和设计院的同意，而设计院通常需要执行现行标准进行设计，使得设计院难以主动考虑新技术的推广应用，发挥不出科技在项目建设中的作用。如果企业以拥有知识产权的新技术去编制标准的话，首先要承诺放弃本技术相关专利，以此造成专利的专有性和创新性与标准的公益性和成熟性的矛盾。

（2）科技成果推广机制尚不健全。一般中小企业研发的新技术推广困难重重，成本较高，甚至有更好的技术与产品也难以取代传统做法，科技成果的转化成效需进一步提升。由于过去建筑业大规模发展，建筑企业盲目提高产能发展业务，一定程度上造成大量建筑企业缺少危机与创新意识，很多建筑企业重生产与应用轻研发，重引进与模仿轻创新，知识产权保护意识缺乏，自主创新意愿比较低。

（3）知识产权的价值得不到发挥。中国建筑业目前的专利申请情况近年来发生了巨大的变化，有个奇怪的现象，就是申请数量急剧增加，但维护以及交易转让的专利占比非常低，远远低于制造业水平。知识产权作为工业化进程的基石与动力，在建筑业尚未能展示其应有的价值。究其原因，一是建筑业本就属于劳动密集型产业，技术含量不高，从业人员专利意识相对淡薄，没有树立尊重知识、尊重人才的发展理念。二是从专利产生的原因分析，很多动因是企业资质要求、评奖需要、课题要求、企业经营业绩考核要求、个人职称晋升需要等，真正具有较高的推广价值专利少之又少。三是企业生产的组织形式大多由于缺乏强有力的总部技术支持服务能力形成项目单打独斗的局面，无法形成企业的知识积累，缺乏知识管理平台，造成了不少有价值的技术只能在小范围内使用。四是法律意识淡薄，不会用法律武器维护正当权益。近年来，我国建筑业界知识产权被侵权的案件呈直线上升趋势，尽管保护知识产权的法律制度逐步建立和完善并取得了一定的成效，但建筑业因其自身特点导致在知识产权管理与保护上相对其他行业发展较为薄弱。

2.4　缺乏产业间融合互动，产业链协同水平低

长期以来，我国建筑产业碎片化，缺乏技术系统集成，企业间在生产活动中难以形成协同高效的产业链、价值链和创新链，已成为阻碍建筑产业持续健康发展的重要问题。建筑产业是一个跨行业、跨部门的传统产业，产业链长、关联产业的企业多，产业链上下游的生产环节复杂多变，与关联产业的差异性带来的影响因素多。比如建筑产业大量采用建材业、制造业的建筑材料与产品，但是在建筑设计与产品应用、施工建造与施工安装之间缺乏技术渗透和融合互动，进而造成了工程建造全过程的协同性不强，要素配置效率低下，产业链上难以协同高效。

2.4.1　缺乏产业间融合互动的主要问题

现代经济社会中的各产业部门实际上是一种相互联系、相互依存的产业群体，各产业（部门）之间存在着必然的内在联系和外在联系。各产业从事经济活动时都需要其他产业为自己提供一定的产出，以作为本产业的中间要素投入。与此同时也将自身的产出作为一种要素输出，满足其他产业对中间要素的需求。因此，一个产业在生产过程中与其他产业必然存在技术联系、供给与需求联系、专业化社会分工结构等。尤其是进入信息化时代，数据网络化使产业间的组织边界日趋模糊，产业之间的联系也越来越广泛，这种相互联系的程度、深度和广度将会直接影响各产业的效率、效益和发展质量。从本书的第 1 章，表 1-2 建筑产业的构成与行业分类中，可以充分反映建筑产业与关联产业的关系。

1. 与关联产业缺乏生产技术联系

不同产业部门的生产技术有不同的要求，其产品结构的技术特征和性能也不同。针对建筑工程而言，建筑产业生产的产品是"建筑物"，建材业生产的产品是"建筑材料"，制造业生产的产品则是"建筑部品、部件"。因

此，一个产业部门一般是依据本产业部门的生产技术特点、产品结构特性，对所需相关产业的产品和劳务提出各种工艺、技术标准和质量等特定要求，以保证本产业部门的产品质量和技术性能。但是，长期以来，建筑产业作为大量建筑材料、产品的需求方和工程总承包方，在生产活动中以大为傲、低价中标、粗放式经营，与关联产业的企业缺乏相关技术的交流、沟通，对需求的材料、产品缺乏总体技术优化、多专业技术协同，造成建造活动与产品之间缺少必要的技术接口和协同原则。同样，制造业的企业也是"关门生产""闭门造车"，产品的研发、生产与工程建造的过程和技术脱节，虽然生产的产品本身各种性能优良，但是进入建筑工程系统中，受到主体结构、自然条件、施工工艺等因素的影响后，通常出现开裂、渗漏，隔声、防火、保温性能不佳等系统性问题，其主要根源在于产业间缺乏必要的深层次的技术联系、技术衔接、技术集成以及企业间融合互动。

2. 与关联产业尚未建立社会分工结构

产业间内在联系的核心表现为技术关联，而技术关联的内在表现为产业（部门）间的产业链上的供需关系。在现代经济中，任何一个产业（部门）都不可能独立生产所需的全部生产资料，都必须通过产品供给系统从其他产业部门获得材料、产品等，而需求何种数量、质量和性能的生产资料都是它所应用的生产技术体系来决定的，这种决定的内在因素是技术，外在表现为供给与需求关系。这种供需关系一旦建立并得到长足发展，各行为主体（企业）就会围绕产品逐步建立专业服务体系，产业内社会分工结构也就逐步形成。随着产业的技术进步，产业内的专业分工不断深入细化、相互影响、相互依存和相互渗透，构成了产业结构优化的有机整体。然而，建筑产业作为行为主体（总承包）和价值链主导者，在产业间的供需关系中缺乏建立必要的专业化服务体系，产业内专业化的社会分工结构没有真正形成，价值链上难以协同，还仅仅局限在供给与需求的关系上，很多工程建设所需的产品没有形成专业化的技术配套、没有专业工人安装、没有售后服务和质量保证，甚至运营期间产品出现质量问题无法追溯。其根本原因在于，价值链断裂，建筑产业的专业化分工和社会化协作机制尚未形成。

3. 与关联产业缺乏互动、融合发展

一个产业的形成和发展不仅反映其自身专业化分工的广度与深度，更为重要的是反映与其他产业之间的分工协作水平。长期以来，建筑产业在工程建设中所需的各种建筑材料和产品，在技术研发、质量保证、后期运维等方面却很少与材料和产品的生产企业进行互动交流，甚至都没有提出必要的服务需求，这已成为了常态化的供需关系。由于缺少相互间的服务需求联系和互动融合，长此以往，造成了建筑产业与关联产业的生产过程形成各自为战，老死不相往来，只存在供需的买卖关系，也由此造成了产业之间难以实现良性互动，直接影响了各自产业的技术进步、系统集成，以及效率效益的提升。随着信息技术的快速发展，建筑产业与关联产业融合互动、系统集成，形成协同高效的产业结构必将成为未来发展的必然选择。

2.4.2 问题产生的根源分析

1. 体制机制障碍

任何新生事物的发展与实践都需要适应现实的经济社会环境，都需要在实践过程中不断完善，同时，各种管理体制机制也必须要符合现实生产力发展要求，必须与经济社会发展相适应。我国建筑产业的发展也不例外，传统体制机制的瓶颈制约依然十分严重。一方面，目前我国建筑产业的体制机制是在以前的计划经济条件下形成的，工程建设管理体制主要按行业划分管理，勘察设计、建筑材料、加工制造、施工安装分属不同行业，政府部门多头管理，由于各部门利益倾向的不同，对产业发展要求和导向也不同，缺乏长期、统一、协调的目标作为指引。虽然目前在某些方面进行了改革，但是产业之间形成条块分割的壁垒依然没有打破，产业间互动、融合的瓶颈制约十分严重。另一方面建筑产业始终没有摆脱粗放式的发展模式，依赖传统建造方式，始终认为房屋建造是建筑业自己的事，在体制机制上自我封闭，不愿意与其他关联产业互动交流，也由此造成在政策法规、技术体系、标准制定等层面各自为政，甚至相互制约。

2. 理论与实践脱节

由于中国建筑产业长期处于粗放式管理与发展方式，产业内部各相关方对于产业理论的认识和重视程度不够，在实际工作中也因为行业条块分割的管理模式，造成理论与实践脱节现象比较严重。尽管在学术界取得了一些研究成果，但由于在系统性和针对性方面存在不足，使得相关理论很难全面、系统地体现在产业管理政策里面；而企业更缺乏从产业的高度对于建筑产业发展规律的学习与思考，无法自觉应用相关理论来指导企业的发展。产业经济理论和产业政策实践是相互依存、相互促进的。一方面，产业经济理论对产业政策及实践有直接指导作用；另一方面，产业政策及实践又对产业经济理论不断提出新的要求、提供新的研究素材，以此推动产业经济理论的丰富和发展。坚持理论与实践的结合对于逐步建立以社会主义有计划的商品经济理论为基础的、具有中国特色的现代建筑产业经济理论体系，推动我国建筑产业的转型升级与持续健康发展具有深刻的意义。

3. 思维模式僵化

建筑产业长期局限于工程思维，缺乏产品思维、用户思维以及产业思维。很多建筑企业的管理者在很大程度上是"包工头"的思维和方式，通常缺少跨产业、跨行业的管理经验，特别是对于先进技术与产品，以及制造业的生产了解很少，没有产业链协同作战、系统集成的运营管理思维模式，也没有将"建筑物"作为最终产品，通常是采取简单复制来实现企业的发展，技术与管理创新的动力不足，发展理念落后，思维模式僵化，已经严重制约建筑产业的转型升级与创新发展。

4. 产业创新体系割裂

产业创新主要包括技术、管理创新，本身具有"系统涌现"的特点，创新过程具有不确定性、累积性和集体性。因此，很多产业创新的成果并不能够被"计划"和"规划"出来，技术创新需要产业与关联产业之间、产业内部的行业之间、产业与研究机构及高校之间，以及上述各主体内部之间的持续互动，需要企业与市场之间持续互动，需要基础研究、应用研究、产业开发研究和产品商业化之间的紧密联系、深度融合。当前，我国建筑产业创新体系存在"五重割裂",一是存在产业与关联产业之间的割裂;二是存在大学、研究机构和企业主体之间的割裂;三是存在大企业与中小企业之间在专业化协同创新上的割裂;四是存在企业内部产业链上各技术、生产环节之间的割裂;五是存在技术研发与成果转化的割裂。产业创新体系在这方面的割裂直接影响了企业技术和管理创新效率的提升。因此,需要从技术和管理创新的内在规律出发,加强产业与关联产业以及产业内部创新体系的"系统性"建设。

5. 小结

针对以上四个方面主要问题的深入分析,可以使我们清醒地认识到,我国建筑产业目前发展滞后的主要问题和根源背后的深层原因。其中,落后于时代的思维理念、传统粗放的发展方式、高度破碎的产业系统、断裂的生产活动价值链以及失调的体制机制,这些都是造成建筑产业发展滞后的根本原因和关键所在。当前,我国建筑业正在以供给侧结构性改革为主线,大力推动建筑业转型升级与创新发展,并努力实现建造方式的变革。可以说,目前建筑业的转型发展与建造方式的重大变革,具有革命性、根本性和全局性。对于建筑业来说,是一次建造方式的变革,也是生产方式的革命,是从"传统行业"的粗放式发展,转向"现代产业"的升级换代或脱胎换骨;对于许多建筑企业而言,可能是一次大浪淘沙,甚至是"重新洗牌"的时期,从一定意义上也可以说,正是我国建筑业的企业告别"狼性"的同质化竞争,转向脱胎升华的现代建筑产业高质量发展之时。

第 **3** 章

现代建筑产业概念与内涵

3.1 现代建筑产业概念

3.1.1 现代建筑产业的含义

现代建筑产业相对于传统建筑产业，是在传统建筑业长足发展的基础上，适应新时代发展方式转变、供给侧结构性改革、产业技术进步以及与之相关的社会经济关系一系列新变化、新特征和新要求所形成的更先进的建筑产业演化的整体性结构。

现代建筑产业的提出，是进入新时代建筑产业发展的新思维、新业态、新动能，新时代赋予了新内涵、新要求。是现代产业经济实现高质量发展的产物，是建筑产业形成社会化大生产的客观需要，是实现建筑产业现代化的必然选择。

3.1.2 现代建筑产业与传统建筑产业的区别

现代建筑产业与传统建筑产业的区别在于：传统建筑产业的发展方式主要基于"行业"的发展，强调并依靠行业规模扩张和产值扩大，采用粗放式经营管理模式，经济增长质量较差。主要表现在：建造方式粗放，现场手工湿作业为主，技术与管理脱节，产业链碎片化，企业主体创新动力不足，整体效率效益偏低。而现代建筑产业则是基于"产业"的发展，更加强调产业的发展质量，注重产业基础能力和产业链水平。其发展方式主要是：树立以"建筑物"为最终产品的经营理念，以技术和管理为投入要素，顺应技术革命、产业变革的新趋势，运用现代管理理念、现代建造技术和现代生产组织方式，以工程项目的整体质量最优、效益效率最大化为经营目标，最终实现建筑产业现代化。

或者说，现代建筑产业在企业经营理念上，树立了以"建筑物"为最终产品的理念，以实现工程项目的整体效益最大化为经营目标；在企业的核心能力上，充分体现了对技术产品的集成能力和组织管理的协同能力，并具有独特性；在组织内涵上，建立了对整个项目实行整体策划、全面部署、协同运营的管理体系，如表 3-1 所示。

现代建筑产业与传统建筑产业之间的区别 表 3-1

内容	传统建筑产业	现代建筑产业
发展思维	基于"行业"的发展	基于"产业"的发展
经营理念	"项目与产值"至上 以规模和产值最大化为经营目标	以"建筑物"为最终产品 以整体效益效率最大化为经营目标
建造技术	现场手工湿作业为主 技术相对独立、单一	工厂化生产、装配化施工技术为主 系统集成技术
组织管理	分散经营、各自管理为主	整体策划、全面部署、协同运营
生产手段	依赖低价劳动力	标准化、工厂化、装配化、信息化
生产要素	自行投入	统一、协调、有机整体 知识、技能、管理要素投入为主
核心能力	资金投入、品牌建设、市场占有率	技术集成能力与组织管理协同能力

3.1.3 现代建筑产业的主要特征

随着新时代经济和社会对建筑产业提出的新要求，赋予的新使命，现代建筑产业秉承新的发展理念，必然要依靠先进建造技术、科学管理体系和当代信息化技术的深度融合，实现转型升级和创新发展，并具有以下鲜明的特征：

1. 建造活动绿色化

现代建筑产业必须要充分体现绿色发展理念。在我国面临巨大资源环境压力的条件下，通过使用绿色建材和先进的技术与工艺，建立与绿色发展相适应的建造方式是实现资源节约、环境保护的技术条件和产业基础，是贯彻新发展理念、推动形成绿色发展方式的必然要求，也是发展观的一场革命。

建造活动绿色化不仅仅是建造过程的资源节约和环境保护，也不单纯是建造活动的技术进步，而是一个文明的进程，是在生态文明约束下的自律，是建造活动进步的集中表现，也是建筑业摆脱传统粗放建造方式、走向现代建造文明的可持续发展之路。

这种建造文明的技术路线和创新方向就是建造活动的绿色化，即通过对传统建造活动的绿色化改造以及科技创新、标准提升，积极引导和推动各种新材料、新技术、新工艺向节约资源、保护环境方向转变，为人民提供生态优质的建筑产品和服务，实现更高层次、更高水平的质量、安全与生态品质。建造过程的环保、节约、清洁、安全和高品质、高效率，即为绿色化。

目前，我国建筑业仍是一个劳动密集型、建造方式相对粗放的传统产业。粗放的本质是缺乏"精致化"的自律，而文明的精神实质则是追求"精致化"的自律。因此，现代建造文明的自律精神是建造活动进步的集中表现，这种建造文明的自律精神的技术路线和创新方向就是建造活动的绿色化。

2. 建造方式工业化

建筑工业化是现代建筑产业的核心基础。进入新时代，建筑工业化并不是新问题，也不是新理念，而是我国建筑业一直倡导的发展方向。目前国家倡导大力发展装配式建筑，并明确指出了"发展装配式建筑是建造方式的重大变革"这个具有革命性的发展要求。而这种变革是指由传统粗放的建造方式向现代工业化建造方式转变，是建筑业整体素质的全面提升，而不是单纯地推广应用一些新的技术体系或装配建造工艺就可以达到的目标。

这种新型工业化建造方式应具有鲜明的工业化、信息化和产业化的时代特质。其基本特征主要体现在：标准化设计、工厂化生产、装配化施工、一体化装修和信息化管理。建筑工业化是运用现代工业化的组织方式和生产手段，对建筑生产全过程的各个阶段的各个生产要素进行系统集成和整合，是以信息化带动工业化，以工业化融合信息化，走科技含量高、经济效益好、资源消耗低、环境污染少、人力资源优势得到充分发挥的新型建筑工业化道路。工业化也是产业化的基础和前提，只有工业化达到一定的程度，才能实现产业现代化，建筑工业化发展目标是实现建筑产业现代化，所以说，建筑工业化是现代建筑产业体系的核心。

3. 建造手段信息化

工业化与信息化深度融合是现代建筑产业的根本方向。近年来，信息化、数字化、人工智能与互联网技术快速发展，对建筑业科技进步产生了重大影响，已成为建筑业实现技术升级、生产方式转变和管理模式变革的有效手段。信息化技术作为手段，不仅可以促进建造活动技术进步、提高效率，实现绿色化和增强精益化，而且将导致生产方式的根本性变革，极大地促进建造活动整体素质的提升。大家越来越认识到，进入互联网、大数据时代，企业只有尽快消除各种信息孤岛，才能实现企业上下的互联互通，才能实现内部运营管理的信息共享，才能实现企业运营管理效率的提升，才能实现与社会信息的共享，才能跟上信息化社会发展的步伐。

现代建筑产业要想实现信息化，就必须花大气力攻克信息化集成应用这个堡垒，影响建筑产业信息化集成应用的关键，是整个产业发展的"碎片化"与"系统性"的矛盾问题，包括技术与管理的"碎片化"，体制机制的"碎片化"。要实现建筑产业信息化，就必须将建筑企业的运营管理逻辑与信息化融合，实现一体化和平台化。通过信息互联技术与企业生产技术和管理的深度融合，实现企业管理数字化和精细化，从而全面提高企业运营管理效率，进而提升社会生产力。

4. 建造管理集约化

集约化是现代建筑产业实现科学管理的集中体现。集约化就是要集合人、机、料、管等生产要素，进行资源整合和统一配置，并且在统一整合与配置各要素的过程中，以节俭、约束、高效为价值取向，从而达到节约资源、降低成本、提高效率、实现整体效益最大化。构建现代建筑产业体系是全系统、全方位的创新过程，其中有两个核心要素，一个是技术创新，另一个是管理创新，两者缺一不可，而且必须要双轮驱动。在当前建筑业转型发展阶段，管理创新要比技术创新更难、更重要。管理创新是技术创新发展的环境、动力和源泉，是现代建筑产业体系建设的重要基础，是保证工程建设的质量、效率和效益的关键。

长期以来，我国建筑业一直延续着从前在计划经济体制下形成的管理体制机制，虽然在某些方面进行了改革，但是我们从行业管理和企业经营活动中可以清楚地看到，设计、生产、施工相互脱节，建造活动的生产过程不连续；

工程管理呈"碎片化"，不是高度组织化；工程项目建设被切块分割，不是整体效益最大化等一系列问题，仍具有普遍性，这些问题已成为直接影响建筑工程的安全、质量、效率和效益以及建筑产业高质量发展的主要因素。因此，现代建筑产业体系建设，必须要具有"产业"的系统性思维和方法，要站在全方位、全产业的发展高度实现集约化管理，建立一个集约高效的管理体制机制。

5. 建造组织社会化

现代建筑产业体系必须要充分体现专业化分工和社会化协作机制。建造组织的社会化就是将工程建设纳入社会化大生产的范畴，也是生产方式和监管方式的革命性变革。当前，建筑业正在有效实施新旧产业变革，从高速增长阶段向高质量发展阶段转变，面临的最大挑战就是"系统性"与"碎片化"的矛盾，系统性的问题也是产业基础性的问题。我们必须清醒地看到，我国建筑业的产业基础十分薄弱，一直以来，建筑企业的经营活动基本上是依赖狼性的"血拼"式竞争的粗放式增长方式，缺乏核心能力，缺乏专业化分工协作，缺乏精致化的产业工人。建筑业要改变传统粗放的建造方式，必须要调整产业结构，转变增长方式，打造新时代经济社会发展的新引擎。

随着经济社会的发展和科技水平的进步，工程建造模式充分体现社会化分工协作是企业发展的重要价值取向，也是价值链的协同。在经营理念上，要以建筑为最终产品，以实现工程项目的整体效益最大化为经营目标；在组织管理方式上，要推行工程总承包管理模式，充分体现专业化分工和社会化协作；在核心能力建设上，要充分体现技术产品的集成能力和组织管理的协同能力，避免同质化竞争。比如：在装配式建筑发展的初期，存在建造成本增量的瓶颈问题，其深层次原因在于：在新的建造技术条件下，企业还没有形成专业性、系统性的分工与协作，没有专业化队伍和熟练的产业工人，尚未建立现代化企业管理模式。因此，现阶段消解装配式建筑增量建造成本的有效手段，就是要建立高效的一体化的工程建造管理模式，这是现代建筑产业持续、健康发展的必然要求，也是迈向社会化大生产的必由之路。

3.2 现代建筑产业发展的几个重要概念

3.2.1 建筑工业化概念

1. 工业化的含义

工业化，即 industrialization。工业化通常被理解为工业（特别是其中的制造业）或第二产业产值（或收入）在国民生产总值（或国民收入）中比重不断上升的过程，以及工业就业人数在总就业人数中比重不断上升的过程。工业化过程以社会化大生产为特征，是现代社会经济发展的必经之路。

对工业化的明确定义有许多不同的界定，其中以联合国经济委员会的定义较为著名，即工业化包括：生产的连续性；生产物的标准化；生产过程各阶段的集成化；工程高度的组织化；尽可能用机械代替人的手工劳动；生产与组织一体化的研究与开发。

18 世纪末发生的英国工业革命标志着人类社会发展史上一个全新时代的开始，拉开了整个世界向工业文明社会转变的现代化帷幕。英国工业革命的成功使各国看到了振兴的希望，纷纷变法图强，从此以后，工业化进程在不同国家、不同地区展开，至今方兴未艾，工业化成为各国经济和社会发展的主题，工业文明也成为人类进入工业化时代之后文明进步的主要方式。我国在 1953 年提出的过渡时期总路线以"一化三改造"为核心内容，其中就包括了逐步社会主义工业化的内容，但当时的工业化理解，仅限于将落后的农业生产方式为主转变为以工业为主。如今，我国对工业化的认识也得到了发展，在 2002 年的"十六大"上我党提出了新型工业化概念，即"坚持以信息化带动工业化，以工业化促进信息化，就是科技含量高、经济效益好、资源消耗低、环境污染少、人力资源优势得到充分发挥"的工业化。

2. 建筑工业化的含义

进入新时代，建筑工业化通常被称为新型建筑工业化，"新型"主要区别之前的建筑工业化。

新型建筑工业化是指从传统粗放的建造方式向现代工业化建造方式转变的过程。工业化建造方式是指运用现代工业化的组织和手段，以建筑为最终产品，对建筑生产全过程的各个阶段的各个生产要素的技术集成和系统整合，达到建筑设计标准化、构件生产工厂化、建筑部品系列化、现场施工装配化、土建装修一体化、管理手段信息化、生产经营专业化，并形成有机的产业链和有序的流水式作业，从而全面提升建筑工程的质量、效率和效益。

3. 工业化建造方式与传统建造方式的区别

在房屋建造的全过程中，现代工业化建造方式与传统建造方式相比，无论在建筑设计阶段、土建施工阶段、装饰装修阶段和运行管理阶段都有很大的区别，以工程项目为例，其主要区别可以归纳为表 3-2 所示。

工业化建造方式与传统建造方式的区别　　　　　　　表 3-2

内容	传统建造方式	工业化建造方式
设计阶段	不注重一体化设计 设计专业协同性差 设计与施工相脱节	标准化、一体化设计 信息化技术协同设计 设计与施工紧密结合
施工阶段	现场施工湿作业、手工操作为主 工人综合素质低、专业化程度低	设计施工一体化、构件生产工厂化 现场施工装配化、施工队伍专业化
装修阶段	以毛坯房为主 采用二次装修	集成定制化部品、现场快捷安装 装修与主体结构一体化设计、施工
验收阶段	竣工分部、分项抽检	全过程质量检验、验收
管理阶段	以包代管、专业化协同弱 依赖农民工劳务市场分包 追求设计与施工各自效益	工程总承包管理模式 全过程的信息化管理 项目整体效益最大化

4. 建筑工业化发展历程

我国建筑工业化的提出始于 20 世纪 50 年代，国务院在 1956 年 5 月发布了《关于加强和发展建筑工业化的决定》，决定中提出了"为从根本上改善我国的建筑工业，实行工厂化、机械化施工，逐步完成对建筑工业的技术改造，逐步完成向建筑工业化过渡"的发展要求。

1978 年，国家建委先后在河北香河召开了全国建筑工业化座谈会、在河南新乡召开了全国建筑工业化规划会议，明确提出了建筑工业化的概念，即"用大工业生产方式来建造工业与民用建筑"，并提出"建筑工业化以建筑设计标准化、构件生产工厂化、施工机械化以及墙体改革为重点"。

1995 年，建设部出台了《建筑工业化发展纲要》，给出了更为全面的建筑工业化定义，即"建筑工业化是指建筑业从传统手工操作为主的小生产方式逐步向社会化大生产方式过渡，即以技术为先导，采用先进、适用的技术和装备，在建筑标准化的基础上，发展建筑构配件、制品和设备的生产，培育技术体系和市场，使建筑业生产、经营活动逐步走向专业化、社会化道路"。

21 世纪初，随着我国改革开放和经济社会的快速发展，以及建筑业生产力水平的提高，1999 年国务院发布了《关于推进住宅产业现代化提高住宅质量的若干意见》（国办发〔1999〕72 号）文件，以住宅开发建设为重点，以推广应用先进技术、完善住宅建筑体系、提高建筑工程质量品质为主要内容，明确了住宅产业现代化的发展目标、任务、措施等要求。但总体来说，在 21 世纪的前十年，发展相对缓慢。

2010 年以后，随着我国建筑业的产业规模不断扩大，人们对建筑质量、建筑节能环保的要求不断提高，以及人口红利逐步淡出的客观事实，建筑业必须进行转型升级。2017 年 2 月，《国务院办公厅关于促进建筑业持续健康发展的意见》（国办发〔2017〕19 号）颁布，指出了新时代建筑业改革发展的方向，明确了主要目标和政策措施。其中第七项重点工作明确提出"转变建筑业发展方式，推进建筑产业现代化。"

5. 建筑工业化发展意义

从我国建筑工业化发展历程中可以清楚的看到，我国早在中华人民共和国成立之初，就提出了实现建筑工业化的任务。经过 70 年的奋斗，特别是改革开放 40 多年的发展，我国已经成为拥有一定程度的机械化、工业化和现代化水平的建筑业大国。但是，我国建筑工业化任务还没有完成，总体上还处在工业化中期阶段。在工业化方面与已经实现建筑工业化的发达国家相比还有相当大的差距。实现建筑工业化的任务不完成，建筑产业现代化就不可能实现。因此，按照党中央提出的"两个一百年"奋斗目标，加快推进我国建筑工业化，到 21 世纪中叶基本实现建筑工业化，仍然是我国建筑产业现代化进程中艰巨的历史性任务。

建筑工业化是一个历史性和世界性的范畴。所谓历史性范畴，是指工业化随着历史的发展有着不同的具体内容和标志，早期的建筑工业化主要是以标准化、机械化、部品化和装配化为标志和内容；进入新时代，随着世界经济由工业时代过渡到信息时代，并逐步向数字时代演进，建筑工业化的未来发展进入了以智能化、信息化和数字化为标志和内容的时代，面临着以日新月异的技术变革为中心的信息技术、知识经济的挑战。所谓世界性的范畴，是说建筑工业化的内容和标志，不是孤立的，而是在世界范围内各国的相互比较中才能确定的，是指建筑产业的工业化程度和发展水平要达到当今世界的先进水平。

我国要在新的历史条件下完成基本实现建筑工业化的任务，历史的发展、世界科学技术的进步和我国的基本国情，决定了建筑业不能再走大开发、大建设、大消耗、大污染的传统粗放的发展道路。同时，以信息技术为代表的新科技革命和新型建造方式迅猛发展，又使我国建筑产业将信息化与建筑工业化深度融合成为可能。因此，从我国建筑业的国情出发，根据信息时代实现建筑工业化的要求和有利条件，在朝着社会主义现代化强国目标迈进的历史进程中，要坚持以信息化带动建筑工业化，以建筑工业化促进信息化，走出一条科技含量高、经济效益好、资源消耗低、环境污染少、人力资源优势得到充分发挥的新型建筑工业化道路。新型建筑工业化道路，就是在新的历史条件下体现新时代的新特征、符合我国国情的建筑产业现代化发展道路。

3.2.2 装配式建筑概念

1. 装配式建筑的提出

2016 年,《中共中央 国务院关于进一步加强城市规划建设管理工作的若干意见》(中发〔2016〕6 号)文件,首次提出"发展新型建造方式。大力推广装配式建筑,力争用 10 年左右时间,使装配式建筑占新建建筑的比例达到30%"的明确要求,由此我国装配式建筑发展进入了蓬勃发展的新时期。近年来,发展装配式建筑受到了党中央国务院高度重视,在国家和地方政策的持续推动下实现了大发展,全国 30 多个省市都纷纷出台了指导意见和相关配套的鼓励政策措施,发展方向越发明确,发展路径日渐清晰,技术创新层出不穷,标准体系逐步完善,企业热情空前高涨,示范项目遍地开花,各方面工作都取得了重大进展,也为建筑业的改革与创新发展,注入了强大活力。

2. 装配式建筑的含义

装配式建筑的含义一般可以从狭义和广义两个不同角度来理解:

从狭义上理解或定义:装配式建筑是指用预制部品、部件通过可靠的连接方式在工地装配而成的建筑。在通常情况下,从微观的技术角度来理解装配式建筑,一般都按照狭义上理解或定义。

从广义上理解或定义:装配式建筑是指用工业化建造方式建造的建筑。工业化建造方式应具有鲜明的工业化特征,各生产要素包括生产资料、劳动力、生产技术、组织管理、信息资源等在生产方式上都能充分体现专业化、集约化和社会化。从国家对装配式建筑发展的目的(建造方式的重大变革)的宏观角度来理解装配式建筑,一般按照广义上理解或定义应更为明确和清晰。

3. 装配式建筑基本特征

装配式建筑集中体现了工业化建造方式,其基本特征主要体现在:标准化设计、工厂化生产、装配化施工、一体化装修和信息化管理。

(1)标准化设计:标准化是装配式建筑所遵循的设计理念,是工程设计的共性条件,主要是采用统一的模数协调和模块化组合方法,各建筑单元、构配件等具有通用性和互换性,满足少规格、多组合的原则,符合适用、经济、高效的要求。

（2）工厂化生产：采用现代工业化手段，实现施工现场作业向工厂生产作业的转化，形成标准化、系列化的预制构件和部品，完成预制构件、部品精益制造的过程。

（3）装配化施工：在现场施工过程中，使用现代机具和设备，以构件、部品装配施工代替传统现浇或手工作业，实现工程建设装配化施工的过程。

（4）一体化装修：指建筑室内外装修工程与主体结构工程紧密结合，装修工程与主体结构一体化设计，采用定制化部品部件实现技术集成化、施工装配化，施工组织穿插作业、协调配合。

（5）信息化管理：以 BIM 信息化模型和信息化技术为基础，通过设计、生产、运输、装配、运维等全过程信息数据传递和共享，在工程建造全过程中实现协同设计、协同生产、协同装配等信息化管理。

装配式建筑的"五化"特征是有机的整体，是一体化的系统思维方法，是"五化一体"的建造方式。在装配式建筑的建造全过程中通过"五化"的具体表征，全面、系统地反映了工业化建造的主要环节和组织实施方式。

4. 发展装配式建筑的意义

2016年9月，《国务院办公厅关于大力发展装配式建筑的指导意见》（国办发〔2016〕71号）文件中明确提出了"发展装配式建筑是建造方式的重大变革，是推进供给侧结构性改革和新型城镇化发展的重要举措，有利于节约资源能源、减少施工污染、提升劳动生产效率和质量安全水平，有利于促进建筑业与信息化工业化深度融合、培育新产业新动能、推动化解过剩产能"，深刻表明了发展装配式建筑的重大意义。其意义主要在于：

（1）是贯彻落实国家绿色发展理念的需要。发展装配式建筑有利于节约资源能源；有利于减少施工污染、保护环境；有利于减少建筑垃圾排放，节水、节材；有利于促进工程建设全过程实现绿色建造的发展目标。

（2）是解决人力成本提高、人力资源短缺的现实需要。近年来，随着我国工业化、城镇化的快速推进，劳动力减少、高素质建筑工人短缺的问题越来越突出，也由此造成了劳动力价格不断提高、劳动效率低下。采用装配式建造方式会"倒逼"诸要素摆脱低效率的粗放式建造方式。

（3）是促进建筑业向高质量发展的需要。发展装配式建筑是建造方式的重大变革，也是生产方式的革命，有利于提高建筑工程质量和品质，有利于提高工程效率和效益，是新时代建筑业由高速增长阶段向高质量发展阶段转变的重要举措。

（4）是促进建筑业与信息化、工业化深度融合的需要。我国正处在信息化、工业化高速发展阶段，建筑业与其他行业相比，其信息化、工业化水平较低，通过装配式建筑发展和驱动，促进建筑业与信息化、工业化的深度融合，将极大地改变建筑业传统粗放的发展方式，极大地提高建筑业整体素质和能力。

（5）是供给侧结构性改革，培育新产业、新动能的需要。发展装配式建筑是住房城乡建设领域推进供给侧结构性改革，培育新产业、新动能的重要抓手，可以优化产业结构，整合产业资源，提高供给质量，增强我国建筑业创新发展能力。

（6）是建筑业转型升级，实现建筑产业现代化的需要。发展装配式建筑为我国建筑业转型升级提供了新理念、新机遇，为解决建筑业长期以来一直延续的传统粗放的发展方式，提供了新型建筑工业化的发展理念；为新时期建筑业的创新发展，提供了前所未有的机遇和挑战。

3.2.3 建筑产业现代化的概念

1. 建筑产业现代化含义

"建筑产业现代化"一词，在国家层面已提出多年，早在 2014 年，住房城乡建设部出台了《关于推进建筑业发展与改革的若干意见》（建市〔2014〕92 号）文件，明确提出了"转变建筑业发展方式，推进建筑产业现代化"的要求。但是，目前仍属于新概念，尤其在国家正式文件中以及学术界还没有统一的定义，赋予的内涵还不够完全清晰、明确。但我们注意到在国家层面和地方政府，以及业内有关方面却经常提及并作为建筑业发展的重要目标。

"现代化"是人类文明发展与进步的显著标志，是世界历史演进的必然过程，是国家经济社会发展的战略目标。中国的现代化从中华人民共和国成立开始启程，伴随着站起来、富起来再到强起来的历史进程，一直在持续努力前行。从20世纪50年代的第一次明确提出实现"四个现代化"，到改革开放后党的十三大提出"三步走"战略目标，到党的十五大谋划新的"三步走"战略部署，再到新时代党的十九大提出，在2020年全面建成小康社会之后，到2035年基本实现社会主义现代化、21世纪中叶建成社会主义现代化强国的宏伟目标。可以清楚地看到，长期以来，党和国家的宏观制度建设和发展战略目标都以现代化为指向。

毫无疑问，在国家这样的宏观战略背景下，建筑产业也必然要实现现代化，这是不以人的意志为转移的。为此，建筑产业必须要从党和国家事业发展全局出发，把建筑产业现代化摆在更加重要的位置，跟上时代的发展步伐，切实担负起发展的使命和责任，进一步明确发展方向和目标、任务，瞄准世界最先进的发展水平，秉承新的发展理念，走出一条科技含量高、经济效益好、环境质量优、人力资源优势得到充分发挥的新型建筑工业化道路，为实现建筑产业现代化而不懈努力前行。

为此，本书为了进一步理清这一重要概念，依据新时代的国家经济社会发展的新理念、新要求，结合现代建筑产业的发展实际和发展方向，并综合各方面对建筑产业现代化的诠释和定义，将建筑产业现代化定义为：

建筑产业现代化是指现代建筑产业秉承新发展理念，以新型建筑工业化为核心，以现代信息技术为手段，运用现代科学技术和现代企业管理模式，通过工业化与信息化深度融合、产业结构优化、要素资源的合理配置，实现了对传统建筑产业的全面更新、改造和升级，提升了产业基础能力和产业链水平，为社会提供了满足人民对美好生活需求的优质建筑产品，从而使建筑产业具有可持续发展的高级产业形态并成为世界建筑强国的全过程。

2. 工业化与产业化区别

"工业化"与"产业化"从普遍含义来说都指产业发展和技术进步到达

一定程度后所必经的阶段，但是两个概念依然有所区别。

产业化的概念是从"产业"概念发展而来的，产业化过程应该是整个经济的各类要素通过不断地调配而趋向配置及效益均衡的过程，而工业化过程则更为具体，更侧重于生产方式的变革。从某种意义上说，当早期人类开始进行一定范围的物物交换的时候，最低级形态的产业化实际上就开始萌芽了。此后人类一直处于缓慢但从未中断的产业化进程中，而工业化则只是数百年前随着工业革命的发展才开始的。因此说，产业化是整个产业链的优化和配置，工业化则重点关注领域内生产方式的改变，工业化是实现产业化的手段和方式，从内涵和外延上看，产业化高于工业化。

3. 建筑工业化与建筑产业现代化

现在很多学术交流、理论研究方面涉及建筑工业化时，往往与建筑产业现代化的概念相互混淆，有必要进行区分。建筑工业化主要是生产方式的工业化，是从传统生产方式向现代工业化生产方式的转变，是建筑生产方式的变革，主要解决房屋建造全过程中的生产方式问题，包括技术、管理、劳动力、生产资料等，目标更具体明确。而建筑产业现代化是"集大成"的、全方位的，具有世界的视野和角度。具体而言，是针对整个建筑产业链的产业化，解决建筑产业的发展理念、组织结构、资源优化配置以及全产业链、全寿命周期的发展问题，重点解决建造过程的连续性问题，使资源优化，整体效益最大化。

标准化、装配化、集约化和社会化是工业化的基础和前提，工业化是产业化的核心，只有工业化达到一定程度才能实现产业现代化，建筑工业化的发展目标就是实现建筑产业现代化。

3.3 现代建筑产业发展的环境和条件

我国现代建筑产业的发展既是实现建筑强国的目标要求，也是适应当前建筑产业发展环境和发展条件变化的要求。"十三五"期间，我国资源能源约束不断加强、要素成本明显上涨、信息化技术快速发展等因素已经对我国建筑产业发展产生了深远影响。目前国内政策环境与市场环境的变化、现代建筑产业发展的有利条件和不利因素都构成了我国未来现代建筑产业的发展背景。

3.3.1 我国现代建筑产业的发展环境

1. 建筑产业进入高质量发展阶段

十九大报告指出，我国经济已由高速增长阶段转向高质量发展阶段，正处在转变发展方式、优化产业结构、转换增长动力的攻关期，建设现代化经济体系是跨越关口的迫切要求和我国发展的战略目标。必须坚持质量第一、效益优先，以供给侧结构性改革为主线，推动经济发展质量变革、效率变革、动力变革。目前，我国建筑产业大而不强、发展方式粗放、产业结构碎片化、企业核心能力不强等深层次矛盾和问题突出。要突破这些发展瓶颈必须坚持创新驱动、转型发展，走出一条以现代建筑产业体系为支撑、不断优化提升产业结构；以科技创新为主要动力，实现由"建造大国"向"建造强国"转变；以产业链协同高效为目标，实现要素资源合理配置；以与信息化融合为主要途径，实现建造方式根本性变革；以清洁安全和集约增长为内在要求，实现绿色建造发展；以充分发挥人力资源优势为出发点，注重培养新生代的高素质的建筑产业工人队伍。

2. 建筑工业化与信息化深度融合

发展现代建筑产业体系，大力推进信息化与建筑工业化相融相长、耦合共生，促进建筑业由大变强，这是当前我国加快转变经济发展方式，走新型建筑工业化道路所提出的重大战略举措。近年来，建筑工业化、互联网+、数字化和人工智能快速发展，极大地促进了建筑信息化管理的提出和发展，对建筑业科技进步产生了重大影响，已成为建筑业实现技术升级、生产方式转变和管理模式变革，带动管理水平提升，加快推动转型升级的有效手段。尤其是基于 BIM、物联网、大数据、云服务平台等的应用，保证了产业链上各参与方之间在各阶段、各环节的信息渠道的畅通，为现代建筑产业发展带来新的飞跃。客观地讲，目前建筑产业信息化程度还处在初级应用阶段，甚至还有一些企业信息化才刚刚起步，已经远远地落后于其他产业。但是，企业也越来越认识到，在互联网时代，企业只有尽快消除各种信息孤岛，实现企业上下的互联互通，实现内部运营管理的信息共享，才能提升企业运营管理效率，才能实现与社会信息的共享，才能跟上信息化社会发展的步伐。

3. 能源资源和生态环境约束进一步强化

绿色发展是构建高质量现代建筑产业体系的必然要求，也是解决资源能源短缺和生态环境污染问题的根本之策。党的十九大把推进绿色发展作为生态文明建设的首要任务。建筑产业正处在转型与创新发展的关键时期，必须要从党和国家事业发展全局出发，把绿色发展摆在更加重要的位置，切实担负起生态文明建设的政治责任。建筑产业作为国民经济支柱产业，对我国社会经济发展、城乡建设和民生改善做出了重要贡献。但是，我国建筑产业与发达国家先进水平相比，长期以来，主要是以"大量生产、大量消耗、大量排放"的粗放式发展方式为主，这些问题集中反映了我国建筑产业目前仍是一个劳动密集型、建造方式相对落后的传统产业，已经不能适应生态文明建设以及新时代高质量发展要求。构建现代建筑产业体系是一个系统工程，涉及发展理念、生产方式、生活方式等各方面的深刻变革，必须摒弃传统粗放的老路，以新发展理念为指引，通过转型升级推动形成与绿色发展相适应的新型建造方式，改变低成本要素投入、高生态环境代价的发展模式，推动建筑产业加快实现转型升级和生态环境保护"双赢"的高质量发展。

3.3.2 发展的有利条件和不利因素

1. 现代建筑产业发展的有利条件

（1）国家深入推进建筑业改革和发展。近年来，建筑业改革政策密集出台。2017 年 2 月，《国务院办公厅关于促进建筑业持续健康发展的意见》（国办发〔2017〕19 号）颁布，指出了新时代建筑业改革发展的方向，明确了主要目标和政策措施。是继 1984 年以来，时隔 33 年由国务院为建筑业出台的文件，是现阶段建筑业改革发展的纲领性文件，从深化建筑业简政放权改革、完善工程组织模式、加强工程质量安全管理、优化建筑市场环境、提高从业人员素质、推进建筑产业现代化、加快建筑企业"走出去"等方面提出了 20 条措施，对促进建筑业持续健康发展具有重要意义。改革的深入发展和创造力良好的环境，使建筑业处于创新发展和大有作为的战略机遇期，使建筑产业进入了产业现代化全面提升的新阶段。

（2）城市建设新要求带来发展新机遇。改革开放以来，城镇化和城市建设取得了巨大成就，但城市基础设施总量不足、水平偏低、发展不均衡、"城市病"普遍存在等问题制约了城市的发展。目前我国正在以供给侧结构性改革为主线，加快推进交通基础设施、水利基础设施、环保基础设施建设；积极筹措资金，多渠道增加对"城市双修"工程项目投入，生态修复城市的修补内容大多涉及建筑类工程，将形成新的巨大市场，为建筑业企业提供市场空间。截至 2019 年，中国城镇化率为 60.6%，远低于发达国家 80%的平均水平，按照国家城镇化发展规划，2030 年我国城镇化率将达到 70%，目前尚有较大缺口，城镇化蕴藏巨大发展空间。目前国家大力推进城镇老旧小区改造工作，重点改造 2000 年年底前建成的住宅区，完善小区配套和市政基础设施、环境，提升社区养老、托育、医疗等公共服务水平。自 2019 年起将城镇老旧小区改造纳入保障性安居工程，安排中央补助资金支持。2019 年，各地改造城镇老旧小区 1.9 万个，涉及居民 352 万户。2020 年，各地计划改造城镇老旧小区 3.9 万个，涉及居民近 700 万户。这些城市建设发展的重要举措，必将为现代建筑产业的发展带来新生态、新机遇。

（3）区域协调发展战略提供广阔市场。"十三五"期间，我国强化举措推进西部大开发形成新格局，深化改革加快东北等老工业基地振兴，发挥优势推动中部地区崛起，创新引领率先实现东部地区优先发展。以城市群为主体构建大中小城市和小城镇协调发展的城镇格局，加快农业转移人口市民化。以疏散北京非首都功能为"牛鼻子"推动京津冀协同发展，高起点规划、高标准建设雄安新区。以"共抓大保护、不搞大开发"为导向推动长江经济带发展。为充分发挥粤港澳地区的综合优势，深化粤港澳合作，打造国际一流湾区和世界级城市群，推进粤港澳大湾区建设。区域发展战略的实施将带来交通基础设施和城市基础设施建设的大量投资，为现代建筑产业发展提供广阔市场。

（4）"一带一路"建设带来国外市场空间。"一带一路"作为国家级顶层合作倡议，辐射范围涵盖东盟、南亚、西亚、中亚、北非和欧洲，总人口约 46 亿（约全球 2/3），GDP 总量达 20 万亿美元（约全球 1/3）。"一带一路"倡议提出以来，促进企业"走出去"的政策和支持措施更全面、更广泛，伴随着加强基础设施互联互通，带动了大批重大项目建设，给建筑业企业带来了新的市场拓展空间，赋予了现代建筑产业加快发展的新动力、新机遇。"一带一路"沿线相当一部分国家和地区正面临重大的基础设施建设任务，未来几年，"一带一路"沿线铁路、公路、机场和水利建设等基础设施互联互通项目将优先发展，给国际工程总承包市场带来更多的发展机遇。同时，也为建筑业企业提出了新挑战、新要求，面对国际市场的新环境，如何提高产业链水平、提高创新发展质量、提升企业核心竞争能力，是当前建筑产业面临和需要解决的重大问题。

（5）装配式建筑发展为建筑产业提供新动力。近年来，我国装配式建筑在国家和地方政策的持续推动下已形成蓬勃的发展态势，我们欣喜地看到，目前企业的积极性、主动性空前高涨，试点示范项目遍地开花，技术与标准体系、组织管理模式、体制机制和市场环境得到了不断完善和创新发展，为装配式建筑的持续健康发展提供了坚实的技术支撑和政策保障。国家之所以提出要大力发展装配式建筑，主要是基于：粗放的发展模式已不能适应建筑业高质量发展的时代要求，发展装配式建筑是实施国家绿色、高质量发展的战略，推进供给侧结构性改革、实现高质量发展的客观要求，同时也是当前人口红利逐渐淡出、绿色环保要求日益提高形势下的必然选择。装配式建筑是最能体现技术进步与工业化优势的先进生产力代表，大力发展装配式建筑是产业升级的内在要求。所以说以装配式建筑为代表的建造方式的变革是传统建筑业向建筑产业现代化目标建造方式迈进的必由之路，已日益成为促进现代建筑产业发展的驱动力和风向标。

2. 现代建筑产业发展的不利因素

（1）建筑产业发展增速趋缓。改革开放以来，我国建筑业总产值年均增速达到 20.2%，高于我国 GDP 的平均增速，特别是 2004 年以来，中国成为全球增长速度最快的建筑市场，平均增速达到美国、日本等国家的 2 倍以上。显然，这样的高速发展更多受益于国家建设的快速发展，可谓是"非常时期"的"非常速度"，但伴随我国经济步入新常态，伴随着经济增长速度的下降，建筑业发展增速也将趋缓。从国外建筑企业发展历程来看，建筑业呈现出鲜明的阶段性规律。2003 年，来自美国、欧洲和日本等国家的 9 家建筑企业进入《财富》世界 500 强，如今停留在排行榜上的建筑业企业仅剩下 4 家；唯一能够连续 20 年进入世界 500 强的法国布依格，现如今的排名也下滑到 287 位。从全国建筑业固定资产投资来看，2019 年，全国建筑业固定资产投资 2519 亿元，比上年降低了 19.8%，占全国固定资产投资的 0.46%，比上年下降 0.03 个百分点，建筑业固定资产投资总额及占比呈双降态势。这种趋势具有潜在的不利因素。

（2）体制机制障碍仍很突出。尽管中国社会主义市场经济体制早已确立，并不断得到发展，但不可否认的是，目前的市场经济体制还很不完善，仍然处于过渡阶段，其主要表现是政府仍然在资源配置中起着主导作用。要真正实现经济发展方式转变，最根本的就是解决体制问题，要解决体制问题，就只有靠进一步推进经济和社会体制改革。改革开放 40 多年来，建筑施工管理体制的变革主要是走了一条从承包经营到项目管理的道路。相对于其他领域的改革，建筑市场管理体制改革要缓慢很多，矛盾也相对突出，最明显的是表现在招标投标与合同管理上。随着国家"放管服"改革逐步深入，市场在配置资源中决定性的作用更加显现，建筑市场管理也正逐步趋于规范。但是，仍能明显感觉到，产业要素市场尚没有得到充分调动，产业结构尚未得到完全优化，资源尚未得到合理配置，某种程度上，建筑业的各项改革更多是施工行业的改革，用行业管理思维来改造传统产业。

（3）要素成本上涨压力加大。劳动力成本上升和原材料价格上涨已经成为制约建筑产业发展乃至生存的最主要因素。随着我国人口结构的变化以及农业农村经济发展水平的提高，农村剩余劳动力和务工人员逐年减少，建筑企业普遍感受到人工成本上升的巨大压力和"招工难""用工荒"，而且是一"匠"难求，大量建筑工程因招不到工人，难以保证工期要求。随着能源资源刚性需求持续提升，生态环境约束进一步加剧，特别是资源节约、环境保护和安全生产水平的显著提升，推高了建筑企业的经营成本。

（4）传统路径的依赖性强。20 世纪 80 年代以来，中国建筑业走过的是一条粗放式"狼性"竞争的道路。这是由一系列历史因素所决定的。"狼性"竞争的积极意义是对计划经济的彻底否定，是在中国经济社会高速发展的背景下，在无情的市场经济条件下，建筑业所采取的市场竞争方式。进入"十三五"时期时，各种资源价格均快速上升，特别是中国最丰富的劳动力资源，也"突如其来"地发生了供需关系的显著变化。这些情况充分表明，建筑业依赖低价劳动力资源的时代已经走到了尽头，必须向新型建筑工业化道路转轨。但是，我们清楚地看到，在当前转型发展时，传统建造方式和增长方式具有很强的路径依赖性，技术、利益、观念、体制等各方面都顽固地存在保守性和强大的惯性，没有革命的精神，不下极大的力气不足以将运行数十年的中国建筑业的快速列车转向新型建筑工业化的轨道上来，也不可能实现由粗放式增长向高质量发展转变。

3.4 现代建筑产业发展的内在要求

进入新时代，随着我国经济社会进入全面深化改革期，建筑产业也正在经历前所未有的深刻变革，这种变革具有革命性、根本性和全局性。对于传统建筑产业来说，这是一次生产方式的革命，是一次大浪淘沙，甚至会引发行业"洗牌"。为此，现代建筑产业的创新发展，必须要树立新发展理念、新思维方式。

3.4.1 现代建筑产业需要新理念与新思维

1. 需要建立"产业"思维

一直以来，我国建筑产业基本上是分行业划分管理，用行业管理思维方法替代产业管理。我们应该清楚地看到，在这种管理模式下，随着我国建筑业改革的不断深入，各种潜在矛盾也复杂地交织显露，特别是从"产业"的视角看，产业"碎片化"与"系统性"的矛盾依然十分突出，产业要素市场尚没有得到充分调动，产业结构尚未得到完全优化，资源尚未得到合理配置，某种程度上，建筑业的改革更多是施工行业的改革，用行业管理思维来改造传统产业，改革发展的路径上缺乏针对"产业"的系统思维和方法。因此，迫切需要进一步将改革的基点放到产业发展上来，不能头疼医头、脚痛医脚，要紧紧抓住"产业"这个牵动建筑业改革发展全局的"牛鼻子"，全面系统深入地研究"产业"的创新发展问题，尤其在建筑业进入必须转型升级的重要历史关头，要进一步明确建筑产业的改革发展的路径和方向。

2. 需要树立"产品"理念

按照经济学理论定义，产品是指作为商品提供给市场，被人们使用和消费，并能满足人们某种需求的任何东西，包括有形的物品、无形的服务、组织、观念或它们的组合。根据这个定义，毫无疑问"建筑物"一定具有产品属性，属于产品范畴。建筑物作为建筑工程的最终产品，用于人们日益增长的美好生活的需求，满足人们安居乐业，无可厚非。但长期以来，由于《中华人民共和国产品质量法》明确规定"建设工程不适用本法规定"，将建筑工程排除在"产品"管理之外，也由此影响了我国建筑产业将"建筑物"作为产品的经营理念，造成管理体制机制以及产业链的"碎片化"。在建筑工程的生产过程中，各个环节各自为政，建筑设计企业将建筑施工图纸作为产品、生产企业将生产的部品和构配件作为产品、建筑施工企业将分包的工程作为最终产品，甚至最终交付人们使用的建筑是"毛坯房"，忽视了建筑工程的完整性、系统性和适用性，以及建筑工程的整体质量和效率、效益的最大化。

任何产业都具有相应的产品，产品是产业将输入转化为输出的相互关联或相互作用的活动的结果，即"过程"的结果。一直以来，我国传统建筑产业在房屋建造活动中，由于受到体制条块分割、开发建设碎片化管理的影响和制约，建筑企业的经营活动大多都局限在特定的范围，生产经营的产品都是房屋建设的局部或某一环节，产生的效益也是局部效益，并且已经形成了惯性思维和经营理念。然而，这样的经营理念和经营方式对于一个整体建筑来说，其建造过程是产生诸多的质量、品质、效率、效益不高问题的主要原因。因此，在我国经济由高速增长阶段向高质量发展阶段转变的新时代，现代建筑产业的发展必须要摆脱传统路径的依赖，必须要转变经营理念。树立以"建筑物"为产品的经营理念，在房屋建造活动中要以设计为主导，并贯穿建筑工程全过程，全产业链的各环节都以"建筑物"为最终产品，实现高效协同和整体效率效益最大化，这才是现代建筑产业发展的根本所在，也是现代建筑产业的新发展理念。

3. 需要运用"系统工程"理论方法

"系统工程"是实现系统最优化的管理工程技术理论基础，发端于第二次世界大战之后，是第二次世界大战后人类社会若干重大科技突破和革命性变革的基础性理论支撑和方法论。比如美国研制原子弹的曼哈顿计划和登月火箭阿波罗计划就是系统工程的杰作。我国两弹一星以及运载火箭等重大项目的成功，也是受惠于钱学森先生将系统工程的理论和方法引入并结合了我国国情的需要。今天，现代建筑产业的发展，就是要向制造业学习，建立起工业化的系统工程理论基础和方法，将建筑作为一个完整的建筑产品来进行研究和实践，形成以达到总体效果最优为目标的理论与方法，才能实现建筑工程的高质量、可持续发展。系统工程的理论方法主要是指一体化建造的理论方法，将建筑作为一个系统工程来研究和实践。

一体化建造是指在房屋建造活动中，建立了以房屋建筑为最终产品的理念，明确了一体化建造的目标，运用系统化思维方法，优化并集成了从设计、采购、制作、施工等各环节的各种要素和需求，通过设计、生产、施工和高效管理和协同配合，实现工程建设整体效率和效益最大化的建造过程。一体化建造既包含技术系统的一体化，也包含管理系统的一体化，同时也包含技术与管理一体化的协同和融合。一体化建造充分体现了技术系统的协同性、建造过程的连续性、建造环节的集成化和工程管理的组织化。

一体化建造的本质是一种关于建造方式的方法论，该方法论是主要针对传统、粗放的建造方式提出的，包括生产组织模式、设计技术及方法、建造技术、专业协同、信息技术和集成技术等，涵盖了建造全过程全方位、系统最优化的解决方法。通过一体化建造方法解决建筑、结构、机电、装修专业的设计不协同；设计、生产、施工脱节；开发建设碎片化；管理机制条块分割；建造活动的责权利不明等问题。因此，一体化建造是建筑产业向高质量发展的现实要求。

3.4.2 现代建筑产业的发展途径

1. 要制定产业发展战略规划

一直以来，我国政府主管部门还没有针对建筑产业制定并出台相关产业发展规划，出台的很多政策和规划主要还是针对勘察设计、建筑施工等行业的发展，某种程度上，目前建筑业的改革发展仅仅是建筑施工行业的改革，是施工企业的转型升级。为此，对于政府来说，要加强顶层设计，进一步明确现代建筑产业的阶段性发展目标，提出政策规划导向，改变计划经济时代的思维惯性，摒弃"行业"管理思维，构建现代化建筑产业体系，着力营造健康的产业发展环境。

2. 要构建现代建筑产业体系

要加快建设实体经济、科技创新、现代金融、人力资源协同发展的产业体系。在我国经济转向高质量发展阶段的大背景下，发展壮大现代产业体系不仅是解放和发展社会生产力、推动经济持续健康发展的内在要求，而且是增强综合国力、增进人民福祉的基础支撑和根本保证。为此，现代建筑产业体系建设已成为推动建筑业转型升级、提升发展质量转变发展方式的根本方向和核心内容,未来我国建筑业转型发展必须要注重"产业"问题,必须要从产业发展入手,运用产业的思维方法,拉动产业链的各环节协同起来向前走。在构建现代建筑产业体系的过程中,要树立以建筑为最终产品的理念,研究产业发展目标、产业结构以及全产业链的系统性、整体性和协调性问题,并提出产业发展的方向、路径和模式,要重视产业基础建设,不能盲目追求浮躁的不切实际的"新概念",要着力研究现代建筑产业的新特征、新业态和创新发展的新格局。

3. 要走新型建筑工业化道路

进入新时代,工业化并不是新问题,也不是新理念,而是我国建筑业一直倡导的发展方向。走工业化道路是建造方式的重大变革,这种变革是指由传统粗放的建造方式向新型工业化建造方式转变。新型工业化是建筑业整体素质的全面提升,而不是单纯地推广应用一些新的技术体系或装配化新工艺就可以达到的目标。要以信息化带动工业化,以工业化融合信息化,走科技含量高、经济效益好、资源消耗低、环境污染少、人力资源优势得到充分发挥的工业化道路。这种新型工业化建造方式应具有鲜明的工业化特征,主要体现在:标准化设计、工厂化生产、装配化施工、一体化装修和信息化管理。因此,新型工业化就是运用现代工业化的组织方式和生产手段,对建筑生产全过程的各个阶段和各个生产要素的系统集成和整合。

4. 要构建社会化分工协作机制

目前,建筑业的发展现状已充分表明,各种技术与管理要素均处于"碎片化"状态,产业缺乏系统性的整合,缺乏核心能力,缺乏专业化分工协作,缺乏精致化的产业工人。其转型发展的核心问题,是如何构建产业内部的系统性和整体性,如何建立起与现代建造技术相适应、符合社会化大生产要求的生产方式和企业组织形式。建筑业要改变传统粗放的建造方式,必须要调整产业结构,转变增长方式,打造新时代经济社会发展的新引擎。随着经济社会的发展和科技水平的进步,工程建造模式必须要充分体现社会化,是企业发展的重要价值取向。要引导企业走建筑工业化道路,建筑工业化就是将工程建设纳入社会化大生产范畴,社会化大生产的突出特点就是专业化、协作化和集约化。在经营理念上，要以"建筑物"为最终产品，以实现工程项目的整体效益最大化为经营目标；在组织管理方式上，要推行工程总承包管理模式，实行"全系统、全过程、全产业链"的协同建造，融合设计、生产、装配、管理及控制等要素手段，形成工程总承包统筹引领、各专业公司配合协同的完整产业链，有效发挥社会化大生产中市场各方主体作用；在核心能力建设上，要充分体现技术产品的集成能力和组织管理的协同能力，避免同质化竞争。

第 **4** 章

现代建筑产业体系建设

2019年的《政府工作报告》明确提出，坚持新发展理念，加快建设现代化经济体系。其中，构建现代产业体系是建设现代化经济体系的重中之重，也是实现高质量发展的关键所在。为此，现代建筑产业要实现高质量发展，必须要按照党中央和国务院的要求，加快构建"创新引领、要素协同、链条完整、竞争力强"的现代建筑产业体系。加快构建现代建筑产业体系，是发挥自身优势、增强经济发展动力的战略选择。现代建筑产业体系是体现一个产业的经济发展水平和综合实力的重要标志。

4.1　现代建筑产业体系的内涵

4.1.1　现代建筑产业体系的含义

进入新时代，我国开启了全面建成小康社会、全面建设社会主义现代化国家的新征程。在新的历史阶段，建筑业面临的问题以及各种不可持续的现象均表明，必须要摆脱传统路径的依赖，重新构建现代建筑产业体系，实现转型升级与创新发展，才能从根本上适应新时代对国民经济支柱产业的发展提出的新要求。

现代建筑产业体系是在传统建筑产业长足发展的基础上，适应新时代发展方式转变、供给侧结构性改革、产业技术进步以及与之相关的社会经济关系一系列新变化、新特征和新要求所形成的更先进的建筑产业演化的整体性结构，是实现建筑产业现代化的根本保证。

其"现代"属性强调传统建筑产业要更进一步，通过转型升级和创新发展突出体现现代管理理念、现代建造技术和现代生产组织方式；其"体系"属性则要求建筑产业主体的企业之间要实现更大范围、更深层次、更高效的融合协同，形成以产业链、价值链和供应链为基础的专业化的社会分工协作机制。目前，现代建筑产业体系的研究还处在起步阶段，学术界对该问题的研究类文献还比较少，尤其是在政府层面结合中国国情的科学定义和体系构成并不明确。笔者认为，在我国全面建设社会主义现代化强国的新时代背景下，现代建筑产业体系应是：

以新发展理念为指导，以加快转变经济发展方式为主线，以发展新型建筑工业化为核心，以实现建筑产业现代化为目标。坚持大集团引领、专业化支撑、信息化驱动、系统化推进、产业化承载的发展战略。瞄准世界先进水平，着力增强企业自主创新能力，广泛运用先进的建造技术和现代化管理模式，将生产全过程的开发建设、规划设计、部品生产、施工建造、管理服务以及新材料、新技术、新产品、新设备等环节联结为完整的、竞争力强的产业链，建立起要素之间的协同高效机制，实现产业链、价值链的高端化。从体制机制、要素培育、企业主体和产业发展四个层面发力，全面构建现代建筑产业体系。

现代建筑产业体系建设不仅仅是转变发展方式，而且赋予了新时代的内涵，代表了现代建筑产业发展的未来，凸显了建筑产业在国民经济与社会发展中的支柱产业地位，实现了党中央和国务院关于推动供给侧结构性改革，加快形成经济社会发展新引擎，培育国民经济新的经济增长点的战略要求。构建现代建筑产业体系是建筑业发展的历史必然，是建筑业转型升级的有效途径，也是经济社会发展的客观需求，其意义远超出了建筑业的行业自身发展。

4.1.2 现代建筑产业体系建设必须坚持的原则

构建现代建筑产业体系是关系到建筑产业能否持续健康发展，能否实现现代化强国目标的关键问题。建筑产业是国民经济与社会发展的重要组成部分，是国民经济支柱产业，与国家经济社会发展、城乡建设、民生改善息息相关。构建现代建筑产业体系，提高建筑产业发展质量，提供高质量、高品质的建造产品，不断满足人民日益增长美好生活需求，是城乡建设领域的职责所在。在新时代，现代建筑产业体系建设，必须坚持以下原则：

1. 坚持绿色发展、创新驱动原则

绿色发展是构建现代建筑产业体系的必然要求，坚持绿色发展理念，建立与绿色发展相适应的新型建造方式，加快形成节约资源和保护环境的空间格局、产业结构、生产方式，对于支撑社会经济发展、城乡建设和民生改善的建筑产业来说，无疑具有重大指导意义。强化创新驱动和引领作用，是现代建筑产业体系建设的关键，构建的过程就是创新的过程，只有通过创新才能寻求建筑产业实现高质量发展的新途径，才能顺应技术革命、产业变革、消费升级的新趋势，才能深化建筑产业的关联结构、产业链水平、系统集成能力，从而探索建筑产业的新业态、新模式。

2. 坚持顶层设计、统筹规划原则

现代建筑产业体系建设关乎国家有关体制机制以及相关产业政策，是我国建筑产业发展方向，是建筑产业的生产方式变革，是具有革命性、根本性和全局性的一项重要工作。因此，必须在国家和相关政府主管部门的领导下，加强顶层设计，进一步明确建筑产业发展目标和主要任务，提出政策规划导向，改变计划经济时代的思维惯性，摒弃"行业"管理思维，统筹规划现代建筑产业体系，着力营造健康的产业发展环境和动力。

3. 坚持企业主体、市场导向原则

现代建筑产业发展必须以企业为主体，产业发展的基础在于企业发展水平，企业是推动现代建筑产业经济增长的主要动力。企业作为建筑产业的生产主体，离不开市场经济活动，必须以市场为导向，也必须通过市场经济自然规律来实现优胜劣汰、提高产业集中度，促进产业资源要素的市场化高效配置，以形成布局合理、特色鲜明、优势互补、分工协作的产业现代化发展格局。

4. 坚持系统推进、整体施策原则

现代建筑产业体系建设是一个跨行业、跨部门的系统工程，产业链长、关联性企业多，生产环节复杂多变，必须在统一规划指导下，加强政府相关主管部门合作以及企业参与，坚持系统推进、协调发展。要从全局角度寻求新的发展模式，不能头疼医头、脚痛医脚、各管一摊、相互掣肘，而

必须统筹兼顾、整体施策、多措并举。要按照系统工程理论，运用一体化建造方式和信息化手段，从全方位、全行业、全过程的视角来构建现代建筑产业体系。

5. 坚持系统集成、协同高效原则

要强化技术进步与系统集成创新的引领作用，加强建筑系统集成技术体系的研究，鼓励发展企业专用技术体系创新，重点围绕建筑、结构、机电、装修一体化的集成技术体系，从全产业链的视角，运用一体化的思维，系统补足标准、技术、设备、工具以及人才、软件等系统应用的短板。要加强管理创新、模式创新、体制机制创新，要大力发展工程总承包模式，通过"纵向拉通，横向融合，空间拓展"，达成资源的高效整合与配置，从而真正实现效率和效益提升，实现建筑产业高质量发展。

4.1.3 现代建筑产业体系形成的主要标志

现代建筑产业体系的建设，是随着新时代经济和社会发展对建筑业提出的新要求、赋予的新使命而不断形成和发展的过程，绝不是一蹴而就的，需要经过长期和持续不断的艰苦努力。现代建筑产业的形成和发展，并走向成熟的主要标志应体现在以下方面：

一是，新的产业发展理念得到广泛认同与践行。现代建筑产业的企业必须要树立以"建筑物"为最终产品的经营理念，以工程建设项目的整体效率效益最大化为经营目标。就像制造业生产汽车一样，汽车各个零部件生产企业都围绕汽车这个"产品"的效率效益展开。对于现代建筑产业而言，工程建设项目的各生产企业在这种经营理念指导下，围绕"建筑物"这个产品，按照专业化分工要求，通过设计主导，使工程项目实现系统集成和一体化建造，从而全面提升整个工程项目的质量、品质、效率和效益。

二是，新型工业化建造方式得到广泛应用。工业化建造方式具有鲜明的时代特征，各生产要素包括生产资料、劳动力、生产技术、组织管理、信息资源等，在建造方式上都能充分体现绿色化、工业化、集约化和社会化，是建造方式的重大变革。这种变革的过程和效果，实现了由传统粗放的建造方式向新型工业化建造方式的根本性转变，使建筑产业的整体素质得到了全面提升，生产力水平和发展质量得到了大幅度提高。

三是，产业链协同高效水平得到充分发挥。现代建筑产业具有向上下游延伸并带动一大批相关行业的特点，随着建筑产业内分工不断地拓展延伸，产业链上各企业之间按照建筑产业内不同分工与供需关系的变化，在生产经营过程中形成了不同的创造价值主体，并构成了一条完整的产业链、价值链。在产业链、价值链以及供应链上各企业主体充分体现了通力合作、相互配合，使整个产业链内的资源配置更加优化，生产经营活动的全过程协同高效。

四是，专业化、社会化协作机制更加有序。建立专业化分工和社会化协作机制是现代建筑产业体系的重要组成部分。专业化是企业发展选择的基本模式。所谓企业专业化发展就是指企业将主要精力投入到自身最擅长的领域，并且在该领域能力所及的范围内进行经营。随着建筑产业的不断发展，一些大型企业会向综合性的产业集团方向发展，而另一些中小企业会向专业化方向发展，成为建筑产业的专业化企业。这些企业有的专精于建筑设计、咨询服务、部品生产，也有的专门从事工程施工、装饰装修、机械设备等。专业化企业的不断发展，将成为产业链上的一个个节点，其市场化、专业化的生产活动的相互协作构成了社会化的大生产。

五是，大型建筑产业集团引领建筑产业发展。大型建筑产业集团是建筑产业实现社会化大生产发展到一定时期的产物，在相当程度上标志着建筑产业的发展层次和水平。培育一批处于价值链顶部、具有全产业链号召力、价值链主导者和国际影响力的大型龙头企业作为建筑产业的基本主体，支撑整个建筑产业的发展，发挥产业链龙头企业的引领作用。并且在技术系统集成、产业链协同水平上持续创新突破，提供工程建设系统解决方案，引领产业链深度融合和高端跃升，并形成差异化的融合发展模式路径，是现代建筑产业成熟的重要标志。

4.2 现代建筑产业结构

4.2.1 产业结构的含义

根据产业经济学理论，产业结构（Industry Structure）是指各产业的构成及各产业之间的联系和比例关系。在这种定义下，产业结构的内涵十分广泛，既指产业之间的关系结构，又指某产业内部的企业之间关系结构及其构成；既包括产业的地区分布结构，也包括产业的所有制结构等。通俗一点讲，产业结构问题实际上就是产业要素资源在企业之间的配置结构问题。

本书中涉及的产业结构又称为产业组织，主要是指建筑产业与其他相关产业以及内部的企业之间的关联结构与构成比例及它们之间相互依存和制约的关系。

4.2.2 现代建筑产业结构的概念

1. 现代建筑产业结构的含义

现代建筑产业结构是指在传统建筑产业长足发展的基础上，适应我国新时代经济增长方式的新变化、新要求，进而在产业间及建筑产业内部企业间发生相应演变的关联结构及它们之间相互依存和制约的关系。

建筑产业结构是在社会分工的基础之上，随着生产力水平的不断提升和科学技术的进步逐渐形成和发展起来的，一个建筑企业要同其他企业之间进行联系，企业内部的各部门之间也存在极其紧密的联系，这就促使建筑企业产业结构的形成，并且伴随经济社会发展阶段的新要求和新业态，以及社会分工的不断变化、供需关系的不断调整，建筑产业结构也将会随之发生改变。

2. 产业结构内部企业的关联关系

随着我国经济增长方式由高速增长阶段向高质量发展阶段转变，现代建筑产业结构必然要从低级向高级演进，表现为产业结构的高级化和合理化。从这个角度和产业结构理论上看，对于现代建筑产业结构以及内部企业之间的相互关系，可以用价值链（Value chain）和价值系统（Value system）两个概念加以描述。企业的经营活动可以用价值链进行描述，而产业则可以看作一个价值系统。

因此，建筑企业创造价值的过程可以分解为一系列互不相同但又相互联系的生产活动，这些生产活动的总和即构成了价值链以及产业结构；而单个企业的价值链又处于范围更广的建筑产业内各生产要素所形成的相互关联之中，如上下游之间、供应商与建造商以及相互配套和协作的企业之间，由此形成一个综合设计、咨询、采购、生产、建造、管理等增值活动的复杂集合体，即形成价值系统或产业结构系统。在这个价值系统中，各环节或是各个价值链之间以相互依赖、互为前提，在相互关联的各个环节产生出不同的价值增值。并且，以这种复杂的相互关联为基础，整个建筑产业构成了重叠交错、千丝万缕、密不可分的各个子系统，以及子系统与母系统之间链接起来的复杂的产业系统。

在产业之间及建筑产业结构系统内部，主要由投资开发、勘察设计、材料生产、产品制作、施工安装、咨询服务等行业构成，这些行业或企业都围绕"建筑物"这个最终产品而展开。在"建筑物"的生产活动和价值活动中，各个企业在各自的生产环节都具有不同的经营范围和创造价值的目标。比如：建筑施工企业主要从事基本价值活动（Primary activities），即一般意义上的生产建造环节（包括材料和设备采购、物料储运加工、施工活动等），这些价值活动和建筑产品产生直接关系，生产要素包括劳动力、生产资料和设备等；而勘察设计和建筑咨询企业则主要从事支持型价值活动（Support activities），包括技术评估、过程及产品设计、质量管理等，要素投入主要是知识和人力资本。

4.2.3 现代建筑产业结构优化

1. 产业结构优化的含义

根据产业经济学理论，产业结构优化是指产业结构的合理化、高度化（高级化）的过程。产业结构优化过程就是通过政府的有关产业政策调整和影响产业结构变化的供给结构和需求结构调整，从而实现资源优化配置和再配置，来推动产业结构的合理化、高度化。产业结构优化的内容包括产业结构优化的目标、对象、机理和政策等。

产业结构合理化是指产业之间及建筑产业系统内部各企业之间、各生产环节之间协调能力加强和关联水平提高的过程。

产业结构高度化是指产业结构根据经济发展的历史阶段的演进不断达到更新的阶段或更高的层次，由合理的产业结构向最优的产业结构转化的过程。简而言之，产业结构高度化主要是指产业结构由低水平状态向高水平状态迈进的过程。

2. 产业结构优化的方向

对于现代建筑产业结构的优化而言，建筑产业结构的合理化、高度化，当前应主要从以下几个层面发展：

（1）培育并促进建筑产业主体的发育成长

国家应该针对现代建筑产业制定相应的产业结构政策，引导现有的大型建筑企业尽快从传统的粗放的发展路径中摆脱出来，提升总集成、总承包能力和水平。通过系统整合资源、延伸链条，发展咨询设计、制造采购、施工安装、系统集成、运维管理等一揽子服务，进而提供整体的建筑工程解决方案，使之真正发展成为资金密集、管理密集、技术密集，具备设计、生产、施工一体化，投资、建设一体化，国内、国外一体化的综合类的建筑产业龙头企业。并在我国各经济区域内、各专业领域（如房屋、道路、桥梁、水利等）中，培育并形成若干个以上的这种类型的龙头企业，引领并带动各经济区域和各专业领域的建筑产业发展，这也是现代建筑产业成熟的重要标志。

（2）促进产业主体结构向专业化、社会化方向发展

专业化分工和社会化协作机制的形成与发展，是现代建筑产业体系建设的程度和水平的重要体现，也是能否将建筑产业纳入社会化大生产范畴的重要标志。随着新时代我国经济社会的快速发展，以及建筑业的技术进步与转型升级，现代建筑产业的专业化程度会越来越高，专业化分工也会

越来越细，产业集中度及集约化程度将会发生根本性变革。因此，要引导广大中小建筑企业顺应社会化分工趋势，根据自身的优势和特点找准定位，主动向专业化公司转型，在本专业领域做专、做精、做实，真正做出自己的核心竞争力。以此，形成一批秉承扎实、专注、执著的实业精神的专业型、技能型、创新型建筑企业大军。

（3）统筹推进建筑产业内的各企业的协调发展次序

进入新时代，由于我国经济增长方式发生了根本性变革，已由经济高速增长阶段向高质量发展阶段转变，这必将促使传统建筑产业进入衰退期，衰退的根源和本质是传统建筑产业创新能力和发展动力不足，传统建筑产业的各种表象均已表明，传统建筑业已经进入到必须转型升级的重要历史关头，甚至会引发重新"洗牌"。因此，首先要引导现有的具有施工总承包特级资质的大型建筑企业进行技术改造升级和产业重组，使其形成更为系统完善的协同高效的以及具有核心竞争力的产业体系；其次是对一些生产规模小、产品质量差、效率效益低、核心能力弱的企业实行关、停、并、转，并引导其向适合的专业和行业领域发展。以此促进建筑产业结构向合理化、高度化方向发展。

（4）建筑产业与关联产业深度融合、协调发展

现代建筑产业和相关联产业深度融合、协调发展，是顺应新一轮科技革命和产业变革，增强现代建筑产业的核心竞争力，培育现代建筑产业体系，实现高质量发展的重要途径。一直以来，传统建筑产业与相关联产业缺乏协调与互动，各自为政。比如建筑产业需要制造业生产的建筑材料与部品，而制造业的产品生产过程难以融入建筑设计、采购、施工的全过程，由此造成两者之间的技术衔接产生不合理、不经济、不适用等问题。尤其是，我国工程建设标准和产品标准实行二维管理，工程建设标准与产品标准尚未实现有效衔接，产品标准不能与建筑产业链的各环节相互对接、匹配，无法满足大规模建筑工业化发展的要求。在建筑产业的建造过程中，建筑产品的集成技术是整个房屋技术体系的重要组成部分，建筑产品与建造技术密不可分。为此，现代建筑产业必须充分发挥市场配置资源的决定性作用，

顺应科技革命、产业变革、消费升级趋势，通过加强产业之间的合作融合，深化业务关联、链条延伸、技术渗透，探索新业态、新模式、新路径，推动现代建筑产业与相关联产业相融相长、耦合共生。

（5）推动建筑产业转型升级，实现产业结构高级化

我国建筑产业正在由高速增长阶段向高质量发展阶段转变，产业结构转型升级任务非常艰巨。具体表现在：一是传统建筑产业长期处于价值链分工的低端，生产方式传统粗放，价值实现主要依赖劳动密集型、现场手工操作为主的施工总承包业务，较少涉及由建筑设计主导的工程总承包业务。二是从产业组织结构上看，产业集中度不高，企业的核心能力不强，同质化竞争非常明显，虽然一些大型企业产值规模在扩大，但是集中度不仅没有上升，反而下降。三是建筑产业还没有真正从劳动密集型向知识、技术密集型转型，标准化、工业化程度不高，技术集成水平低。四是劳动生产率、产值利润率、节能环保效果等指标远远低于美、德、日等发达国家。因此，需要全面优化产业结构，不断增强企业核心竞争力，着力推进信息化与建筑工业化融合，培育大型龙头企业依托工程总承包模式，做大、做强、做优，引领带动中小企业向专业化分工转型，通过转型升级真正实现建筑产业结构高级化。

4.3 现代建筑产业的关联与布局

现代建筑产业体系建设是一个跨行业、跨部门的系统工程。建筑产业与制造业相比有其自身的特殊性，建筑产业的产业链长、关联性企业多，生产环节复杂多变，区域经济条件的差异性带来的影响因素多。为此，深入研究建筑产业与其他产业及建筑产业内部企业间的技术经济联系、供给与需求关系、资源的空间配置等方面问题，显得十分重要。特别是从现代产业理论和产业发展实际出发，研究产业及产业内部的关联关系，寻求产业经济发展的客观规律，运用相应的现代建筑产业基础理论和科学方法，用

于支撑和指导现代建筑产业体系建设。

本节主要依据产业经济学的理论和方法，结合现代建筑产业的发展现状、产业特点和现实要求，重点阐述现代建筑产业与相关联产业及建筑产业内部企业间的技术经济联系、供给与需求关系、资源的优化配置等方面问题。

4.3.1 建筑产业的关联关系

1. 产业关联的含义

根据产业经济学理论，产业关联是指产业间或产业内部的企业间以各种投入品和产出品为连接纽带的技术经济联系。

在一般的经济活动过程中，各产业间或产业内部的企业间都需要其他产业或企业提供各种产出满足自己的要素需求；同时又把自己的产出通过市场供给其他产业或企业，以满足其需求。正是由于这种复杂的供给与需求关系，进而形成了产业链，各产业或企业依托产业链、价值链才得以在经济活动过程中生存与发展。因此，产业关联的实质是各产业或企业间在产业链上的供给与需求关系。

2. 产业间及建筑产业内部企业之间的联系方式

（1）产品联系。产品联系是指产业与产业之间或产业内部的企业与企业之间提供产品。比如：在建筑产业内部的建筑设计企业向工程总承包企业提供设计产品；建筑材料、部品生产企业向施工企业提供建筑材料和产品。

（2）劳务联系。劳务联系是指产业与产业之间或产业内部的企业与企业之间提供劳务。比如：一些专门从事劳务输出的企业向建造商提供劳动力等。

（3）技术联系。"建筑物"作为建筑产业的最终产品，各生产技术之间必然会形成相互间的联系，在产品内部也由此形成了完整的系统的技术链。在构成技术之间相互关联的基础上，经过总体设计和技术优化，通过多专业之间的技术协同，按照一定的技术接口标准和协同原则，进而建造成"建筑物"这一产品。比如：建筑材料与各类建筑产品的技术联系；建筑产品与各建筑系统的技术联系；建筑的主体结构与装饰装修、机电设备技术系统的联系等。

（4）投资联系。产业经济的发展不可能仅仅通过自身的发展来实现，还要通过相关产业的协调发展来实现。这种产业部门间的协调发展性，使得产业间或企业间必然存在着投资联系。比如：建筑产业的工程建设项目普遍存在建设周期长、投资建设方资金不到位的现象，工程建设承包企业为保证工期，必须要有一定量的投资，企业必须要具备融资能力，企业的融资能力已经成为现实的重要竞争能力。

由于产业间或企业间存在上述联系，一方面形成了产业链条；另一方面也会因某一相关产业发生变化，影响并波及与其相关的其他产业。在现实的产业经济运行中，产业部门间、产业内部企业间的联系方式是错综复杂的联系，通过研究相关联系方式，为产业与产业间及产业内部的关联分析提供了良好的理论基础。

3. 建筑产业链概述

（1）建筑产业链的含义

产业链是产业经济学中的一个概念，是各个产业部门之间基于一定的技术经济关联，并依据特定的逻辑关系和时空布局关系客观形成的链条式关联关系形态。产业链的本质是一个具有某种内在联系的企业群结构，它是一个相对宏观的概念，存在二维属性：结构属性和价值属性。产业链中大量存在着上下游关系和相互价值的交换，上游环节向下游环节输送产品或服务，下游环节向上游环节反馈信息。

建筑产业链则是建筑产业与其他产业及产业内部企业间的技术经济联系、供给与需求关系的具体化。建筑产业中从事规划设计、部品生产、物流运输、现场施工、室内外装修、运维管理以及咨询服务和金融投资等企业之间联系非常紧密，共同围绕"建筑物"这个最终产品，各自从事专业化的工作，并且形成了专业化的社会分工协作机制，根据其工作业务和性质的不同，分布于产业链条的上下游，建筑产业链由此形成。

由于建筑产业具有向上下游延伸并带动一大批相关产业和企业的特点，所以建筑产业实质上是围绕建筑工程的开发、建设和使用过程而形成的一条完整的产业链。随着建筑产业内部分工不断地纵向拓展延伸，建筑产业链上各企业之间按照建筑产业内部不同分工与供需关系形成横向协作链与垂直供需链，垂直供需链中的企业相互构成上中下游、构成不同的创造价值主体，横向协作链则是我们通常所提的产业配套。

（2）建筑产业链的构成

建筑产业链是建筑产业所涵盖的各个企业，按照"建筑物"作为产品的生产流程，形成前后联系的一种工作关系，这种工作模式逐渐固化下来，如图 4-1 所示，通过这个工作流程，住宅生产运营全过程的设计、生产、施工、销售和服务等环节形成一个有机的整体，即建筑产业链，通过产业链的有效运作，不仅有助于大大提高生产效率，降低建造成本，产品质量也得到很大提升。

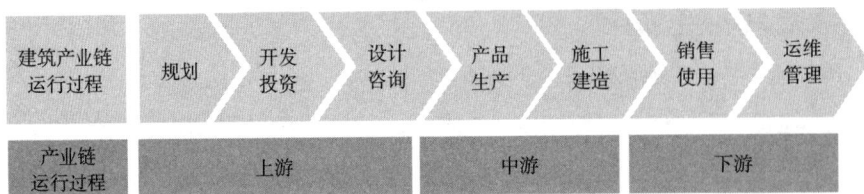

建筑产业链运行过程	规划	开发投资	设计咨询	产品生产	施工建造	销售使用	运维管理
产业链运行过程	上游			中游		下游	

图 4-1　建筑产业链

建筑产业链在生产运营全过程中是否协同高效，能充分反映一个产业的基础能力和发展质量，为此，深入研究并完善建筑产业链，提升产业链水平，对于现代建筑产业的发展至关重要。在我国由高速增长阶段向高质量发展阶段转变的背景下，现代建筑产业的发展迫切需要将建筑产业的设计、生产、施工、销售和服务等环节形成一个完整的、有机的产业链，提升产业链的协同高效水平。通过龙头企业带动、全产业链上的企业协同配合，进而提高生产效率，降低建造成本，提升建筑工程质量和品质。通过全产业链的整合优化，突破不同企业之间的界限，促进形成大型产业集团，实现上下游企业经营活动的集成化、一体化，系统推进我国现代建筑产业发展，为经济社会发展提供物质保障。

（3）建筑产业链的关联分析

进入建筑工业化阶段，是产业分工逐步深化的阶段。在建筑工业化初级阶段，企业一般以追求规模经济和范围经济为主要特征，主要表现为利用自身优势抢占市场先机、扩大市场范围、占领产业高地。进入建筑工业化高级阶段，特别在信息技术革命的影响下，建筑产业向追求专业化、社会化的先进工业化大生产方式转变。企业的生产组织方式、建造技术和运营管理模式都将会发生巨大变化，价值链环节的数字化、生产组织的网络化和业务单元的模块化，使建筑企业的建造过程得以不断分解，建造环节的外包趋势逐渐增强，从而导致建筑产业层面分工的深化。新的产业分工形式不同于传统的替代式的"转包挂靠""水平分工"和互补式"垂直分工"，更多的是某种渗透式的不对称分工。例如，"微笑曲线"所刻画的似乎就是这样一种分工形式，如图 4-2 所示。

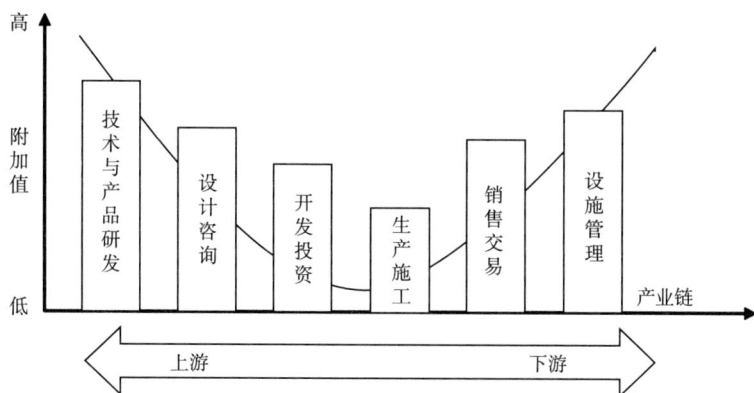

图 4-2　建筑产业微笑曲线

"微笑曲线"的两端既是建筑工程建造过程的上、下游，又是以研发、设计、生产、采购、物流、运营管理等价值链环节为主要内容的生产性服务，这些环节的知识和技术含量较高，是差异化的主要来源，因而附加价值高。

"微笑曲线"的底部即建造过程的中游，主要是施工建造环节，知识和技术含量相对较低，是低成本的主攻方向，因而利润空间窄。这是一种新型建筑工业化，生产性服务在其中的作用，不仅体现在建筑总承包企业自身作为利润源泉的价值，更体现在其自身作为各个专业化生产环节的纽带而产生的"黏合剂"的功能。

4.3.2 现代建筑产业布局

1. 产业布局的含义

根据产业经济学理论，产业布局是指产业在地域上的空间布局。产业布局理论主要研究资源的空间配置，它是随着人类社会的进步和生存空间的扩展以及生产活动内容和空间拓展到一定程度的必然产物。

影响产业布局的因素是多方面的，主要有地理位置、自然条件、社会因素、技术水平和经济发展水平等方面。地理位置能加速和延缓区域经济的产业发展；自然条件和自然资源的存在状态及其变化对产业布局具有非常重要的基础性影响；社会因素包括人口素质、劳动力资源以及历史形成的产业基础等都构成了产业布局的影响因素；技术水平和经济发展水平的高低及不同地区技术经济水平的差异也都直接将影响地区的产业布局。

2. 现代建筑产业布局的基本原则

由于建筑产业是国民经济支柱产业，在当前我国经济社会全面发展的进程中各区域经济都需要建筑产业支撑，因此受到上述各种因素的影响较为明显。特别是建筑产业的"产品"具有不确定性，施工企业和生产场地具有移动性的特点，受相应的配套产业的产品的物流运距影响较大，造成建筑企业很难在某个区域经济长期固定下来，也由此造成建筑产业布局难以像制造业那样易于形成相对合理的稳定的产业布局。为此，现代建筑产业布局应遵循以下原则：

（1）区域经济原则。在我国经济社会全面发展的背景下，建筑产业布局应立足本区域，放眼全国，更好地发挥区域经济的优势，避免布局中出现经济发达地区和欠发达地区的不平衡、过分集中和分散，以及同质化的恶性竞争、重复建设和盲目生产等问题，实现区域经济专业化和多样化发展相结合，逐步在全国范围内实现产业布局的合理分工。

（2）分工协作原则。现代建筑产业发展方向就是实现社会化大生产，社会化大生产的突出特点就是建立专业化分工协作机制。分工协作的前提是需要龙头企业引领和带动。首先，各地区要根据市场条件培育几个大型建筑产业集团，发挥龙头企业引领作用；其次，在此基础上孵化一批相配套的各种类型的专业化公司和部品生产企业，形成相对完整的产业链，在产业链上建立起分工协作机制。这不仅能充分发挥区域经济优势，最大限度地优化资源，而且可以加速区域经济的一体化进程，支撑区域经济的持续健康发展。

（3）集中与分散相结合原则。建筑产业布局要根据各地区的资源环境条件、位置和交通状况、人口和劳动力、社会经济因素等有选择地集中布局。目前我国各地区都在大力发展产业园区，就是为了促进产业的集聚发展、协调发展。但是，缺乏龙头企业引领和带动的生产企业聚集，将会是无源之水、无米之炊。因此，在建筑产业的布局中既要反对无产业主体（龙头企业）的过分集中，也要反对互不联系的过分分散的两种极端做法。

（4）经济效益原则。建筑产业布局与市场经济息息相关，必须以企业的经济效益为准则。在市场经济条件下，通过政府的引导和规划以及产业政策的扶持，综合资源、环境、市场、劳动力、资金等方面的因素，因地制宜地选择最适宜本地区发展的企业以及经济条件好的区位进行合理布局。并且要充分发挥企业在市场经济中的主体地位，调动企业内在的发展动力，以此创造更好的经济效益。

（5）可持续发展原则。优化产业布局是促进可持续发展的重要途径。优化产业布局和转变发展方式是相互促进、相辅相成的。比如加快地区产业结构的调整和升级，引导一些粗放型中小企业向专业化公司转型，实现集约化发展；大力发展内需型生产企业，减少建筑材料、产品和资源的跨区域、长距离的运输；通过优化产业布局，集约利用土地、共享基础设施等。这将有利于节约各种资源，促进经济发展方式转变，提升发展质量。

4.4 现代建筑产业体系构建

4.4.1 构建现代建筑产业体系的意义

1. 是转变经济增长方式、提升建筑产业发展质量的迫切要求

随着我国经济长期快速发展，建筑产业的经济增长过度强调规模化发展，产业层次较低、工程质量效益不高、建造方式传统粗放、产业碎片化严重，累积的结构性体制性矛盾日益凸显，保持经济长期高速增长的难度越来越大。要破解这些难题，增强经济发展动力和活力，必须加快构建以绿色化、工业化、信息化、集约化和社会化为特征，工业化与信息化深度融合的现代产业体系，将经济发展转变到更加注重质量效益、结构优化、全面协调可持续发展的方式上来。

2. 是建筑产业创新发展、实现建筑产业现代化的需要

建筑产业一直都以实现现代化为发展的总体目标。现代化的进程首先体现为科技不断进步、产业结构不断升级、产业层次和产业链水平不断提升的产业发展过程。建筑产业现代化是以信息化技术为手段，以建筑工业化为核心，通过与工业化与信息化的深度融合，对建筑的全产业链进行更新、改造和升级，并实现现代建筑产业的要素资源达到合理配置与优化，产业链协同高效，从而全面提升建筑工程的质量、效率和效益。因此，构建现代建筑产业体系有助于实现建筑产业创新发展，进而实现建筑产业现代化。

3. 是把握发展规律、顺应建筑产业发展新趋势的现实需要

随着经济全球化的深入发展，不同国家、区域和城市竞相把推进产业结构优化升级、提升产业层次和产业链水平、抢占产业发展制高点作为增强核心竞争力的战略着力点。针对国际国内形势的深刻变化，国家明确提出了发展现代产业体系的战略部署，出台了一系列加快产业结构调整的政策措施。面对新形势新任务，只有牢牢把握经济转型和产业发展规律，用足用活各项政策，加快构建现代建筑产业体系，推进产业结构优化升级，才

能走向世界、由建筑大国成为建筑强国，才能在国际国内市场竞争中赢得主动权。

4. 是提升建筑产业核心竞争力、增强企业发展动力的战略选择

现代建筑产业体系的建设水平，是体现整个建筑产业的基础能力和综合实力的重要标志。目前建筑产业基础薄弱、大而不强，缺乏核心竞争能力，企业同质化竞争严重，要从根本上解决这些问题，必须要树立革命的精神，有改革创新的勇气，真正摆脱传统路径的依赖，重新构建现代建筑产业体系。从发展理念、组织内涵、产业结构、建造方式、体制机制以及核心能力等方面进行根本性变革，增强产业经济发展动力，筑牢产业基石。

4.4.2 现代建筑产业体系建设的指导思想

以科学发展观为指导，以推进供给侧结构性改革为主线，坚持大型产业集团引领、中小企业专业化配套支撑、产业集群协作化推进、经济区域协调化承载的发展战略，着力增强企业自主创新能力，完善体制机制保障，强化政策导向，优化发展环境，加快构建以先进建造技术为先导，以现代化管理为支撑，以信息化为手段，以建筑工业化为发展方向的现代建筑产业体系。

1. 坚持市场导向

在构建现代建筑产业体系的过程中，政府的作用无疑是至关重要的。但是，在具体推进过程中政府不要试图替代市场发挥作用，因为对于哪些企业、技术或者模式更有广泛的前途，政府并不比市场有更好的判断。而应该是在重视市场激励的前提下，通过制定科学有效的产业政策，遵循产业发展规律，完善要素市场，加快构建多主体、多层次开放互动的市场机制，营造良好市场环境，充分发挥市场配置资源的基础性作用。

2. 坚持创新驱动

现代建筑产业体系建设的基础是技术与管理创新。虽然我国作为一个建筑产业大国已经具备了比较完善的技术与管理体系，但是与日本、美国、德国等发达国家相比，我国建造集成技术水平还相对落后，管理水平比较传统粗放，创新能力和活力不足，企业核心能力不强，整体上还没有达到世界先进水平。因此，实现建筑强国战略，必须要通过创新驱动、实现产业现代化，建立起先进的技术体系和高效的管理体系。必须要加快培育创新主体，优化创新环境，深化技术、管理和体制机制创新，推进原始创新、集成创新和引进消化吸收再创新，提升产业核心竞争力。

3. 坚持重点突破

要坚持大型产业集团引领、中小企业专业化配套支撑、产业集群协作化推进、经济区域协调化承载的发展战略。要重点选择并培育一批具有较好产业基础、产业链完善、发展潜能优越、带动效应突出的大型龙头企业，明确发展方向，加强规划引导和政策扶持，充分发挥政府协调服务和政策激励作用，促进龙头企业的跨越发展和率先突破，引领并带动广大中小企业主动向专业化分工转型升级，并成为推动现代建筑产业发展的重要支撑。

4. 坚持产业融合

进入新时代，建立在产业专业化分工、分散化运行基础上的产业间的合作、互动与融合日益深化。我们要积极推动建筑产业与相关联产业互动与融合，培育与关联产业融合发展的新业态、新模式。深化与相关产业的研发、设计、生产、流通、建造等环节的关联关系，加快新业态与模式创新，提升全产业链价值。要以各类开发区为重点，进一步优化产业布局，吸收、整合、集聚各种优势资源和要素，大力培育产业集群，推动产业链专业化集聚、上下游配套和高端化发展。

4.4.3　现代建筑产业体系建设的核心内容

现代建筑产业体系是在传统建筑产业长足发展的基础上，适应新时代发展方式转变、供给侧结构性改革、产业技术进步以及与之相关的社会经济关系一系列新变化、新特征和新要求所形成的更先进的建筑产业演化的整体性结构。为此，现代建筑产业体系建设应主要包括以下方面：

1. 现代建筑产业结构的优化升级

长期以来我国建筑产业发展中面临着诸多的结构性问题，包括与关联产业的关系结构、产业内部的企业间关系结构以及建筑产业结构协调发展问题。为了更好地构建现代建筑产业体系，可以在以下方面考虑如何做到产业结构的优化升级，比如建筑产业与制造业、建材业、服务业以及金融业之间如何做到相互服务和相互促进，供需关系达到平衡、顺畅，技术与产品衔接有序，专业分工合作、互动；建筑产业内部的组织结构、分工比例关系是否合理，在产业链上各企业间相互联系、供需关系协同高效；以及产业完整度、产业聚集水平、产业组织水平等。真正形成并实现大型产业集团引领、中小企业专业化配套支撑、产业集群协作化推进、经济区域协调化承载的发展战略的现代产业格局。

2. 现代建筑产业的要素协同

现代建筑产业是一个跨行业、跨部门的系统工程产业。产业链长、关联性企业多，生产环节复杂多变，区域经济条件的差异性带来的影响因素多。为此，必须深入研究建筑产业与其他产业及产业内部企业间的技术经济联系、供给与需求关系、资源的空间配置等方面问题。特别是从现代产业理论和产业发展实际出发，研究产业及产业内部的关联关系、产业链协同水平，寻求产业经济发展的客观规律，应用相应的现代建筑产业基础理论和科学方法，用于支撑和指导现代建筑产业体系建设。同时，现代建筑产业体系要求必须拥有数量庞大、质量优良、结构合理、配置有效的科技、金融、人才等优质要素，并且建立起要素之间的协同机制，优化要素配置，提升要素效率。

现代产业链体系是生产要素以最高效方式自由流动、资源最优化配置所形成的，从产业链角度看，我国建筑产业体系的突出问题包括：产业"碎片化"问题，产业链不完整，上下游合作不紧密，协同创新少，缺乏产业链的合作和整体布局等。为解决这些问题，切实需要构建链条完整的现代建筑产业体系，推动建筑业发展从主要依靠施工建造环节向研发设计、装配式建造、工程总承包等价值链高端环节延伸，不断增强产业链控制与主导能力。依托现有产业基础和优势资源要素，稳定具有比较优势的企业，建立公平竞争的市场环境和有效的市场机制，激发实体经济和要素发展活力，营造良好的实体经济发展环境。

3. 现代建筑产业的技术创新体系

通过创新引领，发展核心技术，实现价值链升级，是构建现代建筑产业体系的关键。长期以来，我国缺乏针对建筑产业技术创新发展的统一目标。由于多方面的原因，我国建筑产业技术创新资源长期存在多头管理的情况，产业内的创新资源往往涉及科技系统、行业系统等职能管理部门，由于各个部门利益倾向的不同，对创新活动的要求和导向也不同，故缺乏长期、统一的目标作为指引。产业技术创新体系的目标是形成技术能力，提高产业竞争力，技术是链条，产业是目的。因此，应当按照产业技术创新体系建设的目标和规律，有效协同整合分散、割裂的各种创新资源，形成创新资源的链接，改善创新环境，完善创新体系，提升创新能力，加快促进建筑产业发展方式由要素驱动、由外延增长向内涵发展转变。在信息技术进入大数据时代，未来我国建筑产业技术创新将会面临结构性技术变革的挑战、产业创新体系割裂、碎片化带来的挑战以及企业主体技术创新动力和能力不足的挑战。技术创新资源有效配置和创新效率的提升是解决我国未来建筑产业技术创新亟待解决的突出问题的最佳方法。只有人力资本雄厚、创新能力强大，才能通过自主创新来掌控产业核心技术，推动产品与服务的品质升级，实现产业链、价值链的高端化。

4. 现代建筑产业的企业管理创新

现代建筑产业的企业管理能力和水平是直接关系到现代建筑产业能否持续健康发展的关键，是企业技术创新发展的环境、动力和源泉，是在工程项目实施过程中的重要基础和保障，是保证工程建设的质量、效率和效益的关键。要以"四个协同管理"夯实现代建筑产业体系的要素基础。一是加快科技要素培育。改革现有科技体系，提高企业科研决策话语权，鼓励以企业为主体的专用体系创新，通过技术和管理的融合创新，进一步增强企业的核心能力。二是加快分工协作要素培育。支持大型建筑企业发展总承包管理模式，发挥引领作用构建产业链上下游协作互动的产业生态圈，鼓励中小建筑企业向专业化企业转型，促进各类生产要素优化配置、合理布局。三是加大教育和人才要素培育。厚植创新沃土，重点加强企业家人才、科技领军人才、产业技能人才等"三类人才"的教育和培养，吸引和培育一大批有经验和影响力的复合型创新、创业领军人才和团队投身建筑产业发展。四是构建要素协同管理机制。通过重塑全产业链一体化建造机制，破除制约要素流动的不合理障碍，优化要素配置，提升要素效率，增强人力资本提升与产业发展的协同性，形成建筑产业内部的高端要素协同发展的有效机制。通过"纵向拉通，横向融合，空间拓展"，达成资源的高效整合与配置，从而真正实现效率和效益提升的高质量发展。

5. 现代建筑产业信息化应用与发展

进入信息化时代，现代建筑产业的突出特点就是与信息化深度融合。当前，我国信息化技术前所未有的迅猛发展，不仅深刻影响了人们的生产和生活方式，而且对陈旧的经营观念、僵化的组织机制、粗放的管理模式等各个方面进行了冲击。信息时代的到来推动着各个领域的进步，建筑产业领域也不例外，工程管理为满足动态化信息的管理需要，必须加快改变传统化的管理模式，确保有效的信息技术与工程管理模式的有机结合，才能真正实现工程项目经济效益和社会效益的双向发展。信息化技术在建设领域的广泛应用不但改变着建筑业整个行业的体制机制，也改变着工程建造活动的技术体系、组织模式、管理手段和方法。建筑业正在经历一场建造方式的重大变革，信息化技术是推动这场革命的重要手段和主要力量之一。

6. 现代建筑产业发展水平的评价

现代建筑产业应建立科学合理的发展水平评价指标体系，系统地分析和评价现代建筑产业发展状况，是保证现代建筑产业全面、协调和高质量发展的有效手段。关于现代建筑产业评价，大到一个地区、整个国家发展水平评价，小到一个项目等级评价，都可以作为现代建筑产业评价的一部分。从宏观上讲，现代建筑产业发展水平评价是衡量一个地区甚至整个国家建筑业发展的重要体现；从微观上说，一个项目的发展水平也可以侧面衡量建筑业发展水平。现代建筑产业发展水平评价是一个宏观评价，同时发展水平评价又是一个复杂的大系统，且这一系统是由若干多元参量组成的，因而它的评价也是一个多目标的评价。同时，工业化建筑是现代建筑产业发展水平的具体体现，能够具体反映工程建造活动的能力和水平，也是衡量我国现代建筑产业发展水平的重要组成部分。为此，工业化建筑应作为现代建筑产业微观层面的评价对象。

7. 现代建筑产业政策及体制机制建设

产业政策是国家为了实现其经济发展目标，提出重点发展什么产业，限制什么产业，进行宏观经济管理，推进产业结构合理化、高度化、现代化所制定的一整套政策体系。建筑产业政策是住房城乡建设领域（部门）的产业政策，是针对建筑产业的发展战略目标，制定相应的一系列具体政策和措施；又是国家总产业政策的组成部分。其构成要素通常包括：政策对象、政策目标、政策手段与措施、政策实施机构，以及政策的决策程序与决策方式。根据产业经济学理论，产业政策的类型根据功能定位的不同，可分为产业组织政策、产业结构政策、产业布局政策和产业技术政策。

对于现代建筑产业体系建设的以上七个方面的具体内容，本书在后面的章节中将进一步深入阐述。

第 **5** 章

现代建筑产业技术创新体系

5.1 建筑产业技术创新发展现状

5.2 现代建筑产业技术体系构成与发展

5.3 现代建筑产业技术创新发展方向与路径

党的十九大报告中指出，创新是引领发展的第一动力，是建设现代化经济体系的战略支撑，要坚持实施创新驱动发展战略。科技创新具有乘数效应，不仅可以直接转化为现实生产力，而且可以通过科技的渗透作用放大各生产要素的生产力，提高社会整体生产力水平。实施创新驱动发展战略，可以全面提升我国现代建筑产业的经济增长质量和效益，有力推动建筑产业的经济发展方式转变。近年来，我国建筑产业的科技创新虽然取得了一些进步，在某些方面甚至处于领先水平，但各种现象表明，科技创新在我国大多数建筑企业中，并没有真正成为引领高质量发展的主要动力，其中，既有创新投入不足的因素，也有创新产出较低的因素。当前，新一轮科技革命方兴未艾，我国各行各业都在大力推进技术创新，提升科技创新对产业和企业发展质量的贡献率。我国建筑产业要抓住新科技革命带来的战略机遇，推动建筑产业实现高质量发展。必须要进一步完善创新激励体制，加大对基础研究的投入力度，提升建筑企业的自主创新主动性。健全科技成果的转化体系，积极推动以企业为主体的开放式协同创新。

5.1　建筑产业技术创新发展现状

5.1.1　建筑产业技术进步的发展历程

我国建筑产业的技术进步经历了 70 年的曲折而漫长的发展历程，从计划经济体制，到从计划向市场过渡，再到建立和完善社会主义市场经济体制，中国建筑产业技术进步和创新就是在这样的环境下不断发展和前行。就中国建筑产业技术进步的发展历程而言，根据不同历史时期的特点，可划分为以下五个阶段：一是起步探索阶段（1950—1955 年）；二是初步发展阶段（1956—1965 年）；三是发展停滞阶段（1966—1976 年）；四是快速发展阶段（1977—2006 年）；五是创新发展阶段（2006 年至今）。

1. 起步探索阶段（1950—1955 年）：通过向苏联学习，初步掌握建筑技术并具备基本建造能力

在这一阶段，我国百废待兴，处在经济恢复和国民经济的第一个五年计划时期。此阶段的工程建设突出表现为依附性和落后性。一方面中国工程建设的原材料和技术装备依赖于国外；另一方面中国的建筑设计和建造技术水平都很低。面对这样的一个现实，国家为了经济建设发展，首先是向苏联学习工业厂房设计和建造技术，大量的重工业厂房多数是采用预制装配建造技术进行建设，比如柱、梁、屋架和屋面都在建筑工地的附近进行预制，在现场用履带式起重机安装，并带动了我国建筑机械、材料和构配件的发展。同时，在这个阶段我国开始全面引入苏联设计标准，包括建筑设计、钢结构、木结构和钢筋混凝土结构设计规范全部译自俄文。国家级的设计院都聘有苏联专家，设计思维方法与国际接轨，标准化设计很快得到了应用。1949 年 8 月，我国成立了第一个大型国营建筑公司华北建筑公司，很快成为我国建筑技术进步的重要力量。1950 年中国与苏联正式签订了《中苏友好同盟互助条约》后，我国也派出了大批人员留学苏联，学习当时先进设计的方法和与世界接轨的建筑技术。1955 年，在北京东郊百子湾兴建了北京第一建筑构件厂，生产工艺参照苏联列宁格勒构件厂，机械化流水作业，主要产品为混凝土屋面板和空心楼板。从技术来源看，我国建筑技术主要是来源于苏联。特别在当时基本建设任务越来越大、技术要求越来越高的情况下，发展建筑业已成必然。1952 年成立了建筑工程部，行使统管全国建筑业和承担国家重点工程建设两项职能，标志着中国建筑业的新开端。对于中国建筑业的技术进步来说，这一阶段的突出特点是形成观念、学习技术、引进装备、培养人才，为我国基本完整的建筑业体系的建立奠定了基础。

2. 初步发展阶段（1956—1965 年）：初步具备自主发展能力，建筑技术体系基本形成

这一阶段，在苏联专家的影响下，由建筑工程部组织起草，并以国务院的名义于 1956 年 5 月 8 日，发布了《关于加强和发展建筑工业的决定》，这是中国最早提出的关于建筑工业化的文件，标志着中国建筑工业化进程的开始。但是，在 1960 年中苏关系出现了变化，苏联撤走了全部在华专家，撕毁了合同，对我国建筑业造成了一定影响。但是，经过前期对苏联建筑技术持续的学习与实践，中国建筑业已经具备了初步的自我发展能力。中华人民共和国成立十周年大庆，首都十大献礼工程成为对中国建筑业技术进步的一次大阅兵，中国人民大会堂、中国革命博物馆和历史博物馆、军事博物馆、农业展览馆、民族文化宫、北京工人体育场、北京火车站、民族饭店、华侨大厦、钓鱼台国宾馆，全部由中国人自行设计与建造。在短短的十个月时间里，创造了建筑业的奇迹，也通过举国体制对建筑技术体系和建造技术进行了梳理完善，并进一步加强了对建筑设计和建造技术水平的能力提升的重要性认识。

这一时期在人才培养方面也取得了很大进展，早期派出西方国家的留学生陆续回国，成为建筑行业发展的带头人，很多高等院校也都加强了相关研究与人才培养，清华大学、同济大学、哈尔滨工业大学、重庆建工学院等学校为行业的发展培养了一大批技术人才。在建筑技术与产品方面，民用建筑的砌体结构技术、单层工业厂房的排架结构技术，以及相配套的各种建筑材料、门窗、构配件、建筑砌块等得到了较快的发展，随着技术水平的不断完善，我国的建筑业开始逐步从手工作业向机械施工作业的转变，初步具备了机械化、半机械化的施工技术与设备的基础和条件。这一阶段建筑业技术进步的突出特点主要是：初步具备自主发展能力，建筑技术体系基本建立，大规模的工程建造技术和建造能力基本掌握。

3. 发展停滞阶段（1966—1976 年）：陷入曲折的发展阶段，建筑技术进步停滞不前

此阶段，我国经济发展停滞不前，城镇化步伐大大放缓甚至倒退。11 年间城镇化水平不升反降，从 1966 年的 17.86% 降到了 1976 年的 17.44%。建筑业从业人员占全社会劳动者的比重由 1957 年的 3.1% 减少为 1966 年的 2.0%。同时一些建筑设计、科研和大专院校等单位纷纷被撤销。虽然在单层工业厂房建造技术以及预制混凝土构件生产、标准图集等方面有所进步。但是，建筑业的整体技术发展与管理陷入瘫痪状态，建筑业生产力受到严重破坏，劳动生产率大幅度下降，工程事故之多为历年以来罕见，建筑技术进步基本上处于停滞不前的状态。

4. 快速发展阶段（1977—2005 年）：新技术、新产品、新工艺和新设备不断涌现，初步建立科技研发推广体系和运行机制

党的十一届三中全会后，中国确立了改革和开放两项基本国策。一系列有关科学技术发展重大部署的政策文件发布，为我国建筑业的科技改革和技术进步带来了无限活力。随着城市基础设施建设和住宅建设需求量不断加大，也促使我国建筑工作者深刻认识到，我国的建筑业发展仍处在较低的水平，迫切需要加大理论研究与新技术新材料开发应用，才能尽快改变我国建筑业的落后局面。随后全国划分了抗震烈度区，颁布了新的建筑抗震设计规范，修订了建筑设计规范、建筑施工规范，同时也促使现浇混凝土建筑得到了更快的发展。

1978 年，国家建委明确指出"用大工业生产方式来建造工业民用建筑"，提出了以"三化一改"（建筑设计标准化、构件生产工厂化、施工机械化和墙体改革）为重点来发展建筑工业化。由此，民用建筑墙体改革得到较大发展，并形成各种建筑体系，建筑工业化进入了新的发展时期。特别是北京市在短短 10 年内建设了 2000 多万平方米的装配式大板房，装配式结构在民用建筑领域掀起了一次工业化的高潮，实现了生产工艺的机械化、半自动化。但由于技术标准发展没有跟上新的抗震规范发展，加之国家工业基础相对薄弱，材料性能不足导致房屋在保温隔热、隔声防水等性能方面存在严重缺陷等原因，装配式混凝土大板住宅建筑被淘汰出局。尽管大板建筑不能称之为一次成功的探索，但是为建筑技术进步积累了宝贵的经验。

中国建筑技术发展的另外一条主线就是现浇混凝土技术的广泛应用。20 世纪 80 年代初，北京率先将现浇混凝土技术引入国内，随后高效减水剂、混凝土泵送技术的出现，以及商品混凝土站预拌生产、运输的快速发展，成套机械化施工技术日臻完善，使现浇混凝土的大规模应用成为可能。由于现浇混凝土工艺设备简单、一次投资少、便于推广、技术经济效果好、

结构整体性、抗震性好、施工速度快，工程质量好等特点，使其成为符合当时我国国情的建筑工程建造技术发展的主流。在这一时期，建筑技术发展的重点也逐步转向了施工、生产专业化和社会化，主要表现在：商品混凝土生产已经成为独立行业，装饰装修企业已具有相当的生产能力，机械租赁经营业务发展加快，建筑防水专业公司队伍不断扩大，模板脚手架的专业租赁和承包业务有较快的发展，高层建筑机械化施工有很大突破，构配件与制品生产能力不断提高，钢制、塑料门窗生产企业像雨后春笋般的遍布各地，建筑标准化得到进一步完善。2002 年国家颁布了行业标准《高层建筑混凝土结构技术规程》JGJ 3，多层混凝土框架结构、框架剪力墙结构、高层剪力墙结构以及钢结构技术得到了广泛应用。

进入 20 世纪 90 年代末期，随着我国房地产业成为支柱产业，公共建筑和住宅建筑的建设量越来越大，国家对建筑节能环保以及建筑功能和质量的给予高度重视，并出台了一系列政策措施，为建筑技术发展指明了方向。1995 年，国家科委和建设部设立了"2000 年小康型城乡城镇住宅科技产业工程"研究项目；1996 年，建设部出台了《住宅产业现代化试点工作大纲》；1999 年，国务院出台了《关于推进住宅产业现代化提高住宅质量的若干意见》，明确了建筑产业现代化发展目标、主要任务和措施。

5. 创新发展阶段（2006 年至今）：技术研发与创新能力快速提升，建筑工业化技术体系得到创新和发展

2006 年 1 月全国科技大会召开，会议明确提出用 15 年时间把我国建成创新型国家的战略目标。由此，我国建筑产业的科技研发与创新活力明显增强，建筑科研机构和科技队伍不断发展壮大。但是，随着社会及经济环境的飞速变化，原有建造方式和生产组织方式的弊端与矛盾日益凸显：大量的劳动力需求与人口红利消失的矛盾；低质低效的生产与高品质、高效率的矛盾；大量的建筑需求与有限资源供应的矛盾；较大的环境污染、能耗与绿色环保、可持续发展的矛盾等。迫切需要转型升级，转变发展方式，实现建造方式和组织方式的变革。

我国的建筑企业和科技工作者首先从建造方式上进行了思考，并寻求突破。2006 年，建设部出台了《国家住宅产业化基地试行办法》，全国先后批准了 50 多个企业设立国家级产业化基地，为我国建筑技术进步发挥了引领和示范作用，为建筑技术创新发展奠定坚实的基础。2010 年 8 月，住房和城乡建设部产业化促进中心在哈尔滨市组织召开"第一届建筑工业化生产方式暨预制装配式混凝土结构技术现场交流会"，国内从事技术研究、开发、生产和施工的专家和企业近 600 人参加，广泛交流预制装配式混凝土结构技术应用的经验和存在的问题，本次现场交流会开启了我国新时期建筑工业化发展的新篇章。2011 年，沈阳市获住房城乡建设部正式批准为国家现代建筑产业化试点城市，同年 6 月在合肥市又成功举办了"第二届建筑新型工业化生产方式与产业化技术交流大会"，全国业界代表近千人参加了会议，会议反响热烈、影响深远。

这一时期的技术创新与发展的突出特点是：突破了以往政府主导的模式，企业成为需求与科技创新的主体。包括万科、黑龙江宇辉、长沙远大、南京大地、中南建设、合肥宝业、杭萧钢构、山东万斯达等一大批企业，开展了全方位、多角度的研究，形成了预制装配式混凝土结构技术、钢结构建筑体系，以及钢筋套筒灌浆连接、浆锚连接等关键技术；预制叠合剪力墙结构、预应力结构、装配式装修技术、机电设备管线分离技术等多维度的技术与管理成果。

另一个显著特点就是产学研相结合，全面学习借鉴先进国家经验，对日本、美国、德国、澳大利亚等国家的技术进行了系统研究，结合各国不同的技术特点，通过引进和消化吸收，首次形成了具有中国特色的装配式混凝土结构、钢结构等技术体系。后经各方的共同努力，结合新技术、新工艺、新材料的发展，编制并颁布了《装配式混凝土结构技术规程》JGJ 1、《工业化建筑评价标准》GB/T 51129 等一批技术标准、规范，奠定了装配式建筑发展的技术和标准理论基础。

在此基础上，国家也给予了高度重视，从政策措施、体制机制上进行了顶层设计，出台了一系列纲领性的文件。2016 年 2 月，《中共中央 国务院关于进一步加强城市规划建设管理工作的若干意见》中，明确提出"大力发展装配式建筑，加大政策支持力度，力争用 10 年左右时间，使装配式建筑占新建建筑的比例达到 30%"。这是在建筑业发展史上，首次以中共中央的文件提出大力发展装配式建筑的要求，并具有划时代的意义。之后，为了进一步贯彻落实中共中央文件要求，2016 年 9 月，国务院出台了《关于大力发展装配式建筑的指导意见》；2017 年，国务院出台了《关于促进建筑业持续健康发展的意见》，住房城乡建设部出台了《"十三五"装配式建筑行动方案》《建筑业发展"十三五"规划》等一系列发展要求。

在这一阶段，我国建筑产业的发展真正体现了"创新、协调、绿色、开放、共享"的发展理念，不仅系统地开展了技术创新，而且更加强调产业思维、管理创新。通过产学研的紧密合作，大力加强关键技术开发与技术集成研究，加速了企业核心竞争力形成，促进了产业结构调整，推动了产业的技术进步与创新发展。

5.1.2 技术创新面临主要问题

70 年来，虽然，中国建筑产业技术进步得到了长足发展，已经初步建立了建筑产业的技术体系，形成了一定的技术创新能力。但是，依然存在产业大而不强、企业自主创新能力不足、缺乏核心技术、技术创新体系运行效率低等方面问题。

1. 企业核心技术亟待突破

核心技术是反映企业核心竞争力的关键要素，是保障产业以创新驱动发展的重要因素之一。由于我国建筑产业长期处于粗放式的经营发展，企业竞争力主要来源于要素低廉的成本优势，在经济由高速增长阶段向高质量发展阶段转变的背景下，我国建筑产业的企业核心技术薄弱的问题进一步凸显。整体来看，我国建筑产业具有技术水平偏低、集成技术和前沿技术薄弱、专业技术素质普遍偏低、企业研发创新动力不足等特点。长期以来，我国建筑产业面临的企业核心技术薄弱的困境，很大程度上在于对科技进步的重要性认识不足，多数企业认为建筑业不像制造业，属于劳动密集型产业，没有太多的技术含量，甚至认为企业不需要掌握核心技术，一些企业在面对涌现的新型建造方式的技术挑战时始终处于被动局面，在市场竞争中采用"临时抱佛脚"的方式应对，未能真正意识到企业核心技术是增强企业核心竞争力的关键所在。

2. 技术与管理双轮驱动亟待形成

建筑产业技术创新的突出特点，是其创新成果在很大程度上要转化为生产方式才能得以充分发挥。或者说，建筑产业的技术创新的重点是生产方式或建造方式的创新与发展。根据经济学理论，生产方式主要是由技术与管理两方面构成，两者缺一不可，有什么样的技术决定了什么样的管理，反之，管理又为技术成果的落地作保障。长期以来，我国建筑企业的技术与管理"两层皮"，技术是技术、管理是管理，技术与管理脱节，技术研究缺乏与管理体系的融合，技术的研发缺乏对市场需求的研究，造成技术创新成果难以转化，技术成果和管理体系形成后被束之高阁。要解决企业管理和运行机制不适合技术发展和市场需求的问题，必须采用技术与管理双轮驱动的发展战略，并实现一体化建造方式。一体化建造是指技术与管理的一体化，是发展观的深刻变革，一体化建造方式具有工业制造的特征，需要建立以"建筑物"为最终产品的系统工程理念，用技术和管理一体化的思维和方法来建造房屋。一体化的建造过程是一个产品生产的系统流程，要通过建筑师对建造全过程的技术集成与管控，进而实现工程建造的标准化、工业化和高度组织化。毫无疑问，倡导技术与管理的一体化既是一场建造方式的大变革，也是生产方式的革新，更是实现我国建筑业转型和创新发展的必由之路。

3. 技术创新的协同性亟待提升

新一代数字、网络信息技术的加速应用，正在推动建筑产业的生产方式和竞争环境发生根本性的变化，建筑产业内部的行业和企业之间的界限日益模糊，与关联产业之间的融合趋势越发明显。在这种日趋动态的环境中，传统的技术创新模式和路径已经难以适应新型建造方式变革和市场竞争强度，无法满足产业链协同高效的要求。对于我国建筑产业而言，在提升技术创新程度并不断加强技术创新投入的基础上，应充分认识到技术创新绝不是孤立的企业活动，而是一项需要方方面面共同配合、协同推进的系统工程。一直以来，我国建筑产业的产业链协同水平不高，产业"碎片化"严重，造成各研发主体之间协同配合不足。例如，建筑主体结构技术体系与建筑部品技术体系的研发，都在不同的企业主体内部进行循环，相互之间缺乏系统性研究、缺乏必要的接口技术与工法，难以形成完整的建筑系统。要解决这一问题，一方面要提高各类创新主体直接的协同能力，提高各主体之间的协同意愿，要以需求引导科研，在科研开发的各环节建立起多方参与的机制；另一方面，新一代信息网络技术的加速应用，意味着可用于技术创新的资源范围得到了极大的扩展，能够为企业等创新主体提高信息与技术资源的来源，已不再仅仅局限于专业研究机构所提供的资源。

4. 知识产权保护制度亟待完善

研发投入是提升创新能力的原动力，知识产权通过激励、保护机制，直接刺激研发投入，从而促进创新能力的提升。创新成果具有一定的公共性和非排他性，创新企业如果不能从创新活动中获得足够的收益，其创新的积极性就会降低。知识产权保护制度的核心作用在于降低企业的创新成果被他人或政府掠夺的风险，能够激励企业从长期利益最大化的角度制定经营策略，提升企业自身的创新能力。由于建筑产业属于劳动密集型产业，与制造业相比技术含量不高，技术难以相对固定和保护，技术易于复制和模仿，加之，从业人员专利意识又相对淡薄，另外，技术研究成果被市场接受过程的时间较长，往往经过多年努力推广才能被广泛应用。特别是，如果企业以拥有知识产权的新技术去编制行业标准，首先就要承诺放弃本技术相关专利，以此造成专利的专有性和创新性与标准的公益性和成熟性的矛盾，进而也影响了整个建筑企业的创新活力和动力。

5.1.3 技术创新面临的挑战

1. 结构性技术变革的挑战

目前在我国各级政府的大力推动下，以装配式建筑为驱动力的建造方式变革呈现出蓬勃的发展态势，由传统建造方式向新型工业化建造方式转变，已经成为新时代建筑产业发展的必然选择。当前，信息技术已经进入物联网、大数据、人工智能时代，以信息化为特点的建造方式变革开启了现代建筑产业的新征程，因此，以信息化带动建筑工业化，以建筑工业化促进信息化，建筑工业化与信息化融合并同步发展既是中国现代建筑产业的一个重要特征，也是重大的战略选择。

建筑产业的结构性技术变革时代已经到来，新技术、新工艺、新材料和新的建造方式，以及信息化技术的应用和推广步伐正在加快。从建筑工业化技术体系的选择到技术的系统集成应用、从研究探索到工程实践，一场围绕建筑工业化发展的新技术应用与推广的竞赛已经展开，这就是当前技术变革的显著特点。如果说前些年的重点还是对技术方向的探索和研究，那么现在已经在进入应用和推广的新阶段。一些装配式建造技术上的障碍正在不断地得到突破，新技术应用的建造成本也在不断降低，市场接受程度也越来越高。另外，需要强调的是，这些技术变革带有革命性的、根本性的和全局性的特点，不仅包括了建筑材料、建筑设计、建造技术与施工工法的变革，还包括营销模式、组织方式、商业模式的变革，甚至会带来体制机制、招标投标制度、审查验收制度的变革。这就不得不让我们来思考中国现代建筑产业未来技术创新的方向、组织管理模式的变革等一系列问题。

2. 产业技术创新体系割裂的挑战

技术创新资源有效配置和创新运行效率的提升是未来中国建筑产业技术创新亟待解决的突出问题。建筑产业技术创新本身具有集成性、系统性和实践性特点，创新过程具有不确定性、累积性和集体性。因此，很多技术创新成果并不能被"计划"和"规划"出来。技术创新需要根据工程项目的生产实际提出系统解决方案，需要企业、研究机构和高校之间持续互动，需要企业和市场之间的良性互动，需要基础研究、工程应用研究、产业开发研究和技术产品商业化之间的紧密互动。当前，中国建筑产业技术创新体系存在"五重割裂"，即存在建筑产业与关联产业之间的割裂，也存在大学、研究机构和企业主体之间的割裂，还存在大企业与中小企业之间在专业化协同创新上的割裂，更存在产业链上各技术、生产环节之间的割裂，尤其存在技术研发与成果转化的割裂。建筑产业技术创新体系在这些方面的割裂直接影响企业技术创新运行效率的提升。因此，需要从技术创新的内在规律出发，从产业链协同高效的角度，加强建筑产业技术创新体系的"系统性"建设。

3. 企业主体技术创新动力和能力不足的挑战

长期以来，中国建筑产业的技术创新主要由政府主导，政府通过行政力量和科研经费的激励推动各科研院所、高校和企业的科研活动的开展，而企业作为建筑产业生产主体主要承担生产职能，在创新体系中的创新功能相对较弱。就中国建筑产业的竞争力而言，仍主要集中在较低的劳动力成本、市场低价中标以及大规模施工建造能力等方面，技术创新并没有成为建筑产业竞争力的主要来源。另外，大多数建筑企业始终认为房屋建造与制造业相比科技含量不高，科技投入时间长、产出效率低，科技研发项目涉及面广、不确定因素多，企业技术创新的资金和人才短缺。加之政策方向的不确定性，缺乏对技术创新活动的长期、持续、有效的支持。因此，这些问题直接导致企业的技术创新活力和动力不足。总体而言，无论是中国建筑产业的企业技术创新动力，还是表现出的技术创新能力都相对不足，这将为未来现代建筑产业技术创新体系的建设带来挑战。

5.2 现代建筑产业技术体系构成与发展

5.2.1 建筑技术体系构成

对于建筑技术体系的构成，按照系统工程理论，可将建筑看作一个由若干子系统"集成"的复杂"系统"，主要包括主体结构系统、外围护系统、内装修系统、机电设备系统四大系统，如图 5-1 所示。其中：

1. 主体结构系统

主体结构系统按照建筑材料的不同，可分为混凝土结构、钢结构、木结构和各种组合结构。其中，混凝土结构是建筑中应用量最大、涉及建筑类型最多的结构体系，包括框架结构体系、剪力墙结构体系、框架 - 现浇剪力墙（核心筒）结构体系等。

2. 外围护系统

外围护系统由屋面系统、外墙系统、外门窗系统等组成。其中，外墙系统按照材料与构造的不同，可分为幕墙类、外墙挂板类、组合钢（木）骨架类等多种装配式外墙围护系统。

3. 内装修系统

内装修系统主要由楼地面系统、隔墙系统、吊顶系统、厨房系统、卫浴系统、收纳系统、门窗系统和管线系统 8 个子系统组成。

4. 机电设备系统

机电设备系统包括给水排水系统、暖通空调系统、强电系统、弱电系统、消防系统和其他系统等。

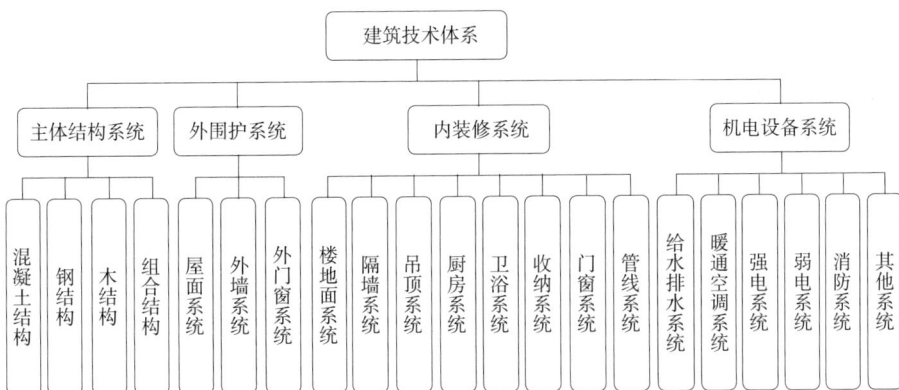

图 5-1　建筑技术体系构成与分类框图

5.2.2 建筑技术体系的创新发展

1. 装配式建造技术

近年来，发展装配式建筑受到了国家和地方政府的高度重视，出台了一系列政策发展要求，并得到了稳步持续健康发展。发展装配式建筑是建造方式的重大变革，装配式建造技术与传统建造技术相比具有一定的先进性、科学性，并集中体现为标准化、一体化、工业化的建造方式。从建筑主体结构系统看，主要包括装配式混凝土结构、装配式钢结构、木结构和各种组合结构技术，以及预应力结构技术、超高层减隔震技术等；从建筑部品和装饰装修层面看，主要包括了由工厂生产各种类型的建筑部品、部件，再移到现场进行装配施工的技术与产品；从机电设备系统看，主要包括了建筑所需的各种设备、管线和零配件在现场装配而成的成套技术与产品。

（1）装配式混凝土结构。装配式混凝土结构指由预制混凝土构件通过各种可靠的连接方式装配而成的混凝土结构，包括装配整体式混凝土结构和全装配混凝土结构。其中，装配整体式混凝土结构是由预制混凝土构件通过后浇混凝土、水泥基灌浆料等可靠连接方式形成整体的装配式结构，而全装配混凝土结构是由预制混凝土构件通过连接部件、螺栓等方式装配而成的混凝土结构。作为混凝土结构的一种，装配式混凝土结构的建造工艺有别于现浇混凝土结构，但对其设计仍需满足现行国家标准《混凝土结构设计规范》GB 50010 的基本要求，此外，尚需注意采取有效措施加强结构的整体性，并确保连接节点和接缝构造可靠、受力明确，且结构的整体计算模型应根据连接节点和接缝的构造方式及性能确定。由于我国属于多地震国家，对螺栓、焊接等"干式"连接节点的研究尚不充分，对于高层建筑的应用以装配整体式混凝土结构为主，包括装配整体式混凝土框架结构、装配整体式混凝土剪力墙结构、装配整体式框架 - 现浇剪力墙结构和装配整体式框架 - 现浇筒体结构等结构类型。装配整体式混凝土结构的可靠性、耐久性和整体性等性能要求等同现浇混凝土结构，也称为"等同现浇"的设计方法，如图 5-2 所示。

图 5-2　装配式混凝土结构现场施工

（2）装配式钢结构建筑。装配式钢结构建筑是指建筑的结构系统由钢构件、部品通过可靠的连接方式装配而成的建筑。装配式钢结构建筑具有安全、高效、绿色、环保、可重复利用的优势，尤其是具有良好的抗震性能、施工安装速度快、建造质量好、施工精度高、布局灵活、使用率高等特点和优势。装配式钢结构建筑主要应用于工业建筑和民用建筑。装配式钢结构体系主要根据建筑功能、建筑高度以及抗震设防烈度等分为以下结构体系类型：钢框架结构、钢框架 - 支撑结构、钢框架 - 延性墙板结构、筒体结构、巨型结构、交错桁架结构、门式钢架结构、低层冷弯薄壁型钢结构等。

装配式钢结构建筑是一个系统工程，由钢结构系统、外围护系统、设备与管线系统、内装系统四大系统组成，是将预制部品部件通过模数协调、模块组合、接口连接、节点构造和施工工法等集成装配而成的，在工地高效、可靠装配并做到主体结构、建筑围护、机电装修一体化的建筑。装配式钢结构建筑应以完整的建筑产品为研究对象，以系统集成为方法，体现加工和装配需要的标准化设计；以工厂精益化生产为主的部品部件；以装配和干式工法为主的工地现场；以提升建筑工程质量安全水平、提高劳动生产效率、节约资源能源、减少施工污染和建筑的可持续发展为目标；以基于 BIM技术的全链条信息化管理，实现设计、生产、施工、装修、运维的一体化。

图 5-3　装配式钢结构现场施工

钢结构建筑性能优越，工厂加工制作，现场装配施工，是适合我国装配式建筑发展的结构技术体系，如图 5-3 所示。

（3）现代木结构建筑。木结构是人类文明史上最早的建筑形式之一，这种结构形式以优良的性能和美学价值被广泛推广应用。我国木结构历史可以追溯到 3500 年前，其产生、发展、变化贯穿整个古代建筑的发展过程，也是我国古代建筑成就的主要代表。最早的木框架结构体系采用卯榫连接梁柱的形式，到唐代逐渐成熟，并在明清时期进一步发展出统一标准，如《清工部工程做法则例》。1949 年之后，因木结构具有突出的就地取材、易于加工优势，在当时砖木结构占有相当大的比重。20 世纪五六十年代，我国实行计划经济，提出节约木材的方针政策，国外经济封锁又导致木材无法进口，这对木结构建筑发展产生了很大束缚。中国加入 WTO 后，与国外木结构建筑领域的技术交流和商贸活动迅速增加。1999 年，我国成立木结构规范专家组，开始全面修订《木结构设计规范》GBJ 5。近年来，随着人们生活水平的提高，崇尚自然、注重健康、提倡环保的消费观念越来越被认同，木结构得到了前所未有的青睐。尤其是，目前在国家发展装配式建筑的推动下，木结构作为典型的装配式建造结构，得到了大力推广和应用。木结构的旺盛需求，促生了很多专业的木结构企业，我国木结构逐步走上了产业化的道路，经过将近 20 年的发展，已初具规模，图 5-4 为国内现代木结构建筑。

图 5-4　国内现代木结构建筑

目前日本、芬兰、瑞典、美国、加拿大等发达国家都普遍采用现代木结构住宅建筑。日本在新建住宅中，木结构住宅所占居住建筑比例基本达45%左右；在北欧的芬兰、瑞典木结构住宅所占居住建筑比例达80%左右；美国、加拿大木结构住宅所占比例达75%左右，尤其是高档别墅建筑几乎全部采用木结构。从日本木结构住宅类型来看，梁柱式木结构仍占绝对比例，既吸收了传统木结构的精髓，也有自己独特的风格和个性。在这些国家的木结构建筑产业中，各种新型材料、现代技术得到了广泛应用，木结构建筑体系已相对成熟，除了建造一些新颖别致的木质别墅外，还向公共建筑、多层和高层混合结构建筑方向发展。加拿大的木材工业是国家支柱产业之一，其木结构住宅的工业化、标准化和配套安装技术非常成熟。当然，这些国家的优势是他们大都属于木材的生产量超过使用量的国家。但是，近年来为了应对全球气候变化，减少建筑能耗与碳排放，中国开始发展建筑用材林基地，并且已经找到了解决现代建筑用木材的途径。

2. 系统集成技术

所谓系统集成技术，就是在建筑技术体系中，通过对纵向的持续深化、横向的不断整合，为建筑工程的建造活动提供一个技术标准匹配、技术接口完整、技术施工合理、技术协同高效的解决方案，并体现为技术上具有先进性、实现上具有可行性、使用上具有灵活性、发展上具有可扩展性、经济上具有合理性，能达到技术系统的整体性能最优的集成技术。技术类型主要包括：预制装配式结构技术，提高主体结构安全性和经济性；建筑结构减、隔震技术，提高建筑抗震的安全性和经济性；预制外墙板采用结构、保温、装饰系统集成技术，满足结构、防渗、保温、装饰要求；内隔墙采用墙体、管线、装修系统集成技术，满足隔声、敷设、装饰要求；机电设备管线采用系统集成技术，满足管线集中布置，管线及点位预留、预埋设计到位，管线系统安装方便的要求，见图 5-5。

系统集成技术主要基于系统工程理论，采用系统集成的设计理念与方法。必须要建立一体化、工业化的系统方法，通过总体技术策划，采用信息化手段和标准化设计，建立建筑部品、单元的标准化和模数模块及统一的技术接口和规则，并充分考虑生产、施工的合理性、可行性和经济性，进而实现各专业技术系统之间在不同阶段的协同、融合、集成。

图 5-5 机电设备管线集成示意图

3. 装配式装修技术

装配式装修技术是指采用干式工法，将工厂生产的装修部品部件、设备和管线等在现场进行组合安装的一种装修技术。装配式装修技术综合考虑了结构系统、外围护系统、设备与管线系统等，将其进行一体化设计。在居住建筑中，装配式装修技术的部品系统包括装配式楼地面子系统、装配式隔墙子系统、装配式吊顶子系统、集成厨房子系统、集成卫生间子系统、集成内门窗子系统，共同围合成居住建筑室内空间六个面。室内设备和管线系统包括给水子系统、排水子系统、采暖子系统、通风子系统、空调子系统、电气子系统和智能子系统。装配式装修的部品系统与设备和管线系统融合在一起，两者不可缺失，共同构建了室内空间并满足了使用功能。装配式装修技术主要包含以下三个关键要素和方法：

（1）管线与结构分离。采用管线与结构分离，一方面可以保证使用过程中维修、改造、更新、优化的可能性和方便性，有利于建筑功能空间的重新划分和内装部品的维护、改造、更换，另一方面可以避免破坏主体结构，可以更好地保持主体结构的安全性，延长建筑使用寿命。

（2）干式工法施工。干式工法施工的装修方式与现场湿法作业的装修方式的区别主要在于，采用标准化部品部件进行现场组装，能够减少用水作业，保持施工现场整洁，可以规避湿法作业带来的开裂、空鼓、脱落的质量通病。同时干式工法施工不受冬季施工影响，也可以减少不必要的施工技术间歇，工序之间搭接紧凑，可提高工效、缩短工期。

（3）部品部件工厂化定制。装配式装修都是定制生产，按照不同地点、不同空间、不同风格、不同功能、不同规格的需求定制，装配现场一般不再进行裁切或焊接等二次加工。通过工厂化生产，减少原材料的浪费，让部品部件实现标准化与批量化，降低制造成本。

装配式装修技术从部品供给侧着手，将工业化部品、信息化过程与绿色化装配进行有机融合，成为引领一体化装修建造方式改革的重要发展方向。装配式装修与装配式结构的无缝结合，最大程度上实现了绿色施工，有利于节能减排、提高建筑质量和品质，促进产业转型升级。采用装配式装修技术施工的建筑室内装饰装修效果如图 5-6 所示。

图 5-6 建筑室内装饰装修效果

4. 建筑信息技术

近年来，物联网、大数据、云计算、人工智能等信息化技术得到了快速发展，也极大地促进了现代建筑产业的发展，对建筑产业科技进步产生了重大影响，已成为建筑产业实现技术升级、生产方式转变和管理模式变革的有效手段。尤其是基于 BIM 信息技术的应用，保证了建筑产业链的各参与方之间在各阶段、各环节的信息渠道的畅通，为现代建筑产业发展带来新的飞跃。随着信息化技术的深入发展，仅仅基于 BIM 信息模型技术的应用，已经不能完全适用建筑产业的企业信息化管理要求。从全国的信息化应用情况看，建筑产业的企业信息化程度已经远远落后于整个社会的信息化水平。但是，如何评估当前我国建筑产业的信息化应用程度和水平，目前还没有一个统一的评价标准。根据有关资料和调研分析，将企业信息化技术应用水平大体划分为四个层级：

（1）工具性应用阶段。可以称为"信息化 1.0"。这一阶段主要是以岗位服务的通用信息技术、计算机辅助办公、专业工具软件产品为主，目前建筑产业已经基本得到了普及和广泛应用。

（2）系统性应用阶段。可以称为"信息化 2.0"。此阶段主要是企业局部的、专业部门业务管理系统的应用，如 OA 信息化办公系统、财务信息系统、PKPM 设计系统、基于 BIM 信息模型技术的应用等。目前各信息系统与管理模块的融合较为成熟，应用越发广泛，已经在零散的软硬件应用基础上实现了特定模块的集成，显著提高了企业管理水平。

（3）集成性应用阶段。可以称为"信息化 3.0"。此阶段主要是将企业内部和外部的各信息系统进行系统集成，形成企业大数据下的软件集成管理平台，将信息技术与企业管理逻辑深度融合，并通过信息互联技术实现企业各系统数据贯通，从而达到产业链之间的系统集成和协同高效。目前，行业内仅有极少数优秀企业能够基本达到企业级信息集成应用水平。企业管理信息化集成平台如图 5-7 所示。

（4）互联性应用阶段。可以称为"信息化 4.0"。这是信息化发展的方向，是"互联网 +"的真正内涵所在，也是进入大数据时代的重要标志。目前，少数优秀的大企业集团在"互联网 +"的鼓舞下，已经开始组织专门力量与 IT 产业的专业公司联合研究，积极探索，寻求突破性发展。

客观地讲，目前极少数建筑企业还处在工具性应用阶段，甚至还有一些企业信息化才刚刚起步。多数企业正处于系统性应用阶段，也就是处在"信息化 2.0"阶段。但是，企业级集成应用已经成为众多优秀企业追求的目标。因为，大家越来越认识到，互联网时代企业只有尽快消除各种信息孤岛，实现企业上下的互联互通，实现内部运营管理的信息共享，才能提升企业运营管理效率，才能实现与社会信息的共享，才能跟上信息化社会发展的步伐。

要想实现信息共享，就必须花大力气攻克信息化集成应用这个堡垒。而要达到企业级集成应用的目标，首先要明确我们需要什么样的信息化，或者说，我们需要信息互联技术帮我们解决企业运营管理的什么问题；需要一个什么样的信息化顶层设计；如何按照企业实际选择适合的工程建设管理模式；以及选择什么样的建设路径才能达到信息化适用、实用、好用的目标。

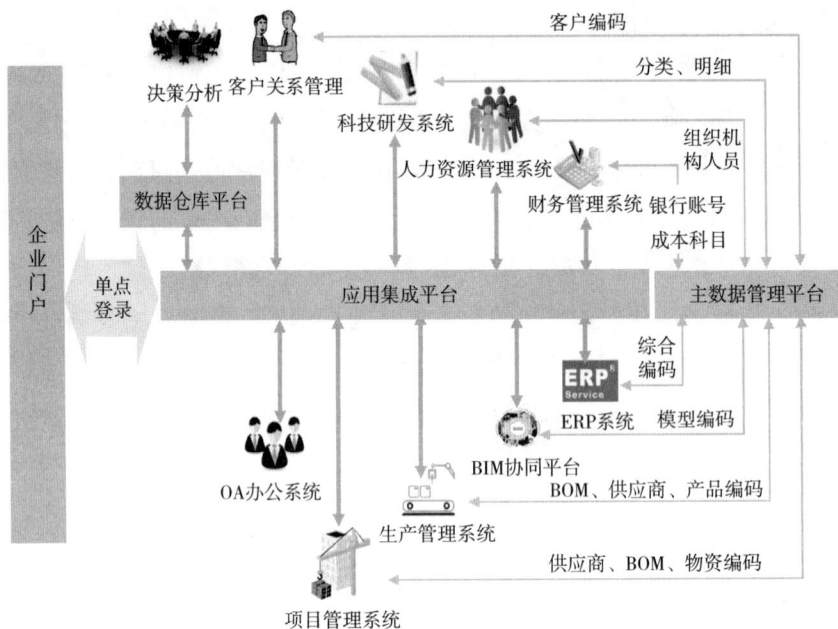

图 5-7 企业管理信息化集成平台示意图

5.3 现代建筑产业技术创新发展方向与路径

5.3.1 技术创新的基本方向

改革开放 40 多年来，我国建筑产业技术随着国内外环境变化得到了不断进步，目前已逐步进入自主集成创新发展的新阶段。从技术进步来看，就某些单项技术而言，在一定程度上已经超过发达国家的技术水平。比如超高层建筑的建造技术、大型钢结构建筑技术以及桥梁、隧道等市政工程技术等。但是，我们也应清醒地看到，我国针对房屋建设的系统集成技术还远远地落后于欧、美、日等发达国家。目前技术发展方向迫切需要明确，系统集成技术亟待突破，技术与管理一体化亟需进一步提升。

1. 要坚持新型建筑工业化的发展方向

回顾我国建筑业各历史阶段的发展状况可以表明，当我国倡导并推动建筑工业化的时候，建筑业的整体技术进步就发展得较快，当我们不抓建筑工业化的时期，虽然各个生产要素都有一些发展和加强，但各生产要素之间缺乏围绕一个共同目标的协同创新，建筑业的整体技术进步就受到一定的影响。建筑工业化是建筑产业技术创新的系统性、方向性问题，提出并坚持这一发展方向，更加有助于统一政府、科研、设计、生产、施工等各方面以及关联产业的认识，有利于明确目标、协调行动。

近年来，我国以装配式建筑为驱动力的新型建筑工业化得到快速推进，新型建造方式不断涌现。但是，我们必须清醒地看到，与国际先进的工业化建造技术以及工业化程度和水平相比还存在很大差距。因此，我国建筑产业在相当长的一段时间内，必须要坚持建筑工业化的这个方向，尤其是进入新时代，必须要引导企业走新型建筑工业化道路，实现建筑产业现代化，这是新时代社会生产力发展的必然结果。从这个意义上讲，无论提不提建筑工业化，各国建筑业迟早都会走上建筑工业化道路。我国目前正处在一个高质量发展的新阶段，实现建筑产业强国的目标，是我国迈向社会主义现代化强国的客观需要，因此我们必须做出有意识地积极发展新型建筑工业化的选择。

2. 要坚持一体化建造的发展方向

一体化建造的本质是一种关于建造方式的方法论，该方法论是主要针对传统、粗放的建造方式提出的，包括生产组织模式、设计技术及方法、建造技术、专业协同、信息技术和集成技术等，涵盖了建造全过程全方位、系统最优化的解决方法。通过一体化建造方法可以解决建筑、结构、机电、装修专业的设计不协同；设计、生产、施工脱节；开发建设碎片化；管理机制条块分割；建造活动的责权利不明等问题。因此，一体化建造是建筑业向高质量发展的现实要求。

一体化建造是以"建筑物"为最终产品，建立的工程建造全过程、全方位、全系统最优化的建造方法。覆盖并适用于与工程建造活动有关的若干概念。

从建造环节来看，包括建筑设计、产品采购、加工制造、现场施工和竣工交付运营等部分；从专业分工来看，包括建筑、结构、机电、内装、造价等专业；从生产关系来看，包括业主、投资者、顾问咨询、承建商、监管部门等。从广义上理解一体化建造，应该包括房屋建造全过程的所有内容和要素。从狭义上理解一体化建造，主要围绕从委托设计到竣工交付的建造全过程的专业分工合作及建造环节的协调配合问题。一体化建造与传统建造方式相比实现了房屋建造方式的创新和变革，全面提高了建筑工程的质量、安全、效率和效益。一体化建造与传统建造方式之间的区别如表 5-1 所示。

一体化建造与传统建造方式之间的区别

表 5-1

内容	一体化建造方式	传统建造方式
设计阶段	信息化技术协同设计 设计贯穿施工全过程	设计专业协同性差 设计与施工相脱节
施工阶段	设计、生产、施工一体化 各工序之间专业化分工协作	项目以施工分包为主 各工序之间难以协同
装修阶段	项目一次装修到位 装修与主体结构一体化设计、施工	项目采用二次装修 装修与主体工程脱节
验收阶段	全过程质量控制	分部、分项抽检验收
管理阶段	以工程总承包管理为主 强调项目的整体效率效益最大化	分包管理、以包代管 追求项目参与方的各自效率效益

3. 要坚持信息化带动建筑产业化的发展方向

党的十八大报告中明确提出，"坚持走中国特色新型工业化、信息化、城镇化、农业现代化道路，推动信息化与工业化深度融合、工业化和城镇化良性互动、城镇化和农业现代化相互协调，促进工业化、信息化、城镇化、农业现代化同步发展"。党的十八大报告中对两化融合提出的新目标，在近年来，极大地促进了我国各产业的信息化与工业化在更大的范围、更细的行业、更广的领域、更高的层次、更深的应用方面实现彼此交融。在我国信息技术高速发展的新时代，建筑产业的创新发展也必然要与信息技术深度融合，以信息化带动建筑产业化，以建筑产业化促进信息化，建筑产业化与信息化融合且同步发展既是中国现代建筑产业的一个重要特征，也是重大的战略选择。

我国建筑产业与信息化的融合发展，应主要体现在：建筑设计阶段将会充分运用数字化设计技术；生产制作阶段将会充分运用智能化生产技术；施工建造阶段将会充分运用智慧化施工技术，实现建造活动全过程的数字化、智能化和智慧化，从而全面提高工程建造的整体质量、效率和效益。

信息化带动建筑产业发展的另一个重要方面是企业管理的信息化。企业管理的信息化就是将企业的运营管理逻辑，通过管理与信息互联技术的深度融合，实现企业管理精细化，从而提高企业运营管理效率，进而提升社会生产力。信息化管理可以实现不同工作主体在不同时域下围绕同一工作目标，在同一信息平台下，信息及时沟通，保证信息的及时传递和信息对称，提高信息沟通效率和协同工作效率。企业管理信息化集成应用的关键在于"联"和"通"，联通的目的在于"用"。企业管理信息化集成应用就是把信息互联技术深度融合在企业管理的具体实践中，把企业管理的流程、技术、体系、制度、机制等规范固化到信息共享平台上，包括以技术体系为核心的信息化管理技术、以成本管理为主线的信息化管理系统、以满足企业多层级管理的高效运营和有效管控平台，以及上下产业链条的互联互通等，从而实现全企业、多层级高效运营、有效管控的管理需求。

5.3.2 技术创新发展的路径

1. 国内外技术创新路径对比分析

国外的经验表明，建筑工业化与企业技术创新，主要有两个重要的发展途径：一是以企业为主体，发展以定型的主体结构技术体系为核心的工业化建筑体系，即通常所说的"企业专用体系"；二是以社会化大生产为依托，广泛发展通用于不同建筑类型的建筑构配件、部件、部品的专业化、社会化的生产，即通常所说的"通用体系"。其发展路径主要是：通过积极发展企业专用体系，并随着专用体系的不断完善和大量的工程实践，再逐步走向社会化通用体系的过程，两者既相互依存、又共同发展。

目前国外大型建筑企业始终没有停止对企业专用体系的研究与探索，长期致力于完善并深化企业专用体系，取得了显著的效果。比如日本排行前10的大型企业及美国、德国等大型建筑企业都具有企业专用体系，并形成了企业自身的核心竞争优势。与国外企业相反的是，国内大型建筑企业普遍将工作重点放在了更适合作为评价指标的专利、工法、标准、著作等显性知识上，反而忽视了对于企业具有重要价值的专有技术的开发、积累、使用与集成。加之许多企业法律意识不强，缺乏保护意识，尚未建立有效专业的专有技术评估体系，也没有对技术专有化给予充分的重视，造成企业技术成果大量流失，无法形成自己的核心技术和专有技术，更谈不上建立企业专用体系，导致在市场竞争中始终处于被动地位。由于国内大型建筑企业不重视企业专用体系的构建，进而导致了企业缺乏核心技术、核心能力不强、利润水平不高、同质化竞争严重。

长期以来，我国建筑产业的技术创新发展的政策导向主要是以发展社会化通用体系为主，基本上是以政府为主导，组织社会科技力量集中针对某些关键技术开展有关的科技研发，编制国家及行业标准、技术导则、图集等通用技术体系。如何运用技术创新和集成应用＋管理模式，共同构建全方位、多层次的企业专用体系，打造企业的核心竞争优势，最大限度地保证企业创新运行效率，进而形成良性循环，保持持久的创新引领能力，是当前建筑业技术创新发展面临的重大课题。借鉴国外先进经验，根据我国建筑产业的发展实际，以及建筑企业的技术创新能力和水平等特点，未来我国建筑产业的技术创新发展路径应当是：大力发展企业专用体系，逐步走向社会化通用体系。

2. 积极鼓励并大力发展企业专用体系

（1）企业专用体系的概念

企业专用体系是指以企业核心技术与管理模式为基本内核，将生产活动的要素资源与能力的系统集合，并形成适合企业自身特有的设计、生产、施工、运营与管理体系，具有企业的核心竞争力，如图 5-8 所示。

企业专用体系是企业特质所在，具有价值性、系统性、不可替代性和不可复制性，是其他企业难以模仿的，是形成企业差异化竞争优势的基础和源泉。企业专用体系往往自身是多项相关技术或管理方法的集合体，具有可带动其他环节或组织其他生产要素占据某一领域、某一行业的竞争优势，以及赢得较高市场份额和超额利润的核心能力。

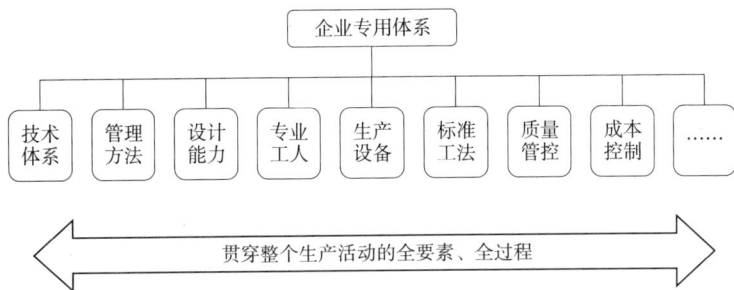

图 5-8 企业专用体系

（2）发展企业专用体系的必要性

1）通过鼓励发展企业专用体系，可以利用企业自身的资源优势以及工程项目的实践，使技术研发成果得到有效转化，并培育出成熟适用的集成技术体系。

2）发展企业专用体系可以实现企业掌握的技术与管理深度融合，解决技术与管理"两层皮"以及企业管理和运行机制不适合技术发展和市场需求的问题，提高企业自身的可持续发展的能力。

3）发展企业专用体系可以较大幅度提升企业的核心能力，这种核心能力不仅表现在设计、生产、施工以及核心业务上，更重要的是体现在经营理念、技术创新、组织内涵等各方面。

4）发展企业专用体系是企业做大做强、可持续发展的必然选择，是大型建筑企业筑牢基础必须要补齐的"短板"，也是建筑企业实现高质量发展不可跨越的发展阶段。

5）发展企业专用体系是走向社会化通用体系的必经之路。社会化通用体系的形成和发展，主要来源于企业的专用体系。通过大型建筑企业不断研发完善企业专用体系，使技术、管理及各生产要素在工程实践中逐步走向协同高效、经济适用、成熟可靠，并得到业界广泛推广应用，进而形成了社会化通用体系。

（3）企业专用体系的形成与发展

企业专用体系的形成与发展，必须要重点解决好以下四个方面的问题：

1）提高认识，明确方向。首先政府主管部门要提高认识，不仅要发展社会化通用体系，而且要把工作引导重心尽快转移到发展企业专用体系上来，实现两手抓，两手都要硬。要以企业为主体，大力发展企业专用体系，并制定积极的鼓励政策和措施。

2）转变观念，协同配合。要树立以"建筑物"为最终产品的经营理念，将工程项目作为系统工程，一方面要加强纵向的科研、设计、生产、施工各环节之间的协调配合；另一方面要加强横向的建材、部品生产等关联产业和企业之间的协调配合。

3）加强管理，双轮驱动。发展企业专用体系，必须要从企业组织管理入手，没有健全高效的企业组织管理体系，就无法形成企业的专用体系，两者缺一不可、相辅相成，相互配合、共融共生。

4）高度重视、苦练内功。发展企业专用体系是一个长期的复杂的系统工程，需要各方面高度重视、通力协作。尤其对于企业来说是一次生产方式的重大变革，涉及企业的方方面面，必须具有革命的精神和勇气，破除清规戒律，筑牢企业基石，打通产业链、价值链和信息链，才能真正掌握企业专用体系，形成企业核心竞争能力。

3. 大力发展建筑系统集成技术

建筑系统集成技术，主要是指建筑、结构、机电、装修一体化的集成技术体系。建筑技术体系的构成，按照系统工程理论，可将建筑看作一个由若干子系统"集成"的复杂"系统"，主要包括主体结构系统、外围护系统、内装修系统、机电设备系统四大系统。采用建筑系统集成技术，首先要树立以"建筑物"为最终产品的理念,通过设计对主体结构系统、外围护系统、内装修系统、机电设备系统的总体技术进行优化,多专业协同,并按照一定的技术接口和协同原则,进而保证建筑设计、生产运输、施工装配、运营维护等各环节实现一体化建造。

建筑系统集成技术包含了技术系统的集成,也包含了管理的集约化,同时也包含了技术与管理协同和融合。充分体现了技术系统的协同性、建造过程的连续性、建造环节的集成化、工程管理的组织化。从技术系统集成的层面看,技术体系具有系统化、集成化的显著特征。从工程管理的层面看,不是一般意义上设计、采购、施工环节的简单叠加,也不是"大包大揽",而是与技术深度融合的创新性管理,具有独特的管理内涵:即在新的技术创新条件下,采用建筑系统集成技术,运用一体化的管理协调和整合能力,对市场资源进行掌握,以及对各专业分包企业进行管理,并且在技术、管理以及组织、协调等各方面形成密切配合、有序实施和高效运营的管理模式。

5.3.3 现代建筑产业技术创新能力提升的关键

我国要由建筑大国成为建筑强国,必须要提升技术创新能力。中国建筑企业的技术创新要解决的核心命题就是实现建筑产业发展从传统粗放式发展向工业化、集约化方向转变,从比较优势向竞争优势转变。而实现这一转变的关键环节就是创新,是基于产业基础能力、产业链协同水平的创新,创新的着眼点在于建筑产业的集成技术能力、专业化素质和核心能力的持续培育和提升。要彻底跳出"有技术而无集成能力"的怪圈,摒弃不切产业发展实际的"浮躁概念",打破"重复"技术研发的恶性循环。

1. 实现核心技术领域突破

对于建筑产业的技术创新而言,存在两种形式的创新,一种是在既有技术体系轨道上的创新,另一种是在新技术体系轨道上的创新。从创新的空间和带动性上看,后者具有更大的创新空间和较强的产业带动作用。中国作为一个有着完整建筑产业体系的大国,要想实现"强国"的目标,并走在世界的前列，就必须加强在新技术体系轨道上的探索，加强在工程系统集成技术体系的突破。系统集成技术是企业的核心技术，表现在企业的设计能力、技术系统集成能力和组织管理的能力上，而不是单一技术本身，是未来建筑产业技术更新换代的重要基础，是企业技术创新能力的综合体现。

长期以来，我国建筑产业核心技术"突而不破"的困局，很大程度上在于创新逻辑的选择。我国大多数建筑企业长期坚持"单一技术"研发创新的发展思路，比如单一研发主体结构技术、墙板结构技术、外围护技术等，希望以单一核心技术的突破实现由点到面的带动作用，提升企业的技术与创新水平。仅仅从"单一技术"进行突破，一方面可能出现突破的速度跟不上建筑整体技术发展的速度；另一方面可能出现主体结构的技术环节突破了，但相配套连接的材料、部品环节跟不上，这必然会造成建筑工程的质量、品质和效率效益整体不高，"单一技术"突破的优势无法显现。因此，目光不能只集中在"单一技术"的突破，更要从建筑工程的全系统、全产业链的角度思考问题，构建创新体系和协同创新，促进核心技术突破的"生态系统"的形成。

2. 提升技术创新体系的协同性

在新一代信息网络技术快速发展的背景下，产业竞争模式正在改变，产业技术往往呈现链式和网络式形态，以创新为基础的产业竞争超过了单个企业的能力边界，越来越多地体现为技术标准和技术平台之间的竞争。共性技术平台缺失是我国建筑产业技术创新体系的一个重要缺陷。共性技术是企业专用技术的基础研究成果与产业技术创新之间的衔接环节，也是与关联产业之间相互协同创新的衔接纽带。由于共性技术具有公共特性，世界先进国家的通用做法是由政府主导或引导建立共性技术平台，推动共性技术的研发和成果转化，加强与关联产业的企业之间的互动交流。目前我国建筑产业尚未形成创新网络，更没有形成产业技术创新生态系统。因此，促进各类创新主体就位，形成创新网络，以核心技术和基础数据平台的进步带动生态系统建设将是技术创新工作的重要内容。

3. 实现技术创新与管理模式创新的有机结合

管理模式创新与技术创新的协同发展具有重要意义，两者的协同能够促进创新系统向更加有序的方向发展，提升创新的持续性。技术创新支撑并驱动管理模式创新的出现，拥有核心技术是管理模式创新的前提。管理模式创新则通过组织方式、资源优化配置、提高效率、降低成本，促进和保障新技术的转化应用，以及新的市场空间的开发。因此，提升企业的创新能力，不仅要从技术创新入手，还要加强管理模式创新，并将两者有机结合。

目前，我国建筑产业的企业管理模式创新能力存在三方面的不足。首先，对管理模式创新重视不足，传统管理模式的路径依赖性强，由于改革创新涉及多方利益调整，困难重重、难下决心。其次，管理模式创新与技术创新不平衡、相互割裂，缺乏有效的互动和结合。最后，我国针对建筑产业出台大量激励政策引导技术创新活动，但与管理模式创新相关的政策相对较少。为此，必须在政策层面上增加对管理模式创新的重视，以更多的优惠政策引导、鼓励企业进行管理模式创新，尤其要鼓励技术创新与管理模式创新的结合。

第 6 章

现代建筑产业的企业组织管理体系

6.1 企业组织结构理论

6.1.1 企业的概念

企业是最重要的市场主体，也是产业的主体。产业作为具有某类共同特性的企业群体，离不开企业的各种社会经济活动，企业是产业经济的微观基础，是推动现代产业经济增长的主要动力。企业要生存和发展，需要不断地适应政策和市场环境的变化，以满足政策和市场环境对企业组织管理体系提出的新要求。

1. 企业的含义

现代汉语中"企业"一词来源于日语。是在戊戌变法之后，由日语被引进到现代汉语。企业一般是指通过组织和运用各种生产要素，向市场提供商品或服务，追求营利的经济组织。

2. 企业的地位

企业作为社会生产力发展到一定程度时专业化分工的产物，属于历史范畴。随着生产力的不断提高，社会分工的不断深化，企业的内涵、组织形式、组织手段和内容不断发生变化，在社会经济中的地位不断得到提升，尤其是在产业经济中的地位不断巩固。企业在产业经济中的地位主要表现在以下三个方面：

（1）企业是分析和研究产业经济的源泉。按照产业经济学理论，企业是产业经济学的微观基础。产业作为具有某类共同特性的企业群或企业集合体，企业的类型和性质是产业分类的基础。企业与企业之间的关联方式是产业关联分析的核心。产业组织理论所讨论的实际上就是企业组织问题。产业组织理论中讨论的市场结构，实际上就是企业的形态所决定的市场结构，因此离开了企业去研究产业经济问题，实际上是空洞的，是无源之水、无米之炊。

（2）产业政策的最终落脚点是企业。政府出台的一系列实现产业结构优化升级的政策措施最终落脚点是企业。无论是支持类产业还是限制类产业，各项措施旨在影响企业进入和退出决策，改变企业规模和数量，改变企业的生产组织过程和劳动生产率。因此，从产业政策的作用对象、作用机制以及产业发展战略的具体载体来看，产业政策的最终落脚点还是组成这一产业的企业本身。

（3）产业竞争力实际上是企业竞争力的综合体现。产业竞争力作为企业竞争力的合力，虽然整体效应大于部分效应之和，但是产业竞争力的根本立足点在于企业竞争力。企业是创新的主体，是把科学技术变成现实生产力的载体，其竞争力的提升体现在资源配置效率和获利能力提升上，以及从劳动密集型再到技术和知识密集型的发展轨迹上。因此，企业组织能力、企业资源配置能力和企业创新能力表现为企业核心竞争力，最终以综合的形态表现为产业的竞争力。

3. 企业的作用

国民经济体系是由数以百万计的不同形式的企业组成的，企业作为国民经济与社会发展的细胞，不仅决定着市场经济的发展状况，而且决定着社会经济活动的生机和活力。因此，企业是最重要的市场主体，在社会经济中发挥着巨大作用。

（1）企业是社会财富的主要创造者。企业通过投入要素的合理配置来完成生产过程，也完成新价值的创造和财富的不断积累。企业在生产中不断创造新的价值，整个社会的收入都依赖于企业的生产活动。

（2）企业是推动生产力发展的关键力量。企业为了在日益激烈的市场竞争中求生存、谋发展，不断地采用新技术、新设备，扩大生产规模，努力降低成本、提高资源配置效率，由此推动了整个社会生产力不断向前发展。

（3）企业是推动社会进步的微观动力。企业在社会的经济活动中，通过生产和经营活动，在竞争中不断创造和实现社会财富。而且企业也是先进技术和先进生产工具的积极采用者和制造者，这在客观上推动了整个社会经济技术的进步。

6.1.2 企业组织结构的概念

1. 企业组织结构的含义

企业组织结构的形态是企业进行流程运转、部门设置及职能规划等最基本的结构依据，也是一种职权与职责的关系结构以及各部门的分工协作体系。组织架构的形成需要根据企业总体战略目标和定位，将企业管理要素配置在一定的方位上，并确定其活动条件和范围，形成相对稳定、科学的企业组织管理体系。

企业没有科学合理的组织架构将会是一盘散沙，组织架构不合理会严重阻碍企业的正常运作，甚至导致企业经营的失败。相反，适宜、高效的组织架构能够最大限度地释放企业的能量，使企业组织能够更好发挥协同效应，达到"1+1>2"的合理运营状态。

很多企业正承受着组织架构不合理所带来的损失与困惑：组织内部信息传导效率降低、失真严重；企业做出的决策低效甚至错误；组织部门设置臃肿；部门间责任划分不清，导致工作中互相推诿、互相掣肘；企业内耗严重等。要清除这些企业病，只有通过组织架构的不断优化来实现。

2. 传统企业组织形态

传统企业组织形态普遍采用的是建立在分工基础上的科层制模式，主要依靠法理进行统治的组织结构，并成为工业经济时代各类组织的"理想模式"。其形态具有封闭式、有边界、纵向化和层级化等特点。典型组织结构包括直线职能制、事业部制、矩阵制三种类型，也是大型企业通常采用的最基本的组织结构模式。

（1）直线职能制。直线职能制又称工厂制或生产区域制，是中国工业化初期为匹配计划经济体制而采取的一种企业形态，其特点是管理层级的集中控制，内部要素主要是根据职能进行划分。这种组织结构形式把企业管理机构和人员分为两类，一类是直线领导机构和人员，按命令统一原则对各级组织行使指挥权；另一类是职能机构和人员，按专业化原则，从事组织的各项职能管理工作。直线职能制的优点是：既保证了企业管理体系的集中统一，又可以在各级行政负责人的领导下，充分发挥各专业管理机构的作用。缺点是：职能部门之间的协作和配合性较差，职能部门的许多工作要直接向上层领导报告请示才能处理，这一方面加重了上层领导的工作负担；另一方面也造成办事效率低。

（2）事业部制。事业部制是一种高度（层）集权下的分权管理体制，内部要素主要是根据产品类别或地区进行划分的，通常也称为多部门结构，其企业形态如图 6-1 所示。事业部制采用的是分级管理、分级核算、自负盈亏的一种形式，产品的设计、原料采购、成本核算、产品制造、产品销售等均由事业部负责，实行单独核算，独立经营，公司总部只保留人事决策、预算控制和监督大权，并通过利润等指标对事业部进行控制。它适用于规模庞大、品种繁多、技术复杂的大型企业，是国外较大的联合公司通常采用的一种组织模式，我国制造业中的一些大型企业也引进了这种组织结构模式。

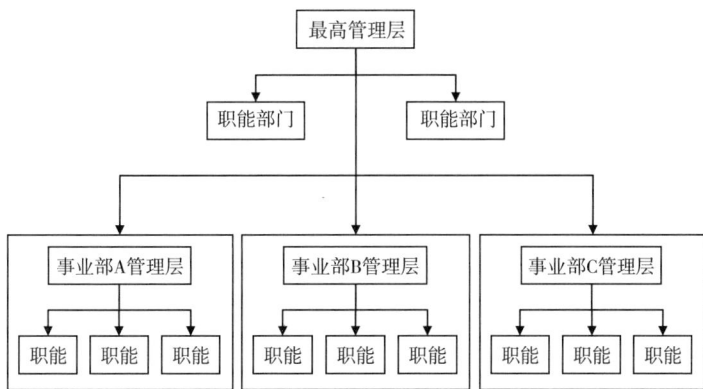

图 6-1　事业部制企业组织结构模式

（3）矩阵制。事业部制尝试通过适度分权来解决企业规模增加与企业创新效率降低之间的矛盾。与此同时，一方面，资源浪费、协调成本增加等问题，导致要素资源效率不高；另一方面，竞争日益激烈、需求日益复杂等问题,使独立设置分部的方式不再是应对市场需求变化的最佳方式。据此,企业在维持科层制的基础上探索出矩阵制企业形态,以实现企业对市场需求高柔性、高效率、低成本的响应。具体来说,在垂直组织系统的基础上增加一种横向领导系统,由此形成"项目小组 + 职能成员"的基本组织模式。每个项目小组成员均来自现有直线职能部门,他们既受直线职能部门的领导又受所在项目小组的领导;项目小组"即用即组,用完即散",保障了组织对市场的即时响应。矩阵制在利用既有资源能力的基础上实现了低成本响应,真正做到了突破企业内部纵向和横向边界,跨部门、同级化、系统性协作,其企业形态如图 6-2 所示。

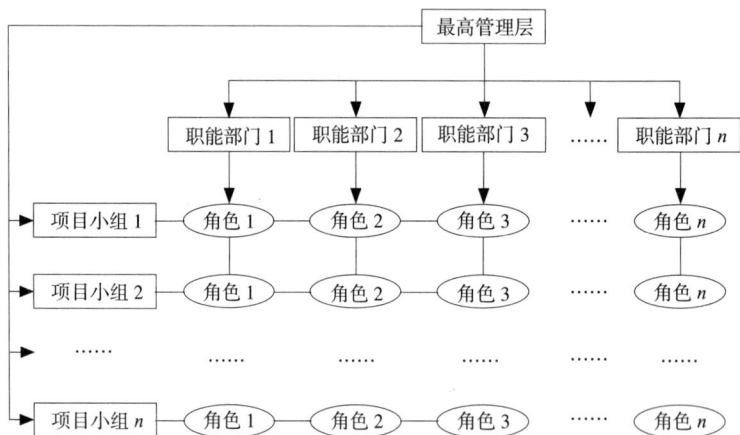

图 6-2   矩阵制企业组织结构模式

　　总体上来看,传统企业组织结构形态是工业经济时代背景下企业权衡内、外的资源配置方案成本后的经济性选择,其演进过程可以看作企业追求内部资源配置效率最大化的过程,这一组织形态在中华人民共和国成立以来成就了很多规模庞大、影响久远的企业。但是传统企业组织结构形态最大的局限性在于"就企业做企业",即发展依赖于"向内要资源""向内要成本""由内给利润"。为企业的长远发展,必须要跳出"就企业做企业"的思维方式,从"向内看思维"转向"向外看思维",调整资源配置方案,重构企业组织结构形态。

6.1.3　企业组织结构的设计

企业组织架构设计没有固定的模式，主要以"分工理论"为基础，并根据企业发展战略和定位以及生产技术特点及内外部条件而有所不同，其重点应体现在企业内部各职能部门的有效性、协同性以及效率上。组织结构的设计与优化应主要解决好以下四个基本结构：

1. 职能结构

一项业务的成功运作需要多项职能共同发挥作用，因此在组织架构设计时首先应该确定企业经营到底需要哪几个职能，然后确定各职能之间的比例与相互间的关系。

2. 层次结构

即企业内部的各管理层次的构成，也就是企业组织结构在纵向上需要设置几个管理层级。

3. 部门结构

即企业内部的各管理部门的构成，根据职能结构的划分，确定组织结构在横向上需要设置多少部门。

4. 职权结构

即各层次、各部门在权力和责任方面的分工及相互关系，也包括各方面的利益分配机制。

但是，基本组织结构最大的弊端就是缺乏企业内在的、有效的协调机制，这种弊端往往会影响企业内部的纵向一体化（沿产业链上各环节的业务布局）和横向一体化（与关联产业、同行业的企业联合）的形成与发展，甚至在某种程度上会起到一定的阻碍作用。因此，企业组织结构的设计，不仅存在着"基本结构"，也同时存在着"运行机制"，两者相互依存、密不可分。一个企业必须具有基本结构，但仅仅考虑基本结构是远远不够的，必须通过运行机制来强化基本结构以实现基本结构的设计意图，运行机制赋予企业基本结构以内容和活力。运行机制一般是指业务运营流程、报酬分配体系以及各种规范化的规章制度等。

近年来，随着技术进步和经济社会发展，企业越来越关注企业内部组织结构和组织行为的合理性、科学性，试图通过对组织结构的优化来提升企业的核心竞争力。有研究机构表明，企业竞争力和竞争优势的核心不是依赖于拥有特定的组织资源或能力，而是来源于组织内部的运行机制，它能够确保企业经营的不同方面得以协调、高效，企业可以被视为其构成各种要素相互依赖的系统，所有的要素都必须在市场中保持协调一致、系统集成、协同高效。正是这些要素复杂而模糊的互补关系及组织协同高效战略目标的能力，切实打造了企业自身难以让其他企业进行模仿的能力，进而形成了不可复制的企业组织竞争力的独特优势。

6.2　企业组织结构的发展

6.2.1　企业组织结构的发展趋势

企业的组织形态是随着时代的变化而变化，没有最佳的企业形态，只有时代的企业形态，企业形态与时代变化具有很强的契合性，这已是人们的一个基本共识。也就是说，企业唯有跟上时代的发展步伐，才能获得生存与发展。但是，当今时代，导致企业组织形态变革的根本因素是技术革命，技术发展是企业组织形态演变的根本动力。为使企业组织机构的发展适应新时代的需要，就必须随着新技术、新业态的发展而不断优化和完善组织机构，特别是进入信息化时代，随着信息互联网、大数据、5G 等信息技术的快速发展，企业横向界面、纵向界面和企业间界面的系统集成管理日益向虚拟化方向转变，企业组织结构模式也日益由以分工为主导思想的组织结构模式，演变为以系统集成为主导思想的组织结构模式。特别是随着互联网信息时代的来临，所产生技术革命的影响，使企业间相互融合、链条延伸、技术渗透不断加深，也由此形成产业发展的新业态、新模式、新路径。

为此，企业组织结构不断调适、优化和更新显得尤为重要。

据有关的研究机构表明，企业组织形态大体分为传统企业组织形态、新型企业组织形态（横向化、扁平化）、现代企业组织形态（平台化、模块化）和未来企业组织形态（生态化、个体化）四大演进阶段，它们分别对应于工业经济时代、信息经济时代、数字经济时代和智能经济时代。本书主要针对当前信息经济时代，对企业组织形态进行分析，认为其应具有以下方面的发展趋势：

1. 企业组织结构的扁平化趋势

传统组织结构由于强调高度分工，组织结构会越来越庞大，并向纵深方向发展，无论是直线职能制的集权层级型的组织，还是事业部制的分权层级型组织，都会随着企业不断扩张而逐渐形成"金字塔"形组织。但是，随着技术进步与社会发展，这种工业革命时期产生并发展起来的组织机构，已经不能适应新时代的企业发展的新要求，难以顺应科技革命、产业变革、消费升级的大趋势，其弊端也逐步突显出来，主要表现为：管理层次多，组织内部信息传导效率降低、失真严重；管理幅度小，企业做出的决策低效，甚至错误；组织部门设置臃肿，人员冗杂，企业办事效率低下；部门间责任划分不清，导致工作中互相推诿、互相掣肘，企业内耗严重等。为此，进入 20 世纪 90 年代，企业扁平化组织结构产生，并逐步得到完善和发展。

扁平化组织结构是指企业组织内部依据企业发展战略目标和定位，建立了以企业核心能力为中心、以生产需求为导向的横向价值链和产业链，并将企业生产要素的纵向关系和运营管理流程，通过企业信息化管理平台的新功能，系统集成为纵横交错的协调互通关系，打通了企业纵向各部门之间的障碍和壁垒，使信息数据在组织内有效传递，提高了企业的要素高效协同配置能力，从而形成了扁平化组织结构形式。

扁平化组织结构的主要特点是企业运用信息化技术手段，使纵横向管理层级的层次减少，管理幅度增大，有利于加强企业横向协调，消除企业内部由分工造成的各种信息孤岛，实现企业纵横向管理层级的互联互通、信息共享，充分调动基层组织和员工的积极性和主动性，使企业生产经营更具有灵活性和弹性。

2. 企业组织边界的虚拟化趋势

企业组织边界的虚拟化组织，是进入新时代，随着产业要素市场化配置深化改革，促进要素自主有序流动，提高要素配置效率，进一步激发全社会创造力和市场活力，推动经济发展质量变革、效率变革、动力变革等一系列产业变革所呈现的新生态、新经济、新模式。实际上也是产业与关联产业间、企业与企业内部间要素的深度融合与相互渗透，所形成的一种组织结构的边界日益模糊的经济现象。这种组织结构主要以核心能力为轴心，其组织结构自由地向外扩张和向内收敛，并使信息在组织内有效传递，组织内部结构的边界越来越相互渗透，从而消除其职能部门之间、层级之间的障碍，使组织更具有活力。

虚拟组织是一种新的组织形态，主要特点是将企业内分部分项工作通过合约承包给不同企业的专业公司完成，而企业总部主要职能是制定战略规划、开拓市场、组织协调，并运用信息技术手段宏观指导和管控生产活动的资源配置、进度安排、成本核算、质量安全和组织协调等。虚拟组织主要是以专业化分工合作为联系纽带，以生产一体化的协同高效为核心，结合管理层的集中控制与市场运营机制所形成的一个动态的社会化大生产的联合组织模式。比如建筑产业的大型工程总承包企业在承揽工程项目后，将企业核心要素集中管理，再将项目的分部分项工程交由各类专业分包商、部品供应商等来完成，而总承包企业则运用信息技术负责总体管控和组织协调，并由此形成一种具有信息化、一体化、专业化和社会化的虚拟组织结构。

总体而言，进入信息经济时代，产业互联网的虚拟空间的出现，打破了时空对信息传递的束缚，信息流通具备"零时间、零距离、零成本、无边界"的特征。对于生产者来说，传统企业组织形态发挥作用的前提条件在信息经济时代被完全颠覆，互联网正在用其底层技术重塑企业，交易成本优势十分明显，风险控制优势更加突出。由此可见，信息技术发展带来了传统企业的流程再造，其产生的新型企业组织结构形态，本质上是一种虚拟性组织。相对于传统企业组织形态，新型企业组织形态具有开放性、无边界、横向化、扁平化等特点，本质是在信息技术发展带来市场交易成本持续降低的趋势下，企业采用"市场为主"的资源配置方案，实现企业与生产融合发展。

6.2.2　企业组织结构的影响因素

企业组织形态变革的影响原因，大体概括为既受企业内部因素，如企业的生命周期、规模与范围、战略定位、核心能力及功能类型等自身特征的影响；又受企业外部因素，如技术变革和制度环境等的影响；是内部因素和外部因素共同作用的结果。

1. 企业环境的影响

企业要生存和发展，就必须不断地适应环境的变化、满足环境对组织提出的各种要求。因此，环境是决定管理者采取何种类型组织架构的一个关键因素。外部环境是指企业所处的行业特征、市场特点、材料供应、人力资源及政策环境等，对组织的职能结构、层次结构、部门结构以及职权结构都会产生影响。建筑企业属于劳动密集型企业，生产条件艰苦、人员流动性强、生产活动连续性差、资金依赖性大、人才短缺严重。为此，在这种环境复杂多变的条件下，组织设计就越要强调适应性，在结构上需维持一定程度的灵活与弹性，这样才能使企业更具应变的能力。

2. 企业战略的影响

企业的组织架构是其实现经营战略的主要工具，不同的战略要求不同的结构。一旦战略形成，组织架构应做出相应的调整，以适应战略实施的要求。企业实行多元化战略，意味着企业的经营内容涉及多方面业务，高度多元化的战略要求组织架构更加灵活。这就需要分权式的组织架构，这种结构是相对松散的，具有更多的不同步性和灵活性。而单一经营战略或企业推行低成本战略时，就要求组织架构降低运营成本并提高整体运作效率，这时企业可选择集权度较高的组织架构，如直线职能制，这样的组织架构通常具有更多的机械性。

3. 企业规模的影响

企业规模是影响企业组织设计的重要因素。企业的规模不同，其内部结构也存在明显的差异。随着企业规模的不断扩大，企业活动的内容日趋复杂，人数逐渐增多，专业分工不断细化，部门和职务的数量逐渐增加。这些都会直接导致组织架构复杂性的增加。企业规模越大，需要协调与决策的事物将会不断增加，管理幅度就会越大。但是，管理者的时间和精力是有限的。这一矛盾将促使企业增加管理层级并进行更多的分权。因此，企业规模的扩大将会使组织的层级结构、部门结构与职能结构都会发生相应的变化。

4. 业务特点的影响

一般情况下，企业业务种类越多，组织内部部门或岗位设置就要越多。企业的各个业务联系越紧密，组织机构设计越需要考虑部门及部门内部的业务之间的相互作用，越不能采用分散的组织机构。对于建筑企业而言，由于生产活动涉及面广、环节多、产业链长，企业内部存在多个不同专业和工种，企业外部涉及的关联产业、企业复杂多变，从而使建筑企业的生产活动的组织协调关系较为复杂，业务之间的技术与管理的系统性、关联度较高。一般而言，如果企业的业务之间联系非常紧密，或业务之间的关联度很高，那么组织各部门或岗位之间的联系就越多，部门或岗位的协调性就越强。在这种生产运营状况下，企业宜采用扁平化管理模式，强化组织的要素资源配置效率和协同管理能力。

5. 技术水平的影响

组织的活动需要利用一定的技术和反映一定技术水平的特殊手段来进行。技术以及技术设备的水平，不仅影响组织活动的效果和效率，还会作用于组织活动的内容划分、职务设置等方面。对于建筑企业而言，不像制造业那样必须通过技术的不断创新才能给企业带来高额利润，技术成为组织机构设置的主线。而建筑业各个企业的技术都差不多，易于复制模仿，企业的主要利润增长点不单纯在技术上，而更大程度在组织管理上，组织机构的设置应更多地考虑设计主导、协调配合、成本降低、效率提升等，并以这些因素作为组织机构设计的主线。

6. 信息化发展的影响

物联网＋、大数据、数字化等信息技术的普及和发展，将会使企业组织机构的存在基础产生巨大的变革，也必将成为现代建筑产业发展的重要基础和手段。信息技术的应用，将使企业的业务流程发生根本性的变化，还将改变企业经营所需的资源结构和人们之间劳动组合的关系，使得信息资源的重要性大大提升。组织架构的设计应该从原来庞大、复杂、刚性的状态中解脱出来，这样的组织更有利于信息的流动并趋于简化。因此，建筑企业采用信息技术和管理系统后，应及时调整其组织架构，转变企业组织方式、经营方式和业务流程，重新整合企业内、外资源，并采用扁平化的组织架构来适应信息物联网＋、大数据、数字化的融合与应用，进而减少组织层级和管理人员，提高协同管理效率，降低企业内部管理成本。

6.2.3 企业与社会关系的演进

中华人民共和国成立 70 年以来，我国实现了计划经济向社会主义市场经济的体制转轨。随着宏观层面经济体制改革的总体进程，以及微观层面国有企业改革和民营企业发展的历史进程，企业与社会的关系也发生了渐进性演变，据《2019 中国工业发展报告》显示，我国的企业与社会关系的演进过程大体分为五个阶段，主要内容摘要简述如下：

1. 计划经济体制时期（1949—1977 年）

这一时期，被称之为企社合一的"单位制社会"。单位制社会是指在当时的单一公有制经济体制下，国有企业成为经济社会中资源配置的唯一性组织载体，政府、国有企事业单位与社会形成统一体，即通过政府直接管理与国家政治权威下的国有单位（企业）完成资源配置，国家政府成为国民经济与社会中直接管理者、经营者与控制者，由此形成了传统意义上的单位制社会。

2. 改革开放探索时期（1978—1992 年）

这一时期，被称之为企业与社会初步分离的"小社会"。1978 年进入改革开放后，我国的国民经济进入了一个以计划经济为主、市场调节为辅的经济体制调整与改革期。在这一调整期，经济体制改革表现为打破传统单一的计划经济体制，通过引入适当的市场经济机制推进计划经济下企业与社会关系之间的初步分离，逐步开始由政府、市场与社会的统一体逐步实现政府与市场的二元分离。主要表现在政企分离、利改税、两权分离等一系列国有企业与管理制度改革措施上，这使政府与企业得到一定程度的分离。但是这一时期，国有企业依然存在较为普遍的企社不分的现象，在整个社会运转体制中仍然呈现"政府—单位—个人"的构架体系，并形成以单位为元点的"小社会"。

3. 市场体系形成时期（1993—2005 年）

这一时期，被称之为企业与社会隔离下的"脱耦体"。党的十四大召开后，我国进入了改革开放的深化期，逐步将探索时期的计划经济向市场经济的转轨的过程实现纵深推进。从企业与社会关系来看，随着国有企业的产权制度改革与民营企业的市场合法性地位得到确立，基于计划经济体制下的"单位制社会"逐步瓦解，企业与社会关系在制度重构的过程中彻底分离。这一时期无论是民营企业还是国有企业，企业与社会的关系都呈现"脱耦"状态，意味着企业与社会之间形成了弱关联关系，国有企业与社会之间联结变得简单、脆弱甚至缺失。

4. 现代企业制度建构时期（2006—2012 年）

这一时期，被称之为企业与社会的再嵌入下的"内嵌体"。2006 年新修订的《中华人民共和国公司法》正式实施，意味着国有企业也进步到一个新的发展阶段。国有企业的使命功能定位由独立竞争的经济组织转变为具有现代意义上的经济与社会功能兼备的复合性组织，并进一步成为解决企业市场失灵与弥补社会失灵的重要微观组织，具体体现为一方面推动国有资本向关系国家安全和国民经济命脉的重要行业和关键领域集中，进而推进国有企业在市场经济中弥补市场失灵的重要机器。另一方面，通过企业发挥社会功能解决社会失灵问题。从企业与社会的关系来看，通过企业社会责任制度化予以推进国有企业的社会责任，国有企业得以重新内嵌于社会性利益相关方网络与社会结构之中。

5. 新时代情景下（2013 年以来）

2013 年党的十八届三中全会开启了全面深化改革的历史进程，会议明确指出"经济体制改革是全面深化改革的重点，核心问题是处理好政府和市场的关系，使市场在资源配置中起决定性作用和更好发挥政府作用"，市场、政府与社会三者之间的关系由此得到进一步重塑。这一时期，从企业与社会关系来看，在国有企业分类改革的制度设计之下，其背后的逻辑在于国有企业尽管都是现代意义上的市场组织，但是基于社会逻辑与市场逻辑的异质性其使命具有差异，进而形成不同类型的混合组织。在基于混合型组织的国有企业分类改革背景下，国有企业与社会之间形成共生系统，意味着原有的国有企业与社会的"单位制合一体""脱耦分离体""嵌入影响体"转变为企业与社会的共同体组织，意味着企业与社会形成互惠共生、协同共演、动态调适、逻辑多元的共生共演关系。

6.3 建筑产业的企业组织结构与管理模式

6.3.1 我国大型建筑企业的传统组织结构模式

1. 大型建筑企业传统组织结构模式

近年来，我国建筑产业的大型企业规模不断扩大，已成为世界级的建筑航母，比如中国建筑、中国交建、中国电建、中国中铁、中国能建等大型建筑企业，采用的组织结构模式基本上大同小异。其基本组织模式都是由若干个区域二级集团公司横向联合组成的企业集团，在二级集团公司下设若干个子公司，子公司按照区域或专项业务发展设立分公司或事业部，分公司或事业部根据工程项目再设立项目经理部，即形成集团公司（总公司 / 股份公司）—二级集团公司—分公司—子公司—项目部五级管理层级，如图 6-3 所示。

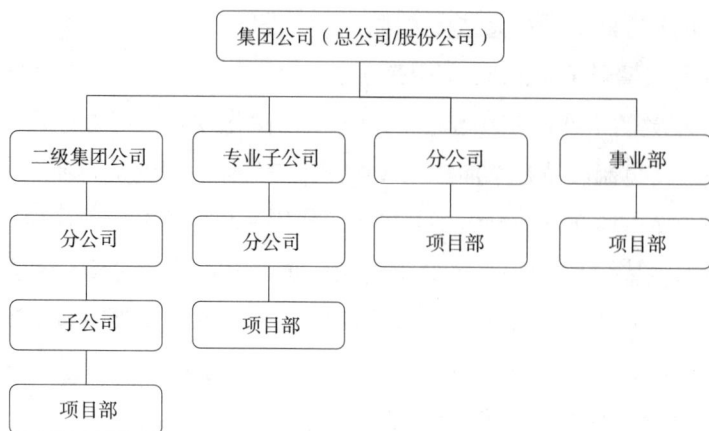

图 6-3 大型建筑企业纵向组织结构框图

我国大型建筑企业的组织结构的形成和发展有其一定的历史原因，由于这些企业均属于大型国有企业，基本上是中华人民共和国成立初期建立的组织，从计划经济到市场经济的过程中，不断调整组织机构的隶属关系、企业性质和组织架构以及合并重组等变化，由此导致企业形成过多的复杂交错的组织层级。这些企业的工作定位和运行管理机制主要是：集团公司（总公司／股份公司）主要是总体战略规划、国有资产管理、人力资源管控、品牌文化建设和组织协调以及各项方针政策的落实监督等，实际履行着行政和社会组织职能；二级集团公司主要是战略决策控制、品牌与文化维护、生产运营规范与监督等，一般不直接参与项目的市场开拓、承揽、运营和履约工作；分、子公司是一线的生产经营管理主体和项目实施责任主体；项目部则是具体工程项目的协调管理与施工作业的临时管理实施部门。从组织结构理论的角度看，它们基本上是标准的直线职能制组织结构模式。

2. 大型建筑企业传统组织结构模式的特点

综上所述，当前我国大型建筑企业主要采用的是直线职能制组织结构模式，除具有分工合作、高度集权和组织相对稳定的特点外，还呈现以下几个方面的特点：

（1）从组织结构的纵向层级看。组织被划分成五个层级，并形成自下而上的"金字塔"形。而且各分 / 子公司也有多个层级，各个层级所处的地位又不尽相同，表现为职能设置相互重叠的特征。

（2）从组织结构的横向关系看。各管理层被平行分为职能管理部门，分别负责专项职能业务，如图 6-4 所示。部门分工较细，各自独立运行，职责相对固定，表现为相对专业化管理特征。

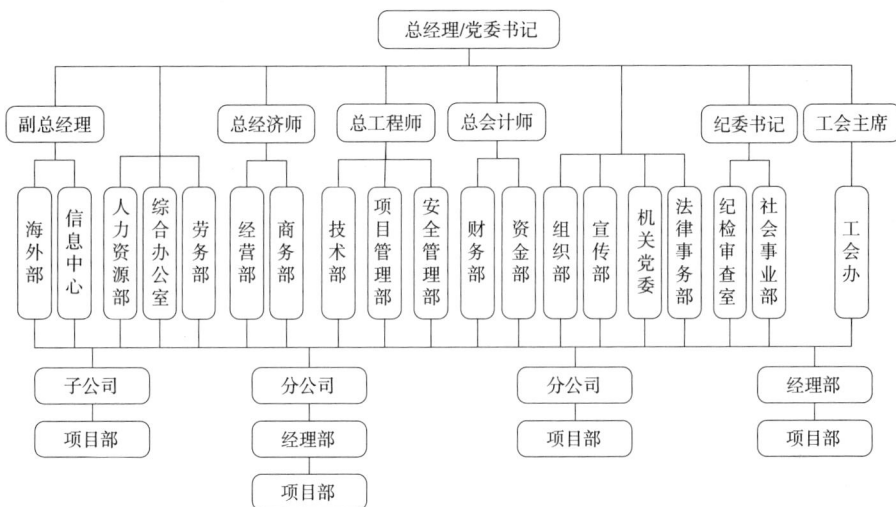

图 6-4　某大型建筑企业（横向）组织结构框图

（3）从各层级的职责定位看。各层级的职能部门业务重心下移，资源配置分散，部门间责任划分不清。比如分公司（独立法人）的职能主要以规范生产运营和决策监督为主，与一线生产作业分离，组织层级的职责表现为行政化特征。

（4）从运行机制的运营管理看。企业组织在运行机制上都设有大量的项目经理部，这些项目经理部有类似于分公司的管理模式，具有不同程度的人、财、物等管理权力，作为独立核算单位承揽和运营工程建设项目。企业总部的主要经济来源和创收指标，主要依靠大量增加项目经理部、提取一定比例的管理费获得，而不是依靠项目产生的效率、效益取得收益。

3. 大型建筑企业传统组织结构模式的问题

基于以上特点，不难看出目前我国大型建筑企业传统组织结构的典型形态可以概括为两种：一种是一些国有大企业，纵向层次过多，从子公司至最高层级达到4～5层或者更多，最上层主要是执行国有资产、发展战略管理职能和一些行政职能，实际履行着行政和社会组织职能。另一种有代表性的企业组织结构是公司设有大量的项目经理部，总部主要依靠增加项目经理部，提取管理费取得收益。两种组织形态都有同质化竞争、组织结构的纵向层级过多、业务职能重心下沉、资源配置分散、整体协同性不强、运营成本过高的问题。特别是在运行机制上最大的弊端就是缺乏企业内在的、有效的协调机制。问题主要表现在：

（1）组织结构的纵向层级过多。组织结构的层级过多必然会导致组织职能重复设置、要素资源浪费、工作程序繁杂、信息沟通不畅、决策系统迟缓。

（2）横向职能部门设置过细。企业横向职能部门的岗位设置过细必然会造成业务链、产业链以及生产经营活动的连续性和系统性被人为割裂，大大增加了沟通协调环节，行政成本较高，并使业务信息分散、办事效率低下、企业内耗加重。

（3）企业业务职能重心下移。业务职能重心下移表现为两种绝对形式：一是仅仅将生产业务的职能和任务向下移动，而将决策权力牢牢掌控；二是完全将人、财、物等管理权力交给项目经理部，收取一定比例的管理费，坐享其成。由此造成决策权与生产运营分离，形成决策者高高在上、生产经营者集中在下的相互割裂的生产运营管理格局。

（4）要素资源得不到充分发挥。由于组织层级过多、职能部门分散，特别是企业内部在同一区域形成众多公司，作业方式几乎相同却不能整合。从企业整体看，人才、物资、信息等资源分散，资源整合度低，个人能力、物资设备、信息数据以及创造性得不到充分发挥和融合互动。

（5）产业链上不能协同高效。由于企业内部的生产经营一体化程度低，各自为战，技术与管理脱节，设计与生产、施工脱节，核心竞争优势不集中，运作方式不灵活，难以形成系统集成的生产运营体系，进而造成了工程建造全过程的协同性不强、要素配置效率低下的问题，产业链上难以实现协同高效。

4. 大型建筑企业传统组织结构问题的根源分析

目前，我国大型建筑企业的组织形态基本上都是标准的直线职能制组织结构模式，存在组织结构纵向层级过多，横向职能部门设置过细、整体协同性不强、运营成本过高并具有同质化竞争的问题。其根源主要在于：

（1）历史形成的原因。这些大型国有企业，基本上是中华人民共和国成立初期建立的组织，在计划经济时期均属于政府组织序列，进入市场经济后，企业不断调整组织机构的隶属关系、公司性质和组织架构，特别是一些分 / 子公司主要由合并重组而来，先有分 / 子公司后有母公司。由此，导致企业形成了过多的复杂交错的组织层级。

由于过多的复杂的组织层级，过细的部门设置与专业分工，导致各级组织和员工把工作重心更多放在本层级和单一作业的效率提升上，往往忽视了整个组织的使命和目标。随着各组织层级之间、部门之间的利益分歧不断加深，必然促使局部利益和个体的短期利益凌驾于组织发展目标之上，从而弱化了整个组织的协同高效。

（2）制度基础的原因。我国目前的大型建筑企业组织结构是从前计划经济、资质准入政策加上市场机制共同作用的结果。从这些企业的组织结构中可以明显看到传统计划经济的影子，企业的类别等级结构可以从资质制度中找到根源，同时，企业运行机制也体现在不同企业的招标投标制度、盈利模式、用工制度、资质价值、工人队伍等方面，都以不同形式、不同程度地展现出从前计划经济时期的思维方式和方法。

在企业的运营管理中我们注意到一种普遍现象，随着企业的不断发展，企业的各种规章制度越来越厚、管理文件越来越多，但存在的问题却不见少，效率提升不见高。一个很重要的原因就是只注重规章制度、流程办法等形式的有无，而忽视了组织机构在运营管理效能和价值提升中所起的基础性和根本性作用。

（3）规模扩张的原因。由于企业规模的不断扩大，进而越发强调特定的管理层级的领导和监督，促使控制主张和等级制度占据了企业组织的主导地位，其特征主要表现为崇尚权力中心、追求"官本位"的等级制成为常态。当企业规模扩张带来了组织规模的扩大时，这种制度决定了必须要通过增加相应的管理层次，来保证有效的领导和监督，这必然造成管理层次增多，指挥系统延长，沟通成本增加，市场反应迟钝，从而阻碍了企业的创新发展。

（4）运行机制的原因。大型建筑企业在制度建设和运营管理中常常会出现"一管就死、一放就乱"的通病现象，这种通病的出现主要是管理者仅仅从制度层面寻求问题的解决办法，而忽视了组织架构和运行机制的系统性作用。其根本原因是静态的组织结构和动态的管控模式、职责分工、激励机制等在企业运行机制上已经不能完全适应企业的发展，组织系统已经出现了不匹配、不协调的问题。但是，由于机制上的改革会涉及各种利益的重新调整和分配，会影响企业短期的经营收入和创收指标的完成，甚至给企业内部带来一系列的变革和阵痛。因此，企业对于运行机制上出现的问题往往不敢正视、得过且过。为此，在企业组织结构和运行机制上的改革创新非常艰难，具有很强的路径依赖性。

6.3.2　国外大型建筑企业的组织结构模式

纵观国外大型工程公司的企业组织结构，从中可以看到，它们的组织结构基本上是采用事业部和区域总部的组织架构模式，通常称之为"大总部、小项目"的组织管理模式。其主要特点是不仅要考虑建筑工程的生产活动的间断性、生产地域的流动性，而且要充分考虑企业内部的协调互动、系统集成、成本控制，将资金、技术、设计、设备等各种要素的管理功能都集中到集团公司总部，较大的工程项目由总部直接谈判、签约、管理，使企业技术、管理、资金密集的优势得以充分发挥。

1. 欧美大型建筑企业的组织结构模式

一直以来，在国际工程总承包市场上主要是被欧美国家的建筑企业所占据，比如美国柏克德（Bechtel）公司、美国福陆（Fluor）公司、美国凯洛格（KBR）、德国豪赫蒂夫（Hochtief）公司、法国万喜（Vinci）公司、瑞典斯堪斯卡（Skanska）六家典型的大型国际工程公司，他们作为国际工程承包市场的领军力量，代表了国际工程总承包行业的最高水平。他们不仅拥有雄厚的资本实力、最具国际竞争力的核心能力、精湛的工艺设备等有形资产，还拥有先进的组织结构、管理与技术和国际化人才。他们分别在企业的业务领域、组织结构、运行机制和项目管理方面都各具特点和优势。

（1）在业务领域方面。这些企业均属跨国建筑企业集团，涉及业务范围比较广泛，包括房屋建筑、基础设施、交通运输、能源化工等诸多领域，拥有较强的竞争力和抵抗风险的能力，并趋向于技术含量高、竞争小、利润丰厚的领域。企业发展在注重多元化和差异化同时，还围绕着项目市场协同工作战略，实现各业务间、各部门间协同作战，共同提高市场占有率和竞争力，特别是在房屋建筑领域主要为业主提供从投资、规划、设计、施工、运营等全产业链的一体化的服务。基本形成依靠核心业务为依托的"同业一体化、跨业多元化、市场全球化"的立体式经营发展战略格局。

（2）在组织结构方面。这些企业大多采用事业部制的组织结构模式，即采用公司总部—事业部—项目部的组织管理模式。各公司总部在世界各地按照业务领域建立若干个专业分公司（执行中心），公司总部作为宏观的管理及支持中心并设置功能强大的事业部，对各事业部进行宏观的战略规划和资源配置以及技术和财务支持。各分公司在组织结构上基本相同，都以集团总部为核心，不设多级企业法人，外延联结着若干小型专业化子公司和关联公司。分公司大都设有项目管理部、项目控制部、质量管理部、设计部及有关专业设计室、采购部、施工部等，其基本组织结构如图 6-5 所示。

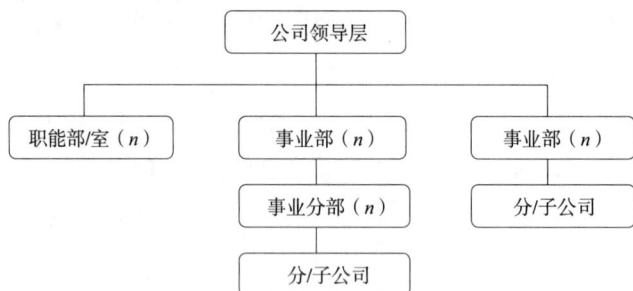

图 6-5 欧美大型建筑企业总部组织结构图

（3）在项目管理方面。这些公司大都采用项目管理为核心的矩阵型的项目管理机制，实行项目经理负责制。即以公司总部、分公司为依托，按工程项目组建临时的、综合有机的项目管理组织，具体组织实施工程项目建设。公司常设专业职能部门负责向项目组织派出必要的人员给予业务上的指导和支持，但不干预项目组织的决策。具体如图 6-6 所示。采用矩阵式的项目管理模式，不仅有利于专业人员的培养和专业水平的提高，而且便于各专业之间的协同配合，比如设计与施工的配合、技术与管理的融合等，大大提高了工程项目的质量和效率。

（4）在施工队伍构成方面。这些公司在施工队伍构成方面可分为两类，一类是有自己的施工队伍，另一类是没有自己的施工队伍。比如美国福陆公司就没有自己的施工队伍，但具备施工管理能力，主要是以设计人员为主体，由包括设计、采购、施工、造价、开车及项目管理等各阶段的各类技术、管理人员作为骨干团队组成。比如美国柏克德、德国豪赫蒂夫、法国万喜公司都拥有自己的专业化施工队伍，具有自行完成设计、采购、施工和项目管理的能力。

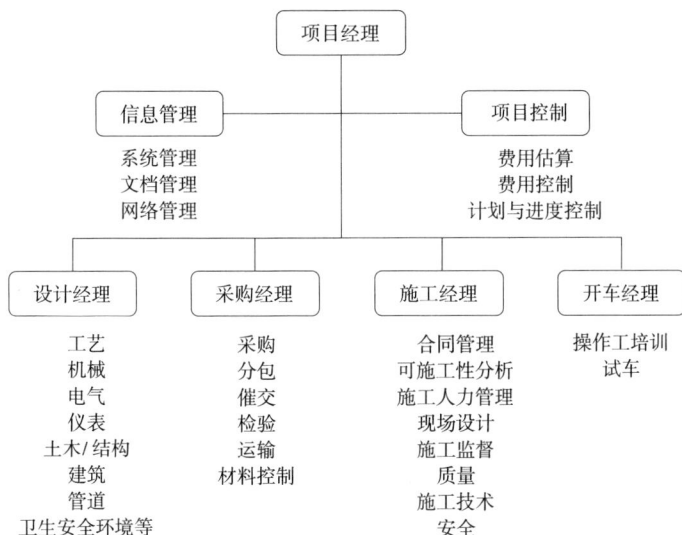

```
                          ┌──────────┐
                          │ 项目经理  │
                          └────┬─────┘
          ┌──────────┐        │        ┌──────────┐
          │ 信息管理  │───────┼────────│ 项目控制  │
          └──────────┘        │        └──────────┘
           系统管理                      费用估算
           文档管理                      费用控制
           网络管理                    计划与进度控制
     ┌────────┬──────────┬──────────┬──────────┐
 ┌────────┐ ┌────────┐ ┌────────┐ ┌────────┐
 │ 设计经理 │ │ 采购经理 │ │ 施工经理 │ │ 开车经理 │
 └────────┘ └────────┘ └────────┘ └────────┘
   工艺        采购       合同管理     操作工培训
   机械        分包      可施工性分析     试车
   电气        催交      施工人力管理
   仪表        检验       现场设计
  土木/结构     运输       施工监督
   建筑       材料控制      质量
   管道                  施工技术
 卫生安全环境等              安全
```

图 6-6　欧美典型的项目管理组织结构示意图

2. 日本大型建筑企业的组织结构模式

日本大型建筑企业有五大巨头，分别是鹿岛建设、清水建设、大成建设、大林组和竹中工务店，并且素有"政治的鹿岛、能力的大成、技术的清水"之说，这五家建筑企业基本代表了日本建筑业乃至世界房屋建筑领域的最高水平。长期以来，日本建筑企业在业务领域、组织结构和运行机制上形成了自有的独特的管理模式，主要有以下特点：

（1）在业务领域方面。日本建筑企业的业务领域相对集中，主要是围绕房屋建筑和基础设施领域开展工程总承包业务，大都采用全产业链的经营战略，包括投资开发、规划设计、咨询服务、部品制作、施工建造和运营管理等，业务经营范围不像欧美企业那么广泛，主要采取区域化经营和集约化管理模式。

（2）在组织结构方面。日本建筑企业按照区域大多采取复数总店经营管理模式，在企业组织结构上一般实行双轨制，对外表现为母、子公司的关系结构，主要为了明晰股权关系和适应国际化经营需要；在内部管理上则采用事业部制（分公司）管理模式。与欧美国家的事业部制有所不同，日本主要采用总部主导型的"本部式"事业部制模式，即公司总部设置本部级别的事业部（也称事业本部）作为总部的职能部门，同时事业本部又根据相关产业、产品或区域设置不同的事业部或支店，即形成公司总部（事业本部）—支店（分公司）—作业所（项目部）的组织结构模式，其组织架构如图6-7所示。

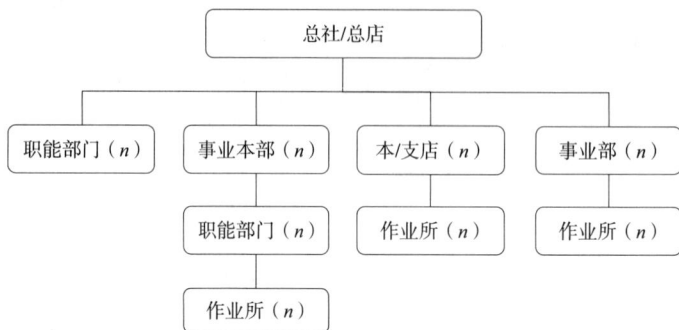

图6-7　日本建筑企业组织架构图

（3）在运行机制方面。日本企业均表现为公司总部大型化和业务职能集约化的特征，强调公司总部的集约化管理和系统协调能力，是典型的"强总部"模式。在业务组织运行上，一般由公司总部具体负责市场开拓和履约，将承揽的工程承包项目分解为分部、分项后，再分包给各专业子公司（支店）、关联公司（作业店），业务职能主要集中在事业本部，包括市场营销、合同履约、资源配置、技术支持以及资金管理等。在人力资源方面也表现为强有力的控制，项目的主要管理人员都由公司总部委派。

（4）在项目管理方面。日本建筑企业在项目的生产运营管理上具有一体化、专业化水平，工业化程度也非常高，主要采取工程总承包与专业分包进行分工合作的模式，管理层与劳务层分开，大型建筑企业主要是工程管理公司，以项目管控为主。项目管理主要以技术集成和质量保证为根本，以信息化管理为手段，从项目的技术体系和基础管理入手，夯实技术与管理的每一环节。推行项目法施工管理，实行项目经理责任制，项目经理全面负责工期、质量、成本，统一指挥生产、劳动力及物资供应。

6.3.3 中外大型建筑企业组织结构对比分析

根据以上对我国和欧美、日本国家大型建筑企业的业务领域、组织结构、运行机制、市场营销、项目管理以及承发包模式的研究，通过对比研究方法，深入分析我国大型建筑企业组织结构模式与欧美、日本存在的差异，进一步明确我国建筑产业的组织结构调整与深化改革的路径和发展方向。

1. 在业务领域方面

国外建筑企业的业务领域大多具有横向多元化、纵向一体化的特征。业务领域比较宽泛且各有特长，同时兼顾差异化发展，并具有自己独特的专精的核心业务领域。

而我国大型建筑企业的业务领域相对较窄，主要以建筑施工总包为主，虽然近年来正在走向综合承包，但业务板块之间的承包能力差距悬殊，纵向各环节之间的一体化集成水平不高，企业内部法人同质化竞争普遍存在，要素资源配置效率低下，企业抗风险能力差。

2. 在组织结构方面

国外建筑企业组织层级少，结构扁平化，以企业总部为核心，不设多级企业法人，外延联结若干个专业化的小型子公司和关联公司，管理层级一般为三级。扁平化的企业内部运营管理的组织结构，决定了国际一流建筑企业一般具有较强的总部控制、业务标准一致化的特点，总部通过控制资金、核心人员在分公司占董事的席位、人事任命权、项目分包等形式实现对分公司的管控。

相比而言，我国的建筑业企业的内部组织纵向层次过多，从子公司至最高层级达到 4 ~ 5 层或者更多，子公司大多以号码公司并列，最上层公司很多只是执行国有资产、发展战略管理职能和一些行政职能，实际履行着行政和社会组织职能。企业内部在同一区域形成众多公司，作业方式几乎相同却不能整合，从公司整体来看，资源整合度、经营一体化程度低，行政成本较高，核心竞争优势不集中，运作方式不灵活，管理效率受影响。

3. 在运行机制方面

国外企业表现为"强总部、弱项目"的模式，公司总部具有强大的作业功能，不仅掌控宏观发展战略和管理监督，而且把工作重点放在企业资源配置、系统集成和协同高效上，并将核心业务重心上移到事业部，强调管理职能与作业职能高度集中统一，对各分、子公司及项目部进行"参与式"管控。

而我国建筑企业恰恰与国外建筑产业相反，表现为"弱总部、强项目"，将企业核心业务重心下移到项目部，总部的职能主要注重业务指导和行为、质量监督，不直接参与生产作业，特别是建筑设计、技术研发的职能部门与施工建造过程基本脱节。

4. 在项目管理方面

国外建筑企业在项目组织管理上以"总包—专业分包"形式为主，总部通过直接参与业务来实现对项目部的管控。在项目组织运营管理上，一般土建部分由本部自己承担，其他分部、分项由专业分包承担，分包具有较高的独立性，在取得权利的同时也承担风险。分包以专业为基础，专业分包可以按照工序，也可以是按照工种，还可以是基于设备、部品部件制造与安装。

国内建筑企业的项目组织形式的主要差距是，施工总承包与施工组织管理、劳务分包界限不清，基于专业分包的总分包关系没有得到建立，层层转包、层层盘剥情况较多存在，这种总分包关系不仅没有降低工程成本，反而大大增加成本，最后用于工程的资金受到严重挤占，直接导致偷工减料，降低工程质量，增加安全隐患，总分包企业的技术管理水平下降，与国际上通用的承发包方式的差距巨大。

5. 在承包模式方面

国外承发包组织模式丰富，由于业主需求和建设条件不同，国际上有多种的承发包和项目管理模式可供选择，包括施工总承包、施工总包管理、工程咨询管理、工程总承包（D+B 或 EPC）模式等。为建造过程提供服务的企业分工细致，业态丰富，各类工程咨询组织发育良好。

与国际上丰富的承发包方式相比，我国法定承包管理形式较单一，不能适应业主多元化需要。建筑承发包组织形式以施工总承包为主，由于特殊的业主结构和机制，先进的工程总承包模式得不到充分发育，施工总承包与施工组织管理、劳务分包界限不清，合同示范文本单一，承发包方式落后。

为了帮助大家更好地分析比较，我们将中外大型建筑企业组织结构的对比分析内容制成表格形式，以便于阅读理解，详见表 6-1。

中外大型建筑企业组织结构差异对比分析表　　　　表 6-1

对比项目	国内建筑企业	国外建筑企业
业务领域	业务领域相对狭窄、单一，行业同质化竞争普遍存在	业务领域较广泛，兼顾差异化，形成"跨业多元化、同业一体化"
组织结构	组织层级较多，结构呈"金字塔"形	组织层级相对较少，结构呈扁平化
运行机制	表现为"弱总部、强项目"，对分、子公司及项目部为宏观层面监管	表现为"强总部、弱项目"，对分、子公司及项目部为"参与式"管控
市场营销	以分 / 子公司为主，总部配合	以总部为主，分 / 子公司配合
项目管理	项目组织管理以层层转包为多	以"总包 + 专业分包"为主
承包模式	法定的承发包模式的形式单一	承发包组织模式业态丰富、分工精细

6.4　大型建筑企业组织模式的优化与创新

进入新时代，随着我国经济社会进入全面深化改革期，建筑业也正在经历前所未有的深刻变革。近年来，住房城乡建设部以深化建筑业重点环节改革为核心，深入推进建筑业"放管服"改革，特别是针对建筑业的建造方式、组织方式以及交易方式等，出台了一系列改革发展举措。对于我国大型建筑企业来说，应当敏锐地观察到传统的组织结构模式已经不能适应新时代的发展要求，企业组织结构和工程建设管理模式必然要发生根本性改变，必须要深入系统地研究改革优化的方向，提出应对策略，调整并制定新发展战略。

6.4.1 大型建筑企业组织结构改革优化方向

我国大型建筑企业的组织结构形成有其历史和背景，是长期的多种复杂的因素决定的。企业的组织结构模式改革调整的方向和路径应当是系统性和全方位的。主要应朝着以下方向发展：业务战略与经营业态多元化、企业组织结构形态扁平化、工程建造方式一体化、总承包与分包模式专业化、企业运行管理信息系统平台化。

1. 业务战略与经营业态多元化

业务战略是大型建筑企业长远发展的关键，是在激烈的国内外市场竞争中逐步成为国际化、现代化大型建筑企业集团的发展定位。

（1）业务战略的制定。对于大型建筑企业而言，在业务战略的选择和制定上，应本着"跨业多元化、同业一体化"的立体式经营发展战略思维和方法，进行总体构建和规划。

跨业多元化战略是指大型建筑企业在现有的核心业务领域上增加相关联的业务范围，这些新增加的业务能够充分利用企业现有的技术路线、营销渠道、资源配置等方面所具备的特殊能力和优势，比如投融资、绿色建筑、基础设施、装饰装修、城市运营等业务领域。跨业多元化战略是建立在企业所拥有的核心业务能力长足发展的基础上的扩大经营，可以使企业既保持现有核心业务的专精、生产技术与管理的统一，又能将经营风险分散到多种业务领域上去，进一步扩大企业盈利范围和规模。

同业一体化战略有两个层面问题。一个层面是指建筑企业依托核心业务的产业链向上游和下游扩展现有经营业务的一种发展战略。另一层面是指建筑企业所经营业务和关联业务的部门间、企业间在产业链上能够实现一体化运营、系统化集成、协同化高效的发展战略。一体化战略主要是明确了一体化经营发展目标，运用一体化的管理和整合能力，不断扩大和优化产业链上各环节的各种要素和需求，并且在技术和管理以及组织、协调等方面形成密切配合、有序实施和高效运营的管理模式。

（2）组织功能的增强。大型建筑企业向工程总承包企业转型过程中必须首先要增强融资功能、设计功能、咨询服务功能的建设。

1）增强融资功能。开展工程总承包业务，特别是承揽大型或国际工程，需要企业具备很强的融资能力。企业的自有资金往往难以满足大型工程建设项目带资承包的需要。因此，企业如何建立宽泛的融资渠道成为开展工程总承包业务的重要条件之一。

2）增强设计功能。目前在大型建筑企业的传统组织结构中，建筑设计与施工建造相分离的现状具有普遍性。然而，从工程总承包的运营管理内涵看，如果没有相应的设计主导和设计能力，就没有真正意义的工程总承包模式，设计必须要贯穿工程建造的全过程并要起到主导作用，才能切实保证总承包项目的质量、效率和效益。

3）增强咨询服务功能。工程建设项目是一种周期长、耗资大、涉及面广的固定资产投资活动。业主前期需要做大量的可行性研究和策划，由于大多数投资方缺乏项目的实施经验，常常需要工程总承包企业协助完成项目的可行性分析。因此，工程总承包企业通过增强咨询服务功能可以尽早参与项目实施，并能够提供有效承揽承包业务的先机。另外，通过增强咨询服务功能可以推动企业的业务模式由项目具体实施向项目管理角色的转换，也是企业转型升级实现产业高级化的客观需求。

2. 企业组织结构形态扁平化

业务战略是大型建筑企业长远发展的关键，战略决定着组织结构，组织结构又抑制着战略，不适当的组织结构会阻碍战略的实施，战略的前导性和组织结构的滞后性决定了组织结构必须随着战略的改变而调整。因此，在企业业务战略具体实施前，必须要完成组织结构的调整和转换，使新组织结构与公司的战略相匹配。

企业组织结构形态扁平化是指企业组织内部依据企业发展战略目标和定位，建立了以企业核心能力为中心、以生产需求为导向的横向价值链和产业链，并将企业生产要素的纵向关系和运营管理流程，通过企业信息化管理平台的新功能，系统集成为纵横交错的协调互通关系，打通了企业纵向各部门之间的障碍和壁垒，使信息数据在组织内有效传递，提高了企业的要素高效协同配置能力，从而形成了扁平化组织结构形式。

大型建筑企业要打造扁平化企业组织结构，必须要压缩企业纵向管理层次，明确企业内部各层次分工，将资产管理和经营管理区分开来，资产管理层人员精简，管理考核科学简明。强化公司业务总部管理职能，充分授予经营层次经营自主权，激发其活力；提高企业的资本、技术、管理含量，形成以公司总部的资本、技术、管理要素支撑承包业务的基本格局，抑制外延、分散式的单项工程承包规模；通过企业内部组织结构调整，构造合理的专业结构和空间布局结构，在业务上打造优势、聚力、互补、专业的板块集合，使得企业的经营、业务特色更为突出，克服同一企业内同质化竞争的状况；运用信息化手段，加强经营层次的人财物等资源的战略调度和整合能力，以企业的管理、技术为灵魂拓展组织空间布局，形成大企业应有的资本、研发、一体化等优势。

3. 工程建造方式一体化

工程建造方式一体化是指在工程建设项目建造活动中，建立以"建筑物"为最终产品的经营理念，明确工程项目一体化建造的目标，运用系统化思维和方法，通过设计主导使工程建设全过程、全方位、全系统的实现系统集成和协同高效的建造方式。

工程建造方式一体化既包含技术系统的一体化，也包含管理系统的一体化，同时也包含技术与管理一体化的协同和融合。工程建造方式一体化充分体现了技术系统的协同性、建造过程的连续性、建造环节的集成化和工程管理的组织化。

从技术系统的一体化层面看，一体化具有系统化、集约化的显著特征，房屋建筑的主体结构系统、外围护系统、机电设备系统、装饰装修系统通过总体的技术优化，多专业之间进行技术协同，并按照一定的技术接口和协同原则进行设计、生产和施工建造。

从工程管理的一体化层面看，一体化管理并不是一般意义上设计、采购、施工环节的简单叠加，更不是"大包大揽"，而是与技术深度融合的创新性管理，具有独特的管理内涵。是在新的技术条件下，运用一体化的组织管理协调和整合能力，对市场资源的掌握以及对各专业分包企业的管理，并且在技术、管理以及组织、协调等各方面形成了密切配合、有序实施和高效运营的管理模式。

4. 总承包与分包模式专业化

工程总承包与分包模式专业化是指工程总承包企业在工程承包项目的组织、实施、协调和管理等方面具有独特的专业化的能力，并将其所承包工程中的专项工程发包给具有相应专业资质的企业完成，从而使工程建设形成专业化分工协作的社会化大生产格局。

建立专业化分工和社会化协作机制是现代建筑产业体系的重要组成部分。随着现代建筑产业的不断发展，一些大型建筑企业会以工程总承包为核心业务，向综合性的产业集团方向发展；而另一些中小建筑企业会向专业化方向发展，成为建筑产业的专业化分包企业。

专业分包企业的存在价值是在某个分项或分部工程上具有独特的技术优势和管理优势，能够弥补总承包企业在专业技术能力和资源方面的缺陷。为此，在发展过程中，一方面要积极引导鼓励大型建筑企业向工程总承包管理模式转型；另一方面要给中小专业分包企业创造良好的发展环境，政府及行业组织应为中小专业分包企业提供融资、培训、技术服务支持，引导中小建筑企业做专做特做优，促进其规范健康发展。

5. 企业运行管理信息系统平台化

企业运行管理信息系统平台化是指企业的生产运营管理形成了企业大数据下的各专业软件系统的集成管理平台，将企业的运营管理逻辑，通过信息化系统管理与信息互联技术的深度融合，实现企业数据全方位的互联互通、内部运营管理的信息共享，从而提高企业运营管理效率，也进而提升社会生产力。

企业管理信息化系统平台建设是新的生产力组织方式，是大型建筑企业运行机制管理的新功能，对于优化资源配置、整合管理要素、打通信息孤岛、促进跨界融合、提升企业核心能力、提高企业效率效益、推动产业升级都具有重要作用。实现企业管理信息化集成应用平台，应主要具备以下三个基本条件：

（1）企业应具有以产业链为主线的一体化建造方式。在建造技术上要实现建筑、结构、机电、装修一体化；在运行管理上要实现设计、生产、施工一体化。在具备这样一体化、系统化流程的基础上，才能打通信息数据的孤岛，才能更好地运用信息化集成技术手段，实现运行管理平台的信息化。

（2）企业具备以成本管理为核心的综合项目管理体系。建设企业经营管理的主要对象是工程项目，工程项目是企业的利润来源，是企业赖以生存和发展的基础。企业信息化平台建设也必须把"着力点"放在工程项目的成本、效率和效益上，因为它是企业持续生存发展的必要条件。这就需要企业在项目上严格管理、科学管理、高效管理，而企业管理信息化的过程就是通过信息互联技术的应用，使企业管理更加精细、更加科学、更加透明、更加高效的过程。

（3）企业具有以组织层级优化为目标的高效运营管控体系。企业管理信息化集成应用的关键在于"联"和"通"，联通的目的在于"用"。企业管理信息化集成应用平台就是把信息互联技术深度融合在企业管理的具体实践中，把企业管理的流程、体系、制度、机制等规范固化到信息共享平台上，从而实现全企业、多层级高效运营、有效管控的管理需求。

6.4.2 大型建筑企业核心能力建设

1. 核心能力的概念

核心能力又称为核心竞争力或者核心专长，是企业的一种独有的资源或者特长，是企业提高生产效率，从而实现可持续发展的重要保障。这个概念可以从以下三个方面来诠释：第一个是"共有性"，指的是这种特有能力不因个体的存在而受到影响，它是属于整个企业的；第二个是"协调"及"整合"，指的是这种独有能力的形成是建立在对企业运作中的资源进行整合过程的基础上的，而不是零散的；第三个是"技能"及"技术流"，指的是这种能力能够直观反映出企业在生产技术方面的创新能力。核心竞争能力具有如下特征：

（1）独特性。核心竞争力是一个特定组织在长期的生产经营过程中通过一系列的学习以及信息共享而缓慢形成的独特能力，是特定组织个性化长期发展的最终产物，这也就决定了核心竞争力是不易被其他组织所模仿的。

（2）价值性。核心竞争力在企业中最显著的作用就是明显提高了企业的生产效率，这就使得企业在竞争市场中比竞争对手拥有了一定的优势，更容易取得投资成功，能够创造更多的价值，从而获取更多的市场优势，并且也能够促进客户价值的实现，为其提供满意的服务以及产品。

（3）长期性。核心竞争力是企业在发展过程中逐渐积累形成的，需要不断地完善和强化，这个过程可能需要相当长的时间。就建筑企业来说，其核心竞争力形成花费的时间是由其项目的流动性以及建设周期的长期性决定的。与此同时，企业的竞争优势也会随着市场环境的变动而发生改变，要想在日益激烈的市场竞争中不被淘汰，就必须针对企业的核心竞争力进行持续的创新和培育，否则，企业的核心竞争力就会逐渐变弱，从而被其他企业赶超甚至淘汰。

（4）动态性。企业的核心竞争力的强弱并不是一成不变的，其会随着外部环境的变动而发生一定的变化，同时也会受到企业内部环境的影响。外部环境主要表现为：市场供求关系、产业动态等；内部环境主要表现为：组织结构、运行机制等。因此企业需要进行不断的创新和培育来保持竞争力的稳定性，实现差别化竞争优势。

2. 工程总承包模式下企业核心能力建设

工程总承包模式不单纯是工程项目的承仓方式，重要的是企业的组织管理模式，是我国大型建筑业企业项目组织实施方式变革的目标模式，这一新的企业模式与传统模式相比，不仅表现在建造技术和核心业务上发生变革，更重要在经营理念、组织内涵和核心能力方面发生了根本性变革。

在经营理念方面，是建立以"建筑物"为最终产品的理念，并以实现工程项目的整体效益最大化为经营目标。

在组织内涵方面，主要是建立了对整个工程项目实行整体策划、全面部署、协同运营的承包体系。

在核心能力方面，重点体现在技术产品的集成能力和组织管理的协同能力，并具有独特性。

在企业核心能力建设上具体体现在以下方面：

（1）建立完善的总承包企业组织机构。工程总承包项目的实施需要强有力的组织保障体系，在目前我国大型施工企业还没有真正意义上建立工程总承包模式时，仅仅对项目部层面的组织结构和职责分工做出一般性规定，甚至将总承包项目管理等同于项目部对项目的管理，难以满足总承包项目成功实施的组织功能需要。总承包项目完整的生产管理过程应包括：企业组织体系内各职能部门的参与，各职能部门不仅需要制定计划、提供资源，完成专业监督、指导和控制任务，而且需要直接以类似分包商的性质参与生产活动。在项目实施过程中，总承包企业在以项目部为中心的同时，还应考虑企业总部职能部门和项目部的纵向协调、工作界面、利益分配机制以及跨企业组织的横向协调工作。

（2）建立工程总承包项目管理体系。管理体系与管理流程是工程总承包的生产标准和依据。主要包括：建筑设计、生产工艺、施工工法以及产品选型等技术标准；采购、施工、合同、风险等管理流程；项目质量控制、验收标准；安全环保保证措施；职业健康保障措施等。

（3）形成企业的核心技术体系。首先要建立以"建筑物"为最终产品的技术思维，形成建筑、结构、机电、装修一体化的集成技术体系。一体化的集成技术体系具有系统化、集约化的显著特征。为此，要针对房屋建筑的主体结构、外围护结构、机电设备、装饰装修系统进行总体的技术优化，多专业协同，制定技术接口标准和协同原则，从而形成适合企业特有的核心技术体系，具有企业的核心竞争力。

（4）建立市场化协作化的专业分包队伍。工程总承包并不是一般意义上设计、采购、施工环节的简单叠加，更不是"大包大揽"，应具有自己独特的管理内涵。重要的是如何运用总承包的管理协调和整合能力，以及对市场资源的掌握、对各专业分包企业的管理能力。要培育并建立一个稳定、长期的专业分包合作队伍，在技术、管理以及组织、协调等各方面形成密切配合、有序实施和高效运营。

（5）建立工程设计研发团队。工程总承包项目是一个以设计为主导的系统工程，设计是灵魂，设计贯穿 EPC 工程总承包的全过程，是保证质量、缩短工期和降低成本的有力保障。要通过建筑师对建造全过程的控制，进而实现工程建造的标准化、一体化、工业化和高度组织化。设计研发团队的设置是工程总承包组织管理的重要组成部分，其设计能力和水平直接影响到工程项目的质量、效率和效益。

（6）建立集约化采购管理系统。建筑材料、部品和设备采购工作在 EPC 工程总承包模式下发挥着重要作用，尤其是采购在设计和施工的衔接中直接影响到项目的目标控制，包括成本控制、进度控制和质量控制，具有承上启下的作用。

（7）掌握预制构件的生产技术能力。装配式建筑的建造过程是一个产品生产的系统流程，装配式建筑项目采用工程总承包模式时，首先必须要熟悉、掌握预制构件的生产技术，有条件的企业要具备构件生产的能力。只有熟悉并掌握预制构件的生产技术，打通技术壁垒，优化产业链资源，才能真正实现设计、生产、施工一体化。

（8）建立企业信息化管理平台。信息化技术是工程总承包实现高质量发展的重要手段。工程总承包是一个完整的、复杂的、系统化的运营过程。难度大、协同性强，动态管理等非同一般，全面实施的唯一有效手段就是信息化管理。企业建立信息化管理平台，将企业内部各种信息化软件系统整合到信息化管理平台上，实现企业上下的互联互通，内部运营管理的信息共享，进而提升企业运营管理效率。企业信息化管理平台需要针对不同规模企业、不同管理模式、不同业务流程等因素开发定制。

6.4.3 大型建筑企业的工程总承包管理模式

现代建筑产业必须要技术与管理双轮驱动、融合发展。企业在掌握核心技术的基础上，必须要充分发挥工程管理的作用，要整合优化产业链上的要素资源，运用信息技术手段解决设计、生产、施工一体化的管理问题，并且在工程管理模式上有所突破和创新发展，才能保证建筑产业持续健康发展。现阶段对于大型建筑企业来说，管理模式创新的基本方向主要是采用工程总承包管理模式。

1. 工程总承包模式的概念

工程总承包（Engineering Procurement Construction）简称 EPC，是国际通行的建设项目组织实施方式。是指从事工程总承包的企业与建设单位签订合同，对工程项目的设计、采购、施工等实行全过程承包，并对工程的质量、安全、工期和造价等全面负责的承包方式。

在工程总承包模式下，业主只需要提出项目可行性研究报告、项目初步方案清单和技术策划要求，其余工作均可由工程总承包单位来完成。工程总承包商承担设计风险、自然力风险、不可预见的风险等大部分风险。设计不仅包括具体的设计工作，而且包括整个建设工程内容的总体策划以及整个建设工程实施组织管理的策划和具体工作；采购也不是一般意义上的建筑设备材料采购，而更多的是指专业设备、材料的集中采购；施工应理解为比施工更广义的"建设"，其内容包括施工、安装、试车、技术培训等。工程总承包管理的本质，就是充分发挥总承包商集成管理优势。

通过采用工程总承包模式，能够基本实现业主的上述要求，对于业主来说，可以将绝大部分风险转移出去，而且可以让更专业的公司负责项目的统筹管理；对于专业的总建筑企业来说，也可以通过发挥自身的管理、技术优势降低风险，同时赚取较高的利润，因而工程总承包模式成为建筑业工程项目组织模式发展的主要趋势。

在工程总承包模式下，总承包商负责项目的设计、采购、施工全过程工作，在合同允许的范围内，总承包商可将设计、采购、施工中的专项部分进行专业分包，专业分包商向工程总承包商负责，工程总承包商向业主负责，工程总承包商统筹管理各参与方。具体组织结构图如 6-8 所示。

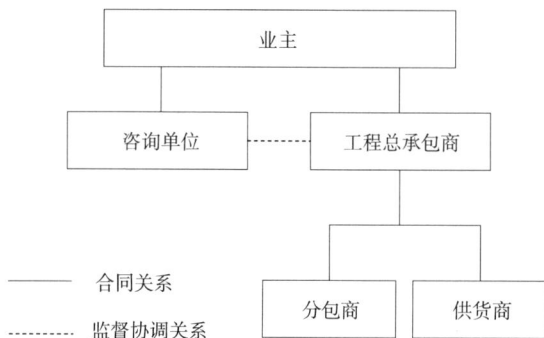

图 6-8　工程总承包模式组织结构图

2. 工程总承包模式的特点与优势

（1）工程总承包模式具有如下特点：

1）责任主体明确。业主与总承包商签订合同，总承包商负责项目的全过程工作，总承包商可将部分工作委托给专业分包商，分包商对总承包商负责，工作指令明确，责任界面清晰。

2）整体效益最大化。EPC 工程总承包是一种以向业主交付最终产品服务为目的，按照"一口价、交钥匙"的总包方式，对整个项目实行整体策划、全面部署、协调运营的系统承包体系，承担项目的大部分风险，同时也获得了工程项目整体效益的最大化。

3）项目系统全面控制。EPC 工程总承包商全面负责项目的设计、采购、施工各环节，处于项目的核心领导地位。以设计为主导，使得设计、采购、施工的工作深度保证协调配合，加强各参与方信息沟通，缩短工期，提高项目管理效率。EPC 模式与 DBB 模式（设计—招标—建造模式）在项目系统控制上有明显的不同，如表 6-2 所示。

EPC 模式与 DBB 模式的对比分析　　　　　　表 6-2

内容	EPC 模式	DBB 模式
分包形式	一般情况下一次招标	项目多次招标
工程造价	项目总价可控、风险可控	单项核算、总价不可控
工程设计	总包方负责	业主单独委托
采 购	总包方负责	业主采购供应
施 工	设计、施工一体化	按图施工、大量变更
效 率	高度组织化、效率高	协调难、效率低
效 益	项目整体效益最大化	各自效益

（2）工程总承包模式的主要优势。采用工程总承包模式，可以有效地建立先进的技术体系和高效的管理体系，打通产业链的壁垒，解决设计、生产、制作、施工一体化问题，解决技术与管理脱节问题；可以保证工程建设高度组织化，降低先期成本提高问题，实现资源优化、整体效益最大化，这与建筑产业现代化的发展要求与目的不谋而合，具有一举多得之效。装配式建筑采用工程总承包模式的主要优势具体体现在：

1）规模优势。通过采用工程总承包模式，可以使企业实现规模化发展，逐步做大做强，并具备和掌握与工程规模相适应的条件和能力。

2）技术优势。采用工程总承包模式，可进一步激发企业创新能力，促进研发并拥有核心技术和产品，由此提升企业的核心能力，为企业赢得超额利润。

3）管理优势。采用工程总承包模式，可形成企业具有自己特色的管理模式，把企业的活力充分发挥出来。

4）产业链优势。通过工程总承包模式，可以整合优化整个产业链上的资源，解决设计、制作、施工一体化问题。

（3）工程总承包模式的主要作用。在工程项目建设方面主要发挥以下作用：

1）节约工期。通过设计单位与施工单位协调配合，分阶段设计，使施工进度大大提升。比如：深基坑施工与建筑施工图设计交叉同步；装修阶段可提前介入、穿插作业等。

2）成本可控。工程总承包是全过程管控。工程造价控制融入了设计环节，注重设计的可施工性，减少变更带来索赔，最大限度地保证成本可控。

3）责任明确。采用工程总承包模式使工程质量责任主体清晰明确，避免职责不清。尤其是保证施工图最大限度减少设计文件的错、漏、碰、缺。

4）管理简化。在工程项目实施的设计管理、造价管理、商务协调、材料采购、项目管理及财务税制等方面，统一在一个企业团队管理，便于协调、避免相互扯皮。

5）降低风险。通过采用工程总承包管理，避免了不良企业挂靠中标，以及项目实施中的大量索赔等后期管理问题。尤其是杜绝"低价中标，高价结算"的风险隐患。

3. 工程总承包企业组织管理模式

工程总承包企业组织结构模式的设计，一是要充分考虑建筑企业的产业特征；二是要结合企业自身的发展战略定位；三是要能够充分体现对工程项目组织实施的协同高效。通常情况下，企业总部的组织结构采用矩阵式职能模式，这是一种标准化和分权化相结合的组织结构模式，通过矩阵式职能型专业分工的管理方式弥补直线职能结构中高层管理者的专业能力局限和精力不足，切实保证总承包企业内部核心业务流程的高效运行，能够及时有效地为工程项目的实施提供资源、管理和技术支持，并且对于企业总部职能部门的运行绩效考核，可以通过对工程项目的指导、监督和服务的业务质量效果来反映。

矩阵式组织结构系统的建立与有效运行的前提是需要两个系统的密切配合：一个是能够提供各种要素资源支持的职能系统；另一个是使用资源的项目组织实施系统。两者之间形成了决策与执行、管控与支持、协调与配合的相互促进的组织结构和运行机制。

矩阵式职能模式的特点具体表现为企业总部职能部门与工程项目部的

业务协调、指导和支持，主要通过总部专家支持中心和企业信息管理系统平台对所有工程项目的实施提供资源和技术保障，如图 6-9 所示。

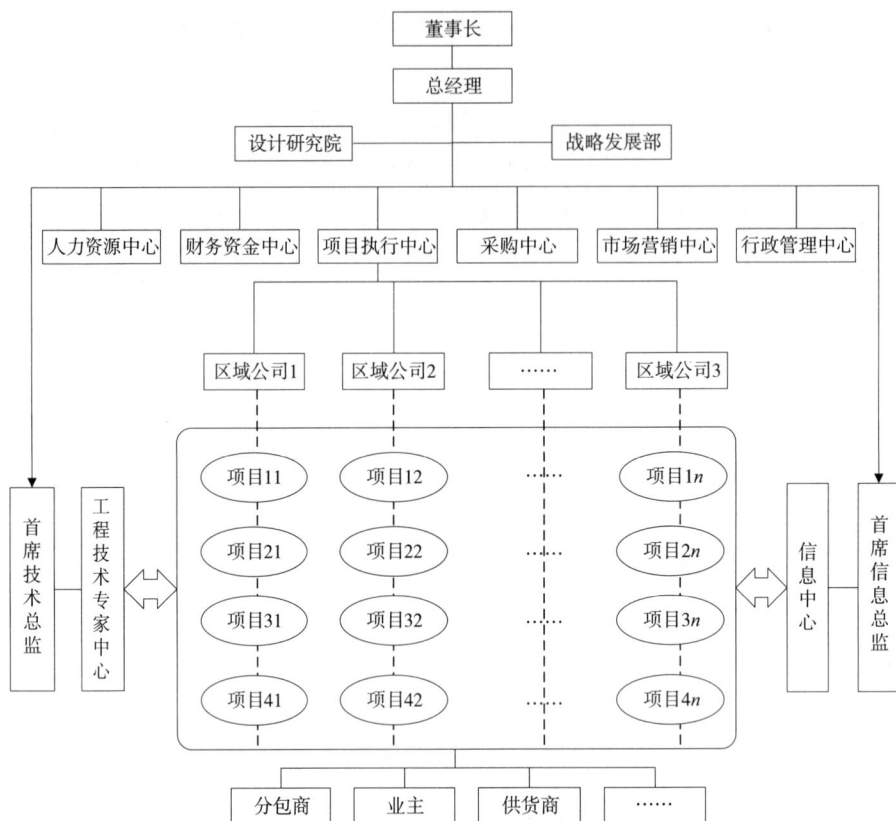

图 6-9　工程总承包企业组织的矩阵模式

　　这种组织结构形式能够很好适应项目实施环境的变化性特征，能够根据项目的实际需求安排合理的技术人才，消除专业技术人才在某一个项目集聚过多或者沉淀在某一个项目而产生人才浪费现象，也可以避免某个项目专业人才缺乏而造成误工和质量问题，从而提高企业人力资源配置效率。在公司总部设置项目执行中心（工程部）、首席技术总监（总工程师）、首席信息总监的主要职能作用如下：

（1）项目执行中心：主要负责公司所有工程项目的组织协调工作，以实现不同区域公司的项目之间的资源配置效率和共享目标。

（2）工程技术专家中心：工程技术专家中心的建立是对专家资源的集中管理方式。做法主要是将不同类型的技术人才进行划分归类，形成不同领域的专家组，并设立技术总监负责对专家中心进行统一安排和管理，当具体项目对某特定领域的专业技术提出需求后，技术总监则根据各项目需求，及时并统筹做出必要的人员安排。

（3）首席技术总监：主要是调动、协调和维护专家资源系统运行，并根据各区域公司项目实施阶段的不同需求调整、安排专家支持。

（4）首席信息总监：首席信息总监的设置是建立在企业信息管理系统平台的基础上。信息管理系统平台是将企业各个业务职能部门的子信息系统集成整合到一个信息管理系统平台上，从而打通企业内部的信息孤岛，实现企业内部信息共享、数据贯通。首席信息总监主要职能是制定流程、整合资源、数据传递和运行维护。

4. 工程总承包项目的组织管理

工程项目的组织是为了完成某个特定的项目任务而由不同部门和人员组成的临时性工作组织，通过计划、组织、领导、控制等实施过程，对项目的各种资源进行合理协调和配置，以保证项目目标的成功实现。对于项目组织结构、岗位职责、人员配备等，要根据项目的技术要求、复杂程度、规模大小以及工期等客观因素而有所不同，组织是一个动态的管理过程。

根据国际上发达国家大型建筑企业的工程项目管理模式，并基于企业"大总部、小项目"的扁平化组织结构模式，工程总承包项目的组织基本模式应包括三个层级和两个矩阵结构，如图 6-10 所示。

（1）企业支持层、总包管理层和施工作业层。企业总经理及总部职能部门构成企业支持层，向总包管理层提供管理、技术资源以及行使指导监督职能；总包管理层是指 EPC 项目的实施主体——总承包项目部，总承包项目部的团队组建和资源配置由工程总承包企业总部完成，代表企业根据总承包合同组织和协调项目范围内的所有资源实现项目目标；施工作业层由各专业工程分包的项目部组成，根据分包合同完成分部分项工程。

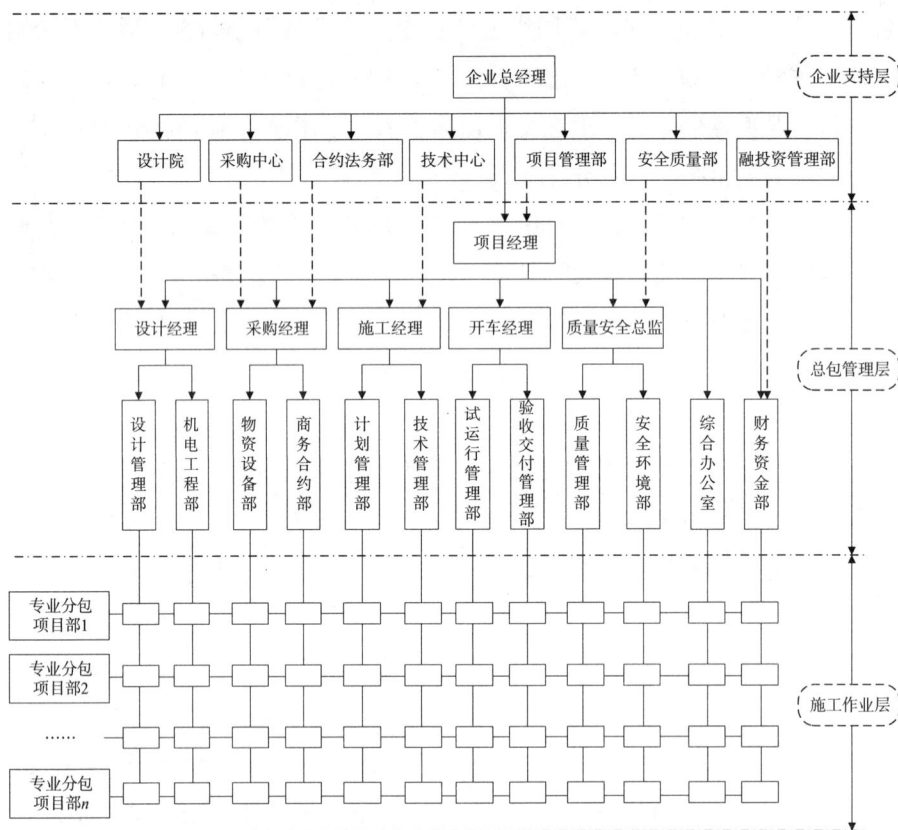

图 6-10　工程总承包项目部组织结构图

企业支持层和总包管理层之间的主要组织问题是企业法人和项目经理部之间的责、权、利的分配关系，企业组织是永久性组织，项目组织是临时性组织，企业为项目经理部实施提供资源支持，项目经理部为企业创造利润，并且经过项目实施过程积累经验，为提升企业项目管理水平和专业技术优势做出贡献。

（2）资源配置矩阵和业务协同矩阵。企业支持层和总包管理层之间除了业务上的指导和监督外，存在资源配置矩阵。具体而言，项目上人力资源和物质资源都是企业配置的，项目部只拥有使用权。管理视角的矩阵组织结构就是指项目部的管理人员和专业技术人员要接受双重领导：职能部门经理和项目经理。资源配置矩阵结构有效运行的目的就是保证项目实施的资源需求和为企业的发展积累人才资源、管理和专业技术经验。

总包管理层和施工作业层之间存在业务协同矩阵，各专业工程分包商的施工作业在总承包系统管理下展开。从理论上讲，业主方、总承包商和分包商的目标是一致的，都是为了完成项目目标。但是，在工程实践中，由于各参与方来自不同的经济利益主体，会因为各自的短期利益目标而产生矛盾和冲突。因此，业务协调矩阵的有效运行取决于总承包商的协调管理能力。

第 **7** 章

现代建筑产业发展水平的评价

7.1 现代建筑产业发展水平评价

7.2 工业化建筑发展水平评价

　　针对现代建筑产业建立科学合理的发展水平评价指标体系，系统地分析和评价现代建筑产业发展状况，是保证现代建筑产业全面、协调和高质量发展的有效手段。关于现代建筑产业评价，大到一个地区、整个国家发展水平评价，小到一个项目等级评价，都可以作为现代建筑产业评价的一部分。从宏观上讲，现代建筑产业发展水平评价是衡量一个地区甚至整个国家建筑业发展的重要体现；从微观上说，一个项目的发展水平也可以侧面衡量建筑业发展水平。工业化建筑是建筑产业现代化的重要体现，故将工业化建筑的评价作为微观层面建筑产业项目评价的对象。

　　本章主要从现代建筑产业发展水平评价及工业化建筑评价两方面展开介绍。

7.1　现代建筑产业发展水平评价

7.1.1　现代建筑产业发展水平评价指标体系

1. 现代建筑产业发展水平评价内容

　　现代建筑产业发展水平评价是一个宏观评价，同时发展水平评价又是一个复杂的大系统，且这一系统是由若干多元参量组成的，因而它的评价也是一个多目标的评价。根据现代建筑产业的定义、内涵和主要特征，通过深入分析和筛选后，针对建筑产业的生产建造活动选取了包括绿色化、工业化、信息化、集约化和社会化五个方面内容及评价指标。这些方面的指标在时间上反映了现代建筑产业发展方向，在空间上反映了建筑产业的整体布局和产业结构，在数量上反映了建筑产业的经济规模，在层次上反映了建筑产业的功能和水平。

　　（1）建造活动绿色化

　　建造活动绿色化的评价内容应主要体现在：

　　1）资源节约效果。评价内容主要包括：节地与土地利用、节能与能源利用、节水与水资源利用、节材与绿色节材使用情况。具体评价指标应体现在绿色建筑数量比例上。

2）环境保护效果。评价内容主要包括：建筑节能减排目标完成情况、建筑垃圾固废处置数量、场地生态环境影响效果。具体评价指标可依据一定区域范围内的政府有关数据统计资料确定。

3）建造文明程度。评价内容主要包括：工程建设项目的合同履约情况、文明工地与质量安全、产业工人队伍素质的情况。具体评价指标应根据一定区域范围内的年度新建建筑工程项目的比例确定。

（2）建造方式工业化

建造方式工业化的评价内容应主要体现在：

1）标准化设计水平。评价内容主要包括：工程项目采用统一的模数协调和模块化组合方法，各建筑单元、构配件等具有通用性和互换性，满足少规格、多组合的原则。具体评价指标应体现在年度内新开工项目的应用比例上。

2）工厂化生产水平。评价内容主要包括：现场施工作业已尽可能转向工厂生产作业，预制构件、建筑部品的工厂制造程度和水平基本达到了标准化、系列化。具体评价指标应体现在年度内新开工项目的预制构件、建筑部品应用比例以及工厂数量上。

3）装配化施工水平。评价内容主要包括：在现场施工过程中使用现代机具和设备，以构件、部品装配施工代替传统现浇或手工作业，实现工程建设装配化施工的程度和水平。具体评价指标应体现在装配式建筑比例以及装配施工企业数量和能力上。

4）一体化装修水平。一体化装修评价内容主要包括：建筑室内外装修工程与主体结构工程紧密结合，装修工程与主体结构一体化设计，采用定制化部品部件实现技术集成化、施工装配化，施工组织穿插作业、协调配合的程度和水平。具体评价指标应体现在全装修建筑项目的比例以及专业化装饰装修企业的数量上。

5）技术集成创新和水平。评价内容主要包括技术集成应用与创新能力、科技进步贡献率。具体评价指标应体现在新建项目对新技术的应用能力及应用情况上。

（3）建造手段信息化

建造手段信息化的评价内容应主要体现在：

1）信息化系统应用程度。评价内容主要包括：企业在生产运营管理活动中采用 BIM、物联网+、数字化技术等信息系统的应用程度和水平。具体评价指标应体现在建筑企业在生产各环节的信息化系统应用普及率上。

2）信息化系统集成应用程度。评价内容主要包括：建立了企业信息化系统管理平台，实现企业管理信息数据传递和共享，在工程建造全过程中实现协同设计、协同生产、协同运营管理等信息化应用程度和水平。具体评价指标应体现在建筑企业的信息化系统集成平台应用普及率上。

（4）建造管理集约化

建造管理集约化的评价内容应主要体现在：

1）产业链协同水平。评价内容主要包括：建筑产业的产业链上各环节完整程度、产业链上各环节协同高效水平。具体评价指标应体现在某一区域经济内，建筑产业的企业间在技术集成应用、生产环节相互配合的程度和水平上。

2）产业布局合理化程度。评价内容主要包括：建筑产业的企业数量、关联产业的集中度、产业区域分布的平衡性。具体评价指标应体现在某一区域经济内，建筑产业的企业种类占建筑产业全部种类的数量比例，或某一产品的市场需求总量占该类型全部企业生产能力总量的比例上。

3）产业生产规模化程度。评价内容主要包括：建筑产业的经营（产出）规模、产业增加值。具体评价指标应体现在某一区域经济内，建筑产业的生产总值、产业增加值占 GDP 比重上。

（5）建造组织社会化

建造组织社会化的评价内容应主要体现在：

1）工程组织方式。评价内容主要包括：在工程项目的组织方式上推行工程总承包管理模式。具体评价指标应体现在某一区域经济内，具备工程总承包能力的企业数量，年度内新建工程项目采用工程总承包管理模式的占工程项目总数的比例上。

2）专业化分工协作程度。评价内容主要包括：建筑产业的企业具备专业化分工协作的程度和水平。具体评价指标应体现在某一区域经济内，中小建筑企业中专业化公司占全部中小建筑企业的比例上。

3）产业工人队伍培训。评价内容主要包括：产业工人队伍的技术培训、特殊工种技能、劳动社会保障。具体评价指标应体现在某一区域经济内，具备技能培训、持证上岗和社会保障的工人占全部产业工人的比例上。

2. 现代建筑产业发展水平评价指标体系构成

（1）评价指标设置

依据上述现代建筑产业发展水平评价内容，形成具体的评价指标框架，如表 7-1 所示。具体分解为目标层、状态层和要素层。目标层是评价指标框架的最高层，内容主要包括：建造活动绿色化、建造方式工业化、建造手段信息化、建造管理集约化、建造组织社会化 5 个方面，表征了我国现代建筑产业发展水平的总体评价；状态层共计 15 个方面，是根据目标层的状态进一步分解的指标；因素层共计 34 个因素，是对状态层的进一步细化，也是目标层的最终载体。

现代建筑产业发展水平评价指标　　　　　　　　　　表 7-1

目标层	状态层	要素层
建造活动绿色化	资源节约效果	节地与土地利用情况
		节能与能源利用情况
		节水与水资源利用情况
		节材与绿色节材使用情况
	环境保护效果	建筑节能减排目标完成情况
		建筑垃圾固废处置数量
		场地生态环境影响
	建造文明程度	合同履约情况
		文明工地与质量安全
		产业工人队伍素质

续表

目标层	状态层	要素层
建造方式工业化	标准化设计水平	模数、模块化设计应用情况
		产品少规格、多组合应用情况
	工厂化生产水平	建筑构件、部品的应用比率
		建筑构件、产品生产企业数量
	装配化施工水平	装配式建筑工程项目比例
		装配化施工企业的数量和能力
	一体化装修水平	全装修项目比例
		专业化装饰装修企业数量
	技术集成创新和水平	技术集成应用与创新能力
		科技进步贡献率
建造手段信息化	信息化系统应用程度	各类信息系统应用情况
		企业物联网建设与应用情况
	信息系统集成应用程度	企业信息系统集成平台建设
		信息数据收集传递应用情况
建造管理集约化	产业链协同水平	产业链各环节完整程度
		产业链各环节协同高效水平
	产业布局合理化程度	产业集中度
		产业化基地与产业园区建设
	产业生产规模化程度	产业规模
		产业增加值占 GDP 比重
建造组织社会化	工程组织方式	工程总承包项目数量比例
		工程总承包企业数量
	专业化分工协作程度	专业化分工协作紧密程度
		专业化施工企业数量

（2）操作性评价指标

表 7-1 基本涵盖了现代建筑产业发展水平的全部内容和指标，但有些指

标难以量化和表征。为更好地实现现代建筑产业发展水平评价，需去除或归类难以量化比较或者难以定性分析的指标，通过专家讨论，对表 7-1 中指标进行筛选和整理归纳分析，最终建立了现代建筑产业发展水平评价指标体系，如图 7-1 所示。

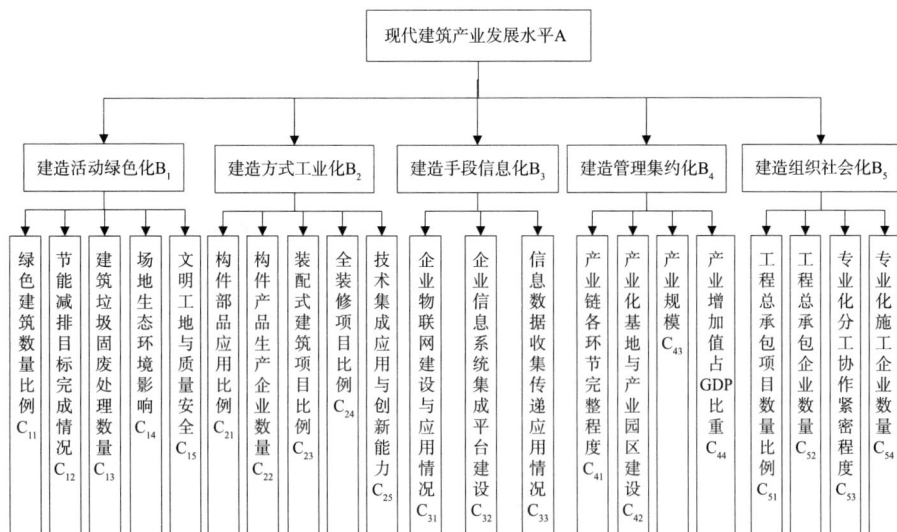

现代建筑产业发展水平A

- 建造活动绿色化B₁
  - 绿色建筑数量比例 C₁₁
  - 节能减排目标完成情况 C₁₂
  - 建筑垃圾固废处理数量 C₁₃
  - 场地生态环境影响 C₁₄
  - 文明工地与质量安全 C₁₅
- 建造方式工业化B₂
  - 构件部品应用比例 C₂₁
  - 构件产品生产企业数量 C₂₂
  - 装配式建筑项目比例 C₂₃
  - 全装修项目比例 C₂₄
  - 技术集成应用与创新能力 C₂₅
- 建造手段信息化B₃
  - 企业物联网建设与应用情况 C₃₁
  - 企业信息系统集成平台建设 C₃₂
  - 信息数据收集传递应用情况 C₃₃
- 建造管理集约化B₄
  - 产业链各环节完整程度 C₄₁
  - 产业化基地与产业园区建设 C₄₂
  - 产业规模 C₄₃
  - 产业增加值占GDP比重 C₄₄
- 建造组织社会化B₅
  - 工程总承包项目数量比例 C₅₁
  - 工程总承包企业数量 C₅₂
  - 专业化分工协作紧密程度 C₅₃
  - 专业化施工企业数量 C₅₄

图 7-1　现代建筑产业发展水平评价指标体系

7.1.2　现代建筑产业发展水平评价方法

1. 评价指标权重确定及分析

（1）权重确定

通过向专家发放问卷的方式收集数据，然后采用层次分析法（AHP）来计算各个指标的权重。问卷发放人群一定程度上可以反映装配式建筑领域高校学者、企业专家等对现代建筑产业发展的认知。运用 Yaahp 软件，导入专家问卷数据，做一致性检验后取均值，得到各个指标的权重，如表 7-2 所示。

现代建筑产业发展水平评价指标权重 表 7-2

目标层	准则层	权重	指标层	相对权重	综合权重	排序
现代建筑产业发展水平评价 A	建造活动绿色化 B_1	0.0968	绿色建筑数量比例 C_{11}	0.4483	0.0434	9
			节能减排目标完成情况 C_{12}	0.2669	0.0258	14
			建筑垃圾固废处理数量 C_{13}	0.0870	0.0084	20
			场地生态环境影响 C_{14}	0.0482	0.0047	21
			文明工地与质量安全 C_{15}	0.1496	0.0145	19
	建造方式工业化 B_2	0.3455	构件部品应用比例 C_{21}	0.1178	0.0407	10
			构件产品生产企业数量 C_{22}	0.2460	0.0850	5
			装配式建筑项目比例 C_{23}	0.3824	0.1321	1
			全装修项目比例 C_{24}	0.1853	0.0640	6
			技术集成应用与创新能力 C_{25}	0.0685	0.0237	15
	建造手段信息化 B_3	0.1612	企业物联网建设与应用情况 C_{31}	0.1220	0.0197	16
			企业信息系统集成平台建设 C_{32}	0.6483	0.1045	2
			信息数据收集传递应用情况 C_{33}	0.2297	0.0370	11
	建造管理集约化 B_4	0.2141	产业链各环节完整程度 C_{41}	0.4829	0.1034	3
			产业化基地与产业园区建设 C_{42}	0.0882	0.0189	17
			产业规模 C_{43}	0.1570	0.0336	12
			产业增加值占 GDP 比重 C_{44}	0.2720	0.0582	7
	建造组织社会化 B_5	0.1823	工程总承包项目数量比例 C_{51}	0.1570	0.0286	13
			工程总承包企业数量 C_{52}	0.0882	0.0161	18
			专业化分工协作紧密程度 C_{53}	0.4829	0.0880	4
			专业化施工企业数量 C_{54}	0.2720	0.0496	8

（2）指标权重分析

根据表 7-2 可知，在准则层中建造方式工业化权重最高为 0.3455，说明大家一致认为建造方式工业化是现代建筑产业发展水平的重要体现，新型工业化建筑体系是建筑产业转型升级的核心。而建造活动绿色化虽然权重较低，但也不可或缺。在指标层中，装配式建筑项目比例、企业信息系统集成平台建设、产业链各环节完整程度权重较高，说明他们是影响现代建筑产业发展水平的重要因素，在提出产业政策、产业布局时应着重考虑。建筑垃圾固废处理数量、场地生态环境影响等虽权重较低，但仍不应忽视其在现代建筑产业发展中的作用。

2. 基于模糊综合评价的现代建筑产业发展水平分析

首先采用模糊综合评价方法建立现代建筑产业发展水平评价模型，模型建立步骤具体如下。

（1）确定评价对象的因素集

根据图 7-1 可知，现代建筑产业发展水平评价作为评价对象的因素集如下：

A 的因素集 = $\{B_1, B_2, B_3, B_4, B_5\}$

B_1 的因素集 = $\{C_{11}, C_{12}, C_{13}, C_{14}, C_{15}\}$

B_2 的因素集 = $\{C_{21}, C_{22}, C_{23}, C_{24}, C_{25}\}$

B_3 的因素集 = $\{C_{31}, C_{32}, C_{33}\}$

B_4 的因素集 = $\{C_{41}, C_{42}, C_{43}, C_{44}\}$

B_5 的因素集 = $\{C_{51}, C_{52}, C_{53}, C_{54}\}$

（2）确定影响因素的权重集合

影响因素权重的集合用 $W = \{w_1, w_2, \cdots, w_n\}$ 表示，其中：

$$w_i \geqslant 0, \sum_{i-1}^{n} w_i = 1$$

根据表 7-2，可得准则层和指标层的因素权重集合如下所示。

$W_A = \{0.0968, 0.3455, 0.1612, 0.2141, 0.1823\}$

$W_{B1} = \{0.4483, 0.2669, 0.0870, 0.0482, 0.1496\}$

$W_{B2} = \{0.1178, 0.2460, 0.3824, 0.1853, 0.0685\}$

$W_{B3} = \{0.1220, 0.6483, 0.2297\}$

$W_{B4} = \{0.4829, 0.0882, 0.1570, 0.2720\}$

$W_{B5} = \{0.1570, 0.0882, 0.4829, 0.2720\}$

注：以上数据计算结果采用四舍五入方法得出。

（3）确定评价标准

评价集合用于对评价结果进行描述，每一个等级可对应一个模糊子集。假设评价集包含 m 个评价等级，其中第 j 个评价等级表示为 v_j，则评价集可表示为：$V=\{v_1，v_2，\cdots，v_j，\cdots，v_m\}$。本书设计了五个评价等级，具体包括优秀、良好、一般、合格和较差。对于定性指标和定量指标的评价等级划分方案见表 7-3。

评价等级划分标准   表 7-3

评价等级	计分值	定量指标	定性指标
v_1	90	$\geqslant 100\%$	优秀
v_2	80	$80\% \leqslant v_2 < 100\%$	良好
v_3	70	$70\% \leqslant v_3 < 80\%$	一般
v_4	60	$60\% \leqslant v_4 < 70\%$	合格
v_5	0	$< 60\%$	较差

（4）构造模糊关系矩阵

1）基本原理

采用单一因素评价方法构造模糊关系子集，针对每个评价指标采用专家打分法进行单因素等级打分。对于定量指标的等级评价，根据评判等级划分确定一致的隶属等级，即指标 i 对某等级的 v_j（$j=1，2，\cdots，m$）的隶属度 $r_{ij}=1$，则对其余等级 v_p（$p \neq j$，$p=1，2，\cdots，m$）的隶属度 $r_{ip}=0$；而对于定性指标的等级评价，则根据各专家评判结果，确定该指标所属的评价等级和隶属度，建立单因素评价的模糊关系子集 $r_i=(r_{i1}，r_{i2}，\cdots，r_{im})$。最终，将 n 个单因素评判模糊关系子集组合起来，可构造出模糊关系矩阵 R，如式（7-1）所示。

$$R=\begin{bmatrix} R \mid u_1 \\ R \mid u_2 \\ \cdots\cdots \\ R \mid u_n \end{bmatrix}=\begin{bmatrix} r_{11} & r_{12} & \cdots & r_{1m} \\ r_{21} & r_{22} & \cdots & r_{2m} \\ \cdots & \cdots & \cdots & \cdots \\ r_{n1} & r_{n2} & \cdots & r_{nm} \end{bmatrix} \qquad （7-1）$$

2）构建发展水平的模糊关系矩阵

首先建立指标的评价标准。例如，定量指标中，根据《建筑业发展"十三五"规划》中绿色建筑发展目标，设定 50% 为完成绿色建筑数量比例 C_{11} 的目标值，如果超出目标值的 100%，则 $v_1=1$，其余为 0；对于场地生态环境影响等定性指标，可采用专家评估法确定该指标所属的评价等级和隶属度，以此类推。据此，构建单因素评价模糊子集，如表 7-4 所示。

单因素评价模糊子集汇总表　　　　　　表 7-4

单因素指标	指标性质	单因素评价					评价标准
		v_1	v_2	v_3	v_4	v_5	
		$\geq 100\%$	$80\% \leq v_2 < 100\%$	$70\% \leq v_3 < 80\%$	$60\% \leq v_4 < 70\%$	$< 60\%$	
		优秀	良好	一般	合格	较差	
"建造活动绿色化"评价模糊子集							
绿色建筑数量比例 C_{11}	定量	r_{11}	r_{12}	r_{13}	r_{14}	r_{15}	
节能减排目标完成情况 C_{12}	定量	r_{21}	r_{22}	r_{23}	r_{24}	r_{25}	
建筑垃圾固废处理数量 C_{13}	定量	r_{31}	r_{32}	r_{33}	r_{34}	r_{35}	
场地生态环境影响 C_{14}	定性	r_{41}	r_{42}	r_{43}	r_{44}	r_{45}	
文明工地与质量安全 C_{15}	定性	r_{51}	r_{52}	r_{53}	r_{54}	r_{55}	
"建造方式工业化"评价模糊子集							
构件部品应用比例 C_{21}	定量						
构件产品生产企业数量 C_{22}	定量						
装配式建筑项目比例 C_{23}	定量						
全装修项目比例 C_{24}	定量						
技术集成应用与创新能力 C_{25}	定性						
"建造手段信息化"评价模糊子集							
企业物联网建设与应用情况 C_{31}	定量						
企业信息系统集成平台建设 C_{32}	定量						
信息数据收集传递应用情况 C_{33}	定性						
"建造管理集约化"评价模糊子集							
产业链各环节完整程度 C_{41}	定性						

续表

单因素指标	指标性质	单因素评价					评价标准
		v_1	v_2	v_3	v_4	v_5	
		$\geq 100\%$	$80\% \leq v_2 < 100\%$	$70\% \leq v_3 < 80\%$	$60\% \leq v_4 < 70\%$	$< 60\%$	
		优秀	良好	一般	合格	较差	
"建造管理集约化" 评价模糊子集							
产业化基地与产业园区建设 C_{42}	定量						
产业规模 C_{43}	定量						
产业增加值占 GDP 比重 C_{44}	定量						
"建造组织社会化" 评价模糊子集							
工程总承包项目数量比例 C_{51}	定量						
工程总承包企业数量 C_{52}	定量						
专业化分工协作紧密程度 C_{53}	定性						
专业化施工企业数量 C_{54}	定量						

由于各地对建筑业发展的要求不同，难以用一套标准衡量各个地区甚至全国的现代建筑产业发展水平。故本书只是提供评价思路，不建立统一的评价标准。

（5）建立模糊综合评价数学模型

1）基本原理

模糊综合评价数学模型如式（7-2）所示。

$$B = W \times R = (w_1, w_2, \cdots, w_n) \begin{bmatrix} r_{11} & r_{12} & \cdots & r_{1m} \\ r_{21} & r_{22} & \cdots & r_{2m} \\ \cdots & \cdots & \cdots & \cdots \\ r_{n1} & r_{n2} & \cdots & r_{nm} \end{bmatrix} = (b_1, b_2, \cdots, b_m) \quad (7\text{-}2)$$

式中　B——评价指标的隶属度判断矩阵；

　　　W——因素权重系数向量；

　　　R——模糊评价关系矩阵。

在得到综合评价判断矩阵 B 之后，按照最大隶属度原则确定评价结果，即根据最大评价指标 b_k（$b_k = \max\{b_j\}$）所对应的评价等级给出评价结果。

2）评价结果的计算

根据表 7-4，现代建筑产业发展水平的评价过程中可以构造出五个模糊关系矩阵，即建造活动绿色化评价模糊关系矩阵 R_{B1}、建造方式工业化评价模糊关系矩阵 R_{B2}、建造手段信息化评价模糊关系矩阵 R_{B3}、建造管理集约化评价模糊关系矩阵 R_{B4}、建造组织社会化评价模糊关系矩阵 R_{B5}。

以建造活动绿色化评价模糊关系矩阵 R_{B1} 为例：

$$R_{B1} = \begin{bmatrix} r_{11} & r_{12} & r_{13} & r_{14} & r_{15} \\ r_{21} & r_{22} & r_{23} & r_{24} & r_{25} \\ r_{31} & r_{32} & r_{33} & r_{34} & r_{35} \\ r_{41} & r_{42} & r_{43} & r_{44} & r_{45} \\ r_{51} & r_{52} & r_{53} & r_{54} & r_{55} \end{bmatrix}$$

按照式（7-2），可依次得到建造活动绿色化、建造方式工业化、建造手段信息化、建造管理集约化、建造组织社会化的评价结果 $B_1 \sim B_5$。

例如，$B_1 = W_{B1} \times R_{B1}$

$$= (0.4483, 0.2669, 0.0870, 0.0482, 0.1496) \begin{bmatrix} r_{11} & r_{12} & r_{13} & r_{14} & r_{15} \\ r_{21} & r_{22} & r_{23} & r_{24} & r_{25} \\ r_{31} & r_{32} & r_{33} & r_{34} & r_{35} \\ r_{41} & r_{42} & r_{43} & r_{44} & r_{45} \\ r_{51} & r_{52} & r_{53} & r_{54} & r_{55} \end{bmatrix}$$

$$= (b_1, b_2, b_3, b_4, b_5)$$

以此类推，计算 $B_2 \sim B_5$。根据最大隶属度原则，可以分别得到 5 个准则层的评价结果。

接下来，现代建筑产业发展水平的模糊综合评价效果计算如下：

$$B_A = W_A \times R_A$$

$$= （ 0.0968，0.3455，0.1612，0.2141，0.1823 ） \times \begin{bmatrix} B_1 \\ B_2 \\ B_3 \\ B_4 \\ B_5 \end{bmatrix}$$

然后根据最大隶属度原则，确定现代建筑产业发展水平的评价等级。

（6）综合评价得分

将表 7-3 中的优秀、良好、一般、合格和较差五个评价等级赋予不同的分值，即 $T=[90，80，70，60，0]^{\mathrm{T}}$，利用公式：

$$S=B \times T \qquad\qquad （7-3）$$

计算得到各个评估指标的综合得分，最终得到现代建筑产业发展水平得分。

7.2 工业化建筑发展水平评价

为了更好地引导我国现代建筑产业走出一条科技含量高、经济效益好、资源消耗低、环境污染少、产业链协同高效、人力资源优势得到充分发挥的新型工业化道路，必须针对工程建设项目建立一套适合我国国情的工业化建筑评价体系，制定并实施统一的评价标准，这也是衡量我国现代建筑产业发展水平的重要组成部分，对于促进我国现代建筑产业持续健康发展具有十分重要的意义。

7.2.1 工业化建筑评价指标体系

工业化建筑主要是指在工程建造活动中，运用现代工业化的设计方法、组织方式和生产手段，对工程建设全过程的各个阶段、各生产要素进行技术集成和系统整合，并采用标准化设计、工厂化生产、装配化施工、一体化装修和信息化管理为主要特征的工业化生产方式建造的建筑。

工业化建筑的评价应重点体现在单体建筑的工业化程度和水平上，总体的评价内容主要包含建筑设计、工程建造、信息化应用、效率与效益四部分要求。其中，建筑设计评价指标主要包括：设计方法、集成技术、预制率、装配率四部分；工程建造评价指标主要包括：工厂预制、装配施工、装修施工、工程管理、专项施工技术五个方面的指标；信息化应用评价指标主要包括：设计阶段、生产阶段、施工阶段、总体要求四个方面的指标；效率与效益评价指标主要包括：人工与效率、资源节约与环境保护两个方面的指标。具体的评价体系框架，如图 7-2 所示。

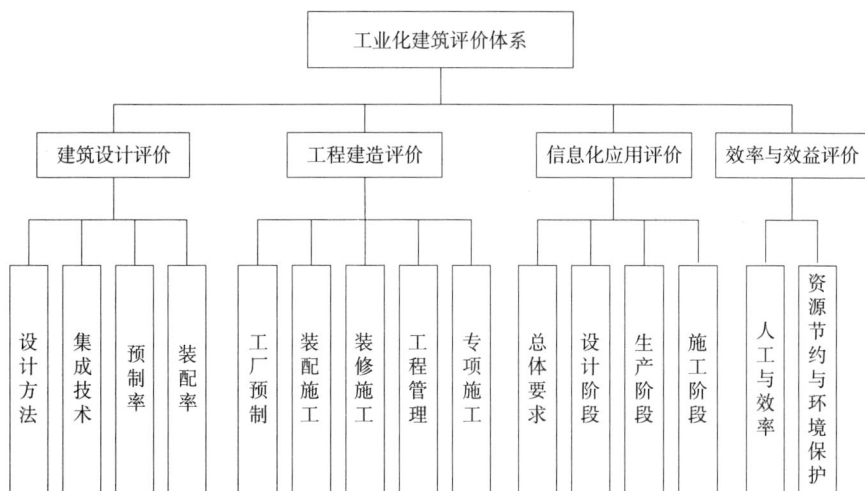

图 7-2　工业化建筑评价体系

7.2.2　工业化建筑评价方法

1. 总体评价

（1）评价计算方法。工业化建筑的总体评价内容主要包括：建筑设计、工程建造、信息化应用和效率与效益四部分要求，每个评分项的满分值均为 100 分，工业化建筑评价总得分值应按式（7-4）计算：

$$Q = a_1Q_1 + a_2Q_2 + a_3Q_3 + a_4Q_4 \qquad (7\text{-}4)$$

式中　Q——工业化建筑评价的总得分值；

Q_1——建筑设计评价的实际得分值；

Q_2——工程建造评价的实际得分值；

Q_3——信息化应用评价的实际得分值；

Q_4——效率与效益评价的实际得分值；

a_1——建筑设计实际得分的权重值；

a_2——工程建造实际得分的权重值；

a_3——信息化应用实际得分的权重值；

a_4——效率与效益实际得分的权重值。

（2）各部分权重确定。建筑设计、工程建造、信息化应用、效率与效益各部分的权重值如表 7-5 所示。

工业化建筑各类评价指标权重值　　　　　　表 7-5

指标	建筑设计 a_1	工程建造 a_2	信息化应用 a_3	效率与效益 a_4
权重值	0.40	0.40	0.10	0.10

（3）评价等级划分。工业化建筑评价结果应划分为 A 级、AA 级、AAA 级，并应符合下列规定：

1）建筑设计、工程建造、信息化应用和效率与效益四部分指标的实际得分值均不应低于 60 分。

2）当总得分值为 60 ~ 74 分、75 ~ 89 分、90 分以上时，工业化建筑应分别评价为 A 级、AA 级、AAA 级。

2. 评价指标要求与评分规则

（1）预制率计算方法

预制率（precast ratio）是指在建筑主体结构系统中，预制构件占全部混凝土总用量的体积比。

装配式混凝土结构预制构件类型应包括：承重墙（叠合墙、模壳墙）、延性墙板、外挂墙板、柱、支撑、梁、屋架、桁架、楼（屋）面板、楼梯、阳台板、空调板、女儿墙，并根据以下公式和要求计算预制率：

$$预制率计算公式：K = \frac{V_1}{V_1 + V_2} \times 100\% \tag{7-5}$$

式中　K——工业化建筑的预制率；

V_1——±0.000 标高以上主体结构中预制构件部分的混凝土用量（体积）；

V_2——±0.000 标高以上主体结构中现浇部分的混凝土用量（体积）。

当钢结构、木结构建筑满足楼板全部采用免支撑、免模板技术条件时，预制率评分取值 20 分。

（2）装配率计算方法

装配率（prefabrication ratio）是指在建筑系统中，建筑部品数量（面积、长度）占同类建筑部品总数量（面积、长度）的比率。

建筑部品类型应包括：非砌筑外围护墙体、非砌筑内隔墙体、集成式卫生间、集成式厨房、装配式楼地面、管线分离系统部品，并根据以下公式和要求计算装配率：

$$装配率计算公式：P = \sum_{1}^{6} b \cdot P_i \tag{7-6}$$

式中　P——建筑部品装配率；

b——某一建筑部品在装配率计算中的权重值。该权重值的确定遵循各计算的建筑部品对装配率贡献一致的原则，权重值 $b = \frac{1}{6} \times 100\%$。

P_i——某一建筑部品的应用比例，即某一建筑部品的装配量（面积、数量、长度）占该建筑部品总量（面积、数量、长度）的百分比，

下角 i 表示建筑部品类型。

建筑部品类型与应用比例计算规则应符合表 7-6 的规定。

建筑部品类型与应用比例计算规则   表 7-6

序号	建筑部品类型 i	评价指标	评价方法
1	非砌筑外围护墙体	面积比	
2	非砌筑内隔墙体	面积比	
3	集成式卫生间	数量比	
4	集成式厨房	数量比	查阅资料
5	装配式楼地面、吊顶	面积比	
6	管线分离系统	长度比	

注：在公共建筑评价时，若建筑部品类型缺项可视同满足要求。

（3）评分规则

工业化建筑的评分项、评价指标及要求、评价分值以及评分规则，如表 7-7 所示。

工业化建筑评分项与评分规则   表 7-7

评价项		评价指标及要求	评价分值	实际得分值
建筑设计评价（最高分值 100 分）				
设计方法（40 分）	设计策划（8 分）	项目设计方案阶段进行了技术策划，提出了系统的工业化建造技术体系，并具有完整的专项设计策划方案	4	
		对技术选型、技术经济的可行性和可建造性进行了全面、系统的分析评估，并具有完整的技术评估报告	4	
	标准化设计（16 分）	采用模数、模块化的设计方法，在单体建筑中重复使用最多的三个基本单元（户型）的面积之和占相同功能区总面积的比例不低于 70%	5	
		采用标准化构件，提高构件重复使用率，项目中同一种构件类型数量不少于 50 件的占项目所有类型的构件总数量的比例不低于 80%	6	
		采用标准化部品，外窗、集成式卫生间、集成式厨房重复使用率最多的三个规格的同一部品总数量占同类部品总数量的比例均不低于 70%	5	

续表

评价项		评价指标及要求	评价分值	实际得分值
设计方法（40分）	一体化设计（8分）	各设计专业之间进行了协同设计，能够完整描述设计项目，真实反映设计信息，统筹项目全过程	3	
		各专业设计充分考虑了应用的技术与产品生产和施工建造过程的影响因素，包括：技术条件、生产工艺、运输条件、施工效率、成本效益等	2	
		室内装修设计与建筑设计同步，并具有完整的室内装修设计图	3	
	深化设计（8分）	具有完整的预制构件深化设计图，满足工厂制作、施工安装等环节承接工序的技术和安全要求	3	
		对具有一体化复合结构的围护墙、分隔墙，以及集成式厨房、卫生间等主要部品进行了深化设计	3	
		连接件、预埋件等设计准确、清晰、合理，考虑了安装调节和公差配合，便于制作和施工	2	
集成技术（20分）	主体结构集成技术（5分）	采用预制装配式组合结构技术，技术系统完整、先进，提高主体结构安全性和经济性	2	
		采用预应力混凝土结构技术，技术系统完整、先进，提高主体结构安全性和经济性	2	
		采用建筑结构减、隔震技术，技术系统完整、合理、先进，设备性能稳定、可靠，提高建筑抗震的安全性和经济性	1	
	外围护结构集成技术（5分）	预制外墙板采用结构、保温、装饰系统集成技术，满足结构、防渗、保温、装饰要求	5	
		预制外墙板采用结构、装饰系统集成技术，满足结构、防渗、装饰要求	3	
	室内装修集成技术（5分）	内隔墙采用墙体、管线、装修系统集成技术，满足隔声、敷设、装饰要求	5	
	机电设备集成技术（5分）	机电设备管线采用系统集成技术，管线集中布置，管线及点位预留、预埋设计到位，管线系统安装方便	5	
主体结构预制化程度（20分）	预制率（20分）	预制率＞65%	20	
		65%≥预制率≥30%	10～20	
		30%＞预制率≥20%	10	

评价项		评价指标及要求	评价分值	实际得分值
建筑部品装配化程度（20分）	装配率（20分）	装配率＞80%	20	
		80%≥装配率≥60%	10～20	
		60%＞装配率≥50%	10	

工程建造评价（最高分值100分）

建造方式（80分）	工厂预制（15分）	构件与部品生产企业应具备相应的生产工艺设备和完善的质量管理体系，项目构件和部品生产具备完整的生产组织方案	4	
		生产构件和部品应标注构件编号、制作日期、合格状态、生产单位等信息	3	
		构件和部品的存放、成品保护、运输等具有科学合理的组织方案和技术措施	3	
		构件和部品各项性能指标符合设计要求，构件质量符合国家现行有关标准要求，产品具有合格证及相关性能检测报告，且可追溯	5	
	装配施工（20分）	项目具备完整的装配化施工组织方案，内容包括构件和部品安装工程进度、场地、材料、人员、机械的组织，以及相应的质量、环境、安全管理措施	4	
		项目具备构件和部品安装专项技术方案，内容包括吊装、安装、灌浆、坐浆、支撑等专项技术方案	3	
		外墙、内墙、顶棚基本实现无抹灰	5	
		外墙减少外脚手架施工，室内采用工具式、定型化安全支撑设施；后浇混凝土部位采用工具式、定型化模板及支撑系统，且可重复使用30次以上	5	
		各机电设备的管线连接采用机械连接方式；各机电设备管线排布合理，便于施工操作	3	
	装修施工（20分）	室内装修施工与土建工程施工同步，具备系统的室内装修施工组织方案	5	
		建设了工序样板间，体现部品的工厂生产与现场施工工序、部品生产工艺与施工安装工艺的协调配合	5	
		楼地面采用干式工法，各构件与部品之间、部品与主体结构之间的接口，采用装配化施工工艺	5	
		采用管线与支撑体分离系统	5	

续表

评价项		评价指标及要求	评价分值	实际得分值
建造方式（80分）	工程管理（25分）	采用工程总承包管理模式，满足设计、生产、施工、装修等环节的一体化组织实施，实现交钥匙工程	10	
		工程项目有完善的组织管理架构，满足设计、生产、施工一体化的要求，并具有项目实际管控能力	4	
		建立了工程质量管理体系，职责划分明确、清晰	4	
		项目总包企业掌握了核心技术体系，具备深化设计、构件生产、施工装配的协调能力	4	
		项目分包工程的企业具有专业化的资质和技术能力	3	
专项施工技术（20分）	成型钢筋制品自动化加工技术（5分）	采用成套自动化钢筋加工设备，具有合理的工艺流程和固定的加工场地，集中将钢筋加工成为工程所需的各种成型钢筋。包括：钢筋焊接网片、钢筋笼、钢筋桁架等	5	
	机械整体爬升模板技术（5分）	采用机械整体爬升模板设备与技术，具有专项的施工组织方案，满足复杂多变的现浇混凝土结构施工的质量、安全、效率和效益的要求	5	
	预制楼板安装工具式支撑技术（5分）	预制楼板安装采用工具式支撑系统施工技术，具有专项的施工组织方案、支撑系统的配件和支护配套齐全，由专业队伍施工操作	5	
	集成附着式升降脚手架技术（5分）	采用集成附着式升降脚手架施工技术，具有防倾覆、防坠落装置和自动化升降控制机构。具有专项施工方案、工艺流程和安全保障措施	5	

信息化应用评价（最高分值100分）

评价项		评价指标及要求	评价分值	实际得分值
设计阶段（30分）	方案设计（10分）	应用BIM信息技术进行设计，包括项目总体分析、性能分析、方案优化、产品标准化定型，并将设计信息传递给后续环节	10	
	施工图设计（10分）	应用BIM信息技术进行设计,包括专业协同、管线综合、信息模型制作、施工图表达	10	
	构件图设计（10分）	应用信息技术进行构件深化设计，包括连接节点设计、钢筋碰触检查、预留预埋设计、构件图表达	10	

续表

评价项		评价指标及要求	评价分值	实际得分值
生产阶段（20分）	工厂生产信息化管理系统（10分）	采用了工厂生产信息化管理系统，包括计划安排、人财物管理、构件生产流程管理、构件质量控制	10	
	构件生产信息数据库（10分）	建立了构件生产信息数据库，每个构件有唯一身份标识，用于记录构件生产关键信息，追溯、管理构件生产质量、进度	10	
施工阶段（30分）	施工过程信息模型（15分）	建立施工过程信息模型，将深化设计模型与施工进度、成本管理、材料采购、室内装修、质量管控等信息关联整合、协同工作	15	
	竣工验收信息模型（15分）	建立竣工验收信息模型，项目竣工信息资料完整、可追溯	15	
总体要求（20分）	应用基础（20分）	从设计阶段开始应用BIM技术建立建筑信息模型，并随项目设计、构件生产及施工建造等环节实施信息共享、有效传递和协同工作	10	
		建立系统数据管理信息库，并对工程建设全过程实施动态、量化、科学、系统的管理和控制	5	
		各应用系统之间的数据和业务形成了信息集成接口，实现了互通互联，并建立了项目或企业信息化管理系统平台	5	

效率与效益评价（最高分值100分）

人工与效率（50分）	建造工期（25分）	项目建造的主体结构及内外装修工期与招标合同约定的工期净天数相比，工期缩短20%及以上	25	
		项目建造的主体结构及内外装修工期与招标合同约定的工期净天数相比，10%≤工期缩短比例<20%	0~25	
	人工用量（25分）	施工现场人工用量与招标合同约定的劳动计划人工用量相比，用工减少30%及以上	25	
		施工现场人工用量与招标合同约定的劳动计划人工用量相比，20%≤用工减少比例<30%	0~25	
资源节约与环境保护（50分）	节能效果（7分）	制定并实施施工节能和用能方案，监测并记录施工能耗。现场施工用能量比定额用量降低5%及以上	7	

续表

评价项		评价指标及要求	评价分值	实际得分值
资源节约与环境保护（50分）	节水效果（7分）	制定并实施施工节水和用水方案,监测并记录施工水耗。现场施工用水量比定额用量降低 30% 及以上	7	
	节材效果（18分）	现浇部位钢筋采用工厂化加工的钢筋比率不低于 80%,钢筋损耗率比定额损耗率降低 50%	6	
		最大限度地采用预制构件,减少现场预拌混凝土用量和损耗,现浇混凝土损耗率比定额损耗率降低 50%	6	
		采用工具式模板和可周转式临建设施（包括:围挡、硬化路面、用房等）,采用面积率（围挡按长度计）不低于 80%	6	
	环保效果（18分）	厂界空气质量指数 PM10 颗粒物浓度 15min 均值宜控制在 150μg/m³ 以内,日均值不超过当地气象部门公布的数据值	6	
		现场施工固体废弃物排放量不超过 150t/万 m²,分类收集率达到 100%	6	
		施工噪声低于《建筑施工场界环境噪声排放标准》GB 12523-2011 相关规定,昼间噪声不大于 70dB,夜间噪声不大于 55dB	6	

注: 1. 预制率、装配率、建造工期、人工用量的评价分值采用"内插法"计算,取小数点后1位。

2. 当预制率≥ 50% 时,评价内容中机械整体爬升模板技术的评价可视同满分。

第 **8** 章

现代建筑产业政策

8.1 产业政策概述

8.2 我国建筑产业政策现状

8.3 现代建筑产业政策的制定

8.4 我国现代建筑产业政策调整方向及建议

8.1 产业政策概述

8.1.1 产业政策的内涵

产业政策是一个国家的中央或地区政府为了其全局和长远利益而主动干预产业活动的各种政策的总和。其构成要素通常包括：政策对象、政策目标、政策手段与措施、政策实施机构，以及政策的决策程序与决策方式。

产业政策的核心功能在于对市场失灵的弥补，它的成功建立在维护企业的经营自主权和重视充分发挥市场功能的基础之上，而不是对市场功能的排斥和取代。产业政策对产业内部的技术、资金、人才等生产要素的投入和运作发生积极影响，从而促使产业更好的发展。同时，产业的发展又将使产业发展的环境随之变化，对发展战略、市场需求、产业布局、产业资源等因素提出新的要求，继而促进适应性较强的新政策出现。在产业发展的进程中，发展战略、市场需求、产业布局等因素决定着产业政策的发展方向，这对产业发展起到重要的作用，具体关系如图 8-1 所示。

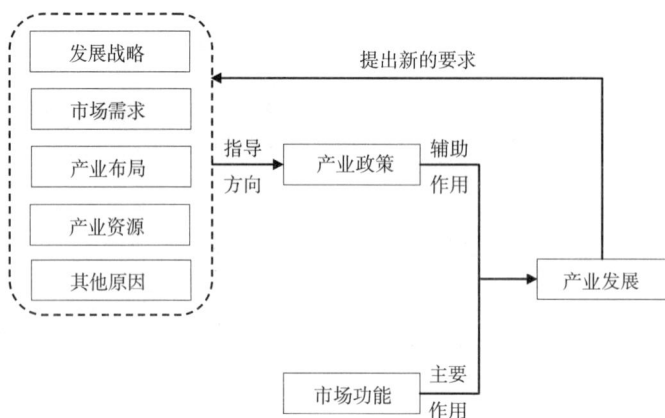

图 8-1 产业政策、产业发展关系图

8.1.2　产业政策的分类

根据产业经济学理论，产业政策的类型根据功能定位的不同，可分为产业组织政策、产业结构政策、产业布局政策、产业技术政策；产业政策按照其实施对象，可分为农业政策、能源政策、对外贸易政策、环保政策等；根据特定的目标还有综合性政策等。

1. 产业组织政策

产业组织政策是指政府为了获得理想的市场效果，而制定的干预市场结构和市场行为、调节企业间关系的公共政策。其实质是协调竞争与规模经济之间的矛盾，以维持正常的市场秩序，促进有效竞争态势的形成。

2. 产业结构政策

产业结构政策是指政府制定的、通过影响与推动产业结构的调整和优化来促进经济增长的产业政策。产业结构政策按照政策目标和措施的不同，可归纳为产业调整政策和产业援助政策两类。

3. 产业布局政策

产业布局政策是政府根据国民经济发展的不同阶段、区域经济差异状况、产业经济技术特性和各类地区的综合条件，为实现产业合理化的空间分布而制定的产业政策。主要包括地区发展重点的选择和产业集中发展战略的制定。其重点要把握产业均衡与非均衡性和空间布局的合理化。

4. 产业技术政策

产业技术政策是指政府为促进产业技术进步而制定的引导或影响产业技术创新、发展和转移的产业政策。一般来说主要包括两方面内容：一是确定产业技术的发展目标和具体计划，二是技术进步促进政策，包括技术引进政策、技术扩散政策、技术开发扶植政策。

8.2 我国建筑产业政策现状

8.2.1 我国现行的建筑产业政策

近年来，国家出台了一系列有关建筑产业的组织结构、技术经济等方面的政策和指导意见，提出了明确的发展目标和措施。为了深入研究我国现代建筑产业政策，本书整理汇总了近年来我国现行的有关建筑产业政策，见表8-1。通过对我国现有的建筑产业政策的梳理，分析我国目前建筑业产业政策存在的问题，以期更好地构建适合我国国情的建筑产业政策体系。

建筑产业政策汇总表　　　　　　　　　　　　　　　　表 8-1

日期	政策 / 发文	相关政策内容指引
2020 年 8 月	《住房和城乡建设部等部门关于加快新型建筑工业化发展的若干意见》（建标规〔2020〕8 号）	《意见》提出了加强系统化集成设计、优化构件和部品部件生产、推广精益化施工、加快信息技术融合发展、创新组织管理模式、强化科技支撑、加快专业人才培育、开展新型建筑工业化项目评价、加大政策扶持力度九方面的意见。以此全面贯彻新发展理念，推动城乡建设绿色发展和高质量发展，以新型建筑工业化带动建筑业全面转型升级，打造具有国际竞争力的"中国建造"品牌
2020 年 7 月	《住房和城乡建设部等部门关于推动智能建造与建筑工业化协同发展的指导意见》（建市〔2020〕60 号）	《意见》提出：以大力发展建筑工业化为载体，以数字化、智能化升级为动力，创新突破相关核心技术，加大智能建造在工程建设各环节应用，形成涵盖科研、设计、生产加工、施工装配、运营等全产业链融合一体的智能建造产业体系，提升工程质量安全、效益和品质，有效拉动内需，培育国民经济新的增长点，实现建筑业转型升级和持续健康发展
2020 年 7 月	《住房和城乡建设部 国家发展改革委 教育部 工业和信息化部 人民银行 国管局 银保监会关于印发绿色建筑创建行动方案的通知》（建标〔2020〕65 号）	《通知》中提到：要推动新建建筑全面实施绿色设计、完善星级绿色建筑标识制度、提升建筑能效水平、提高住宅健康性能、推广装配化建造方式、推动绿色建材应用、加强技术研发推广、建立绿色住宅使用者监督机制；到 2022 年，当年城镇新建建筑中绿色建筑面积占比达到 70%

日期	政策 / 发文	相关政策内容指引
2019 年 12 月	《住房和城乡建设部 国家发展改革委关于印发房屋建筑和市政基础设施项目工程总承包管理办法的通知》（建市规〔2019〕12 号）	《通知》明确了工程总承包范围、工程总承包项目发包和承包的要求、工程总承包单位条件、工程总承包项目实施要求、工程总承包单位的责任等
2017 年 11 月	《住房城乡建设部办公厅关于征求〈关于培育新时期建筑产业工人队伍的指导意见（征求意见稿）〉意见的函》（建办市函〔2017〕763 号）	提出目标任务：到 2025 年，建筑工人技能素质大幅提升，中级工以上建筑工人达到 1000 万，建立保护建筑工人合法权益的长效机制，打通技能人才职业发展通道，弘扬劳模精神和工匠精神，建设一支知识型、技能型、创新型的建筑业产业工人大军
2017 年 3 月	《住房城乡建设部关于印发〈"十三五"装配式建筑行动方案〉〈装配式建筑示范城市管理办法〉〈装配式建筑产业基地管理办法〉的通知》（建科〔2017〕77 号）	三个文件明确了"十三五"期间的"工作目标、重点任务、保障措施"和示范城市、产业基地管理办法。其中，《行动方案》的发布，为未来一段时间装配式建筑的发展指明了方向，指导意义十分明显
2017 年 2 月	《国务院办公厅关于促进建筑业持续健康发展的意见》（国办发〔2017〕19 号）	《意见》提出要牢固树立和贯彻落实创新、协调、绿色、开放、共享的发展理念，坚持以推进供给侧结构性改革为主线，按照适用、经济、安全、绿色、美观的要求，深化建筑业"放管服"改革，完善监管体制机制，优化市场环境，提升工程质量安全水平，强化队伍建设，增强企业核心竞争力，促进建筑业持续健康发展，打造"中国建造"品牌
2016 年 9 月	《国务院办公厅关于大力发展装配式建筑的指导意见》（国办发〔2016〕71 号）	《指导意见》提出以京津冀、长三角、珠三角三大城市群为重点推进地区，常住人口超过 300 万的其他城市为积极推进地区，其余城市为鼓励推进地区，要因地制宜发展装配式混凝土结构、钢结构和现代木结构等装配式建筑，力争用 10 年左右的时间，使装配式建筑占新建建筑面积的比例达到 30%
2016 年 8 月	《住房城乡建设部关于印发 2016 — 2020 年建筑业信息化发展纲要的通知》（建质函〔2016〕183 号）	《通知》指出发展目标："十三五"时期，全面提高建筑业信息化水平，着力增强 BIM、大数据、智能化、移动通讯、云计算、物联网等信息技术集成应用能力，建筑业数字化、网络化、智能化取得突破性进展，初步建成一体化行业监管和服务平台，数据资源利用水平和信息服务能力明显提升，形成一批具有较强信息技术创新能力和信息化应用达到国际先进水平的建筑企业及具有关键自主知识产权的建筑业信息技术企业

日期	政策 / 发文	相关政策内容指引
2016 年 5 月	《住房城乡建设部关于进一步推进工程总承包发展的若干意见》（建市〔2016〕93 号）	《意见》指出，建设单位在选择建设项目组织实施方式时，应本着质量可靠、效率优先的原则，优先采用工程总承包模式。政府投资项目和装配式建筑应当积极采用工程总承包模式
2016 年 2 月	《中共中央 国务院关于进一步加强城市规划建设管理工作的若干意见》（中发〔2016〕6 号）	《意见》提出要建设国家级装配式建筑生产基地，力争用 10 年时间使装配式建筑占新建建筑的比例达到 30%
2014 年 7 月	《住房城乡建设部关于推进建筑业发展与改革的若干意见》（建市〔2014〕92 号）	《意见》指出要简政放权，开放市场，坚持放管并重，消除市场壁垒，构建统一开放、竞争有序、诚信守法、监管有力的全国建筑市场体系；创新和改进政府对建筑市场、质量安全的监督管理机制，加强事中事后监管，强化市场和现场联动，落实各方主体责任，确保工程质量安全；转变建筑业发展方式，推进建筑产业现代化，促进建筑业健康协调可持续发展，构建有利于形成建筑产业工人队伍的长效机制
2013 年 1 月	《国务院办公厅关于转发发展改革委住房城乡建设部绿色建筑行动方案的通知》（国办发〔2013〕1 号）	《行动方案》包括充分认识开展绿色建筑行动的重要意义，指导思想、主要目标和基本原则，重点任务，保障措施 4 部分。提出重点任务包括：切实抓好新建建筑节能工作，大力推进既有建筑节能改造，开展城镇供热系统改造，推进可再生能源建筑规模化应用，加强公共建筑节能管理，加快绿色建筑相关技术研发推广，大力发展绿色建材，推动建筑工业化，严格建筑拆除管理程序，推进建筑废弃物资源化利用

8.2.2　目前我国建筑产业政策存在的问题

1. 政策的系统性问题

（1）缺乏建筑产业顶层设计的总体规划。我国建筑产业已经走过了 70 多个年头，但是到目前为止，在国家层面尚未出台并统筹制定有关的建筑产业总体规划和纲要。尽管出台了一些相关政策，也主要是针对建筑施工行业，而不是针对建筑产业。如果国家不能够针对建筑产业做出具有战略性的宏观指导层面的顶层设计，并专门出台总体规划，将会直接影响建筑产业持续健康发展，必然导致建筑产业"名存实亡"与"九龙治水"的发展局面。

（2）缺乏"产业"的系统思维和方法。近年来，随着建筑业改革的不断深入，国家针对建筑业的组织方式、建造方式以及交易方式等，虽然出台了一系列改革发展政策，但是，建筑产业"碎片化"与"系统性"的矛盾依然十分突出，产业协同机制尚未建立，要素资源尚未得到合理配置，要素效率尚未得到提升，产业结构尚未得到优化。某种程度上，建筑业的改革更多是施工行业的改革，还是用"行业"的管理思维来改造传统产业，改革发展的路径上尤其缺乏针对"产业"的系统思维和方法。

（3）缺乏"大产业"管理的总体机制。长期以来由于建筑产业受到条块分割旧管理体制局限的原因，住房和城乡建筑主管部门主要还是从"行业"的角度管理各有关建筑规划、设计、施工等行业领域及相关企业，而冶金、铁道、交通、水利、电力等部门所属的建筑勘察、设计、施工队伍的主要业务活动由各所属的主管部门直接管理，从而造成了建筑产业内部企业各自为战、同质化竞争的格局。就我国建筑产业的整体而言，应该是一个"大产业"的范畴，在本书的第 1 章已明确论述，建筑产业应包含所有的建筑企业，包括关联产业的企业。为此，在产业边界越来越模糊的经济新常态下，要有"大产业"的发展格局，特别是在制定和实施建筑产业政策中，要从"大产业"的范畴进行总体规划。

（4）缺乏相关政策推动的系统性。目前在国家层面出台有关推动建筑产业发展的相关政策，更多局限在某些"点"上的发展，往往忽视了整个建筑产业的系统性问题。比如在发展装配式建筑方面，政府单纯强调装配率指标，忽视建造方式变革这个系统性、全局性的问题，必然会导致"唯装配"，忽视建造方式变革，而且在很大程度上是政府在推着企业走。又比如推行工程总承包模式，也没有从"产业"的视角研究现代建筑产业的组织结构，以及如何形成社会化的专业化分工协作机制，哪些企业适合做工程总承包，哪些企业适合做专业分包，制定哪些政策来培育并引导企业朝着某个适合的方向发展，对于这些问题都还缺乏系统的研究和思考。

2. 政策的协调性问题

（1）政策与政策间的协调性不足。近年来，虽然政府出台了多项政策，但政策之间的协调性、彼此的关联性仍然欠缺。一些政策出现了盲区或者重复的现象，整体的效果难以显现。比如 2020 年住房和城乡建设主管部门提出大力发展装配式钢结构住宅，与之前出台的大力发展装配式建筑的政策关系如何，装配式混凝土结构还是否要发展，缺少相关的具体的政策指导和协调。因为在制定政策时缺乏整体性的思考或受特殊原因的影响，导致政策间的协调性、连续性不足。

（2）政策制定部门间的协调性不足。从已有出台的政策看，"政出多门"的现象比较普遍。例如财政部和税务局均就"营改增"问题制定了相关政策，而住房和城乡建设部、人力资源社会保障部也有涉及，但意见要求却有所不同。这种现象使得政策的指导性和协调性功能难以得到充分发挥，有的事项有多部门管理，而有的事项却无人负责，从而造成政策的系统性、统一性不足。

（3）政策与实际情况间的协调性不足。部分建筑业政策出发点很好，但是对于目前建筑业管理粗放的特点来说，适用性不够，没有充分考虑实际情况。例如，就"营改增"政策的推行而言，对建筑企业来说，可解决建筑企业重复纳税的问题，对于规范企业经营行为大有帮助。但是，由于建筑企业内部管理粗放，企业无法取得全部进项发票等问题，是否能真正地减轻企业税负还有待商榷。政策实施的目的是为企业减负，虽然说应该起到一定的规范引导作用，但也应注意优化政策设计，切实把握好"度"，留够过渡期，保证大多数企业能够根据政策规范企业行为，而不是因为不能尽快适应管理要求而不断亏损。

3. 政策的落实问题

（1）未建立政策长效机制。政策长效机制的建立，有助于促进建筑产业的持续健康发展，使得建筑产业走上制度化、规范化、科学化的道路。政府应以实际执行效果作为政策修订的主要根据，而非政策制定人员的更换。应切实形成统筹调查、政策编制、发布、落实、落实情况、纠偏、修订的循环，保证产业政策的长足发展。目前，大多产业政策尚未建立长效机制，连贯性不够，在政策的落实及修订环节存在一定的缺失。

（2）缺乏配套、辅助发展的相关政策。我国目前管理政策不够细致，政策实施的配套社会化服务体系不够健全，政策实施辅助部门发展缓慢，虽然提出了有效政策措施，但是可以为企业提供政策咨询、培训、宣贯的支持机构有限，没有发挥政策该有的作用。政策如何细化、落实并保证其连贯性，是发布建筑业政策时应考虑的重要问题。

4. 政策的缺位问题

（1）不同类型企业的定位问题。大型建筑企业可以更好地带动经济发展，一般来说，政府的扶持政策以及财政上的支持都更偏向于大型企业，对规模较小的民营企业关注不够，没有做好每类企业的市场定位。一些中小企业虽然没达到一定规模，但他们的灵活性较强，在建筑业中也具有举足轻重的作用或地位，如果忽视了它们的成长和创新，将会阻碍建筑业的健康发展。如何做好大小各类企业的定位，在培育大企业发展的同时，引导中小建筑企业向专业化公司转型，充分发挥中小企业的作用，是现行政策制定中应着重考虑的问题。

（2）产业链的引导性问题。建筑产业具有产业链长、产业关联度高、辐射带动效应强的特点，项目建设需要大量钢材、木材、水泥、建筑部品等数十个行业的材料和产品。虽然出台了鼓励优先采用工程总承包模式的政策，在一定程度上解决了设计、生产、施工脱节的问题。但对于产业链中不同企业的相互配合、无法做到总承包的中小企业定位的相关政策，以及根据实际情况建立合理的协同高效的产业链的政策，存在缺失。

（3）产业的合理化布局问题。从已有的产业政策总结来看，国家出台的有关产业布局的政策，更多是围绕建设国家产业化基地、示范城市等方面。对于建筑产业在空间上的分布、资源的空间配置、如何布局发展、地区的差异如何弥补等方面，考虑得较少。比如：具有特级、一级资质的建筑企业在各区域经济如何设置；相关材料、产品生产企业如何配置；如何实现地区专业化和多样化发展相结合；如何逐步实现产业布局的分工协作等。

（4）部分激励政策考虑不足问题。政府对企业的激励机制的考虑存在一定的不足，有一定的偏向性。比如各省、市、自治区密集出台大力发展装配式建筑的政策,提出"对采用装配式建造方式并符合实施标准的工程项目,给予一定的财政等方面奖励"的政策。但是,这些政策却无法惠及构件生产企业,对新兴的预制构件生产企业来说,现阶段正处在发展初期,应该按照构件生产的产量给予产业扶持政策,鼓励企业改进生产工艺、增大产能、丰富产品类型、提升产品质量,推动预制构件行业的持续健康发展。

8.3 现代建筑产业政策的制定

8.3.1 制定产业政策需要解决的前提问题

前提问题主要是指历史形成的问题,历史形成的问题也是传统发展方式的路径问题,同时也是传统建筑产业转型发展中必须要面对和解决的先决因素。这些问题如果得不到很好解决,就难以制定与新时代发展相适应的产业政策,传统建筑业也难以从根本上实现转型升级和创新发展。

1. 要切实将建筑产业作为重要的物质生产部门

要明确建筑产业在国民经济中的战略地位和作用,把建筑产业作为重要的物质生产部门来发展,这是制定建筑产业政策的重要前提和基础。改革开放40多年来,我国建筑产业一直保持快速发展,产业规模不断扩大,产业在国民经济中的比重不断提高,支柱产业的地位和作用越发明显,对整个国民经济的推动作用越来越突出。主要体现在五个方面:一是建筑业产值迅速增长,建筑业产值已仅次于工业和农业,对国民经济和社会发展具有强大的推动作用;二是建筑产业队伍不断壮大,吸纳大量农村转移人口,为社会提供了大量的就业岗位;三是建筑业的快速发展,诱发带动了许多相关产业的发展;四是建筑产业要跻身国际市场,具有为国家创外汇的巨大潜力;五是随着国民经济的发展和人民对美好生活需求的增长,对建筑产品和物质的需求进一步增大。因此,要切实把建筑产业作为国民经济发展中的重要物质生产部门来计划和发展。

2. 要将建筑产业纳入国家发展计划的组成部分

一直以来，国家从未将建筑产业纳入国民经济和社会发展规划纲要之中，忽视了建筑产业在国民经济中的战略地位。为此，在国家总体的产业政策制定中，应该对建筑产业政策给予相应的位置，并将其作为国家发展计划的组成部分。这就需要我们划清建筑产业与建筑行业管理的不同性质、概念和职责，理顺建筑行业管理与建筑产业的关系，改变过去以建筑行业管理取代建筑产业管理的旧体制，补足没有"产业"管理体制机制的缺失和短板。有必要将"建筑物"纳入"产品"的范畴，从建筑产品的建造活动的全产业链视角和维度，提升建造过程的系统集成和协同高效水平。要认真系统地研究建筑产业的组织结构、发展布局和资源配置问题，并制定相关的产业组织政策、产业结构政策、产业布局政策和产业技术政策。

3. 要运用"产业"思维方法制定建筑业发展战略

发展战略是制定产业政策的基础，制定建筑产业的发展战略，必须从我国的国情和建筑产业的发展实际出发，首先要树立"产业"的思维和发展理念，与国家总体产业政策相适应、相配套。发展战略的目标主体方向，不能单纯从建筑行业监管的角度出发，而应当从建筑产业的全局性、长远性和根本性的角度，充分体现建筑产业在国民经济中的主体地位和担负的任务。建筑产业在国民经济中的主要任务是承担国家的各类工程建设，为发展国民经济和改善人民生活条件服务，同时也带动相关产业发展，为国家创造社会财富。因此，建筑业的发展战略不能主要是经济发展战略，而应是以提高全产业的基础能力和产业链协同水平为基本目标的发展战略。进入新时代，建筑产业的发展战略，应更加注重产业的转型升级和创新发展，特别要通过深化改革和技术创新，对产业发展定位、产业结构调整、产业空间布局等进行整体规划，以期实现建筑产业的高质量发展。

8.3.2　制定产业政策面临的难点和挑战

进入新时代后，现代建筑产业发展进程面临着两个方面的重要任务，一方面要转型升级，从高速增长阶段向高质量发展阶段转变；另一方面要走新型建筑工业化道路，推动建筑工业化与信息化、智能化融合发展。因此，现代建筑产业的政策制定主要面临几个方面的困难和挑战。

（1）传统建筑产业的基础能力不足，传统粗放的低成本优势逐渐减弱，现代建筑产业正面临"倒三角"的发展局面。所谓"倒三角"就是在缺乏一定的产业基础、产业的组织能力、技术集成能力和精益建造能力不足的条件下，反而大力发展"人工智能"等高端建造方式的情况。为此，在当前劳动成本与环境成本快速上升，传统的低成本竞争优势正在逐步减弱，产业基础能力尚未从根本上得到增强和筑牢的条件下，盲目追求所谓"高端"的建造方式，忽视建筑产业基础能力建设，对于现代建筑产业发展将会产生不利的影响。

（2）传统建筑产业体系中创新生态欠佳，以企业为主体的专用体系创新能力亟待提升。建筑产业创新生态欠佳，主要表现在科技研发项目的引导方向的偏差，我国每年投入大量科技研发项目经费，主要集中在一些共性技术的公共研发，忽视了以企业为主体的专用体系的研发。专用体系是企业以技术、管理为基本内核，将生产活动的资源与能力系统集合，形成适合企业特有的建造方式与管理体系，是企业的核心竞争力。为此，现行的科研管理体制和引导方向，已经严重制约了"以企业为主体"科技成果转化的创新体系的完善。

（3）产业政策的制定模式不符合新时代进一步推动建筑产业高质量发展的内在需求。现阶段，我国建筑产业政策的制定模式主要是以选择性产业政策为主体的政策框架体系，比如出台的有关政策更多的是以行业主管部门业务范围为主的政策，有些技术政策还局限在某些单一技术的推广应用层面，不是产业系统内部相互关联的有机的政策体系。在这种政策模式中，政府居于主导地位，政府"驾驭"市场、干预市场与替代市场。近年来，这种产业政策模式的缺欠和不良效应日益凸显，不利于现代建筑产业整体推进和高质量发展。

8.3.3 建筑产业政策包含的主要方面

产业政策是国家为了实现其经济发展目标，提出重点发展什么产业，限制什么产业，进行宏观经济管理，推进产业结构合理化、高度化、现代化所制定的一整套政策体系。建筑产业政策是住房和城乡建设领域（部门）的产业政策，是针对建筑产业的发展战略目标，制定相应的一系列具体政策和措施，它又是国家总产业政策的组成部分。应包含以下方面：

1. 产业组织政策

产业组织政策主要是政府通过协调规模经济与竞争的关系，以建立正常的市场秩序为目标，既要保持一定的规模经济水平，又要形成市场的有效竞争态势，并且能够推动产业结构优化升级而制定的产业政策。对于现代建筑产业而言，产业组织政策的目标是促进组织结构合理化，消除不良竞争，解决好企业规模化、专业化和协作化问题。为此，首先要改善市场结构，鼓励企业间的良性竞争，限制大型企业垄断行为，维护正常的市场秩序。例如制定控制市场集中度、降低市场进入壁垒等政策，从产业的角度制定现代建筑产业发展整体规划。还要解决中小企业的转型问题，制定中小企业优惠政策，对中小企业进行必要的扶持，补助盈利不高但必要且发挥重要作用的相关企业。例如要制定中小企业转型发展相关指导意见、规范、引导和扶持性的产业政策。此外要限制过度竞争，调整市场结构，规范企业行为。例如制定合理开展招标投标工作，阻止过度竞争，拒绝不公平交易等不道德商业行为的相关政策。

2. 产业结构政策

产业结构政策是指政府依据本国的产业结构演化趋势，为推进产业结构优化升级而制定的产业政策。制定产业结构政策既要符合演进规律，又要符合本国实际。首先要调整目前不合理的产业结构，帮助大、中、小建筑企业实现真正意义上的社会化的分工协作，建立相关政策助力大型建筑设计、施工企业通过调整组织结构、健全管理体系，向具有设计、生产、采购、施工和管理能力的工程总承包企业转型；引导鼓励中小建筑设计、施工企业，向专业化设计和分包企业转型。通过兼并重组、产业链整合、产业集群建设，将建筑产业链上下游相互独立、松散的各个分支融合成一个完整的有机的产业链系统，在产业链上形成分工协作、良性互动、优势互补、协同高效的发展格局。

其次要提高产业发展层次和水平，实现建筑产业结构合理化、高度化的目标。根据优先顺序，扶持高新技术建筑企业发展，克服粗放式发展瓶颈，促使劳动密集型产业结构向技术密集型产业结构转变，从而实现产业结构的高级化。可以采取直接的行政规制包括：价格补贴、技术引进规制、政府直接投资、财务直接支持等政策；或者间接措施：税收减免、信息与技术援助等政策。政府通过政策倾斜、鼓励产业创新、激发产业活力、利用产业关联效应带动整个结构实现高级化的长远战略构想。

3. 产业技术政策

产业技术政策是指政府为促进产业技术进步而制定的产业政策。要高度重视产业技术政策对我国现代建筑产业体系建设的基础性支撑作用，健全建筑产业科技投入的长效机制、创新激励机制和成果转化机制。要进一步明确建筑产业的技术创新发展方向，着力构建以企业为主体、市场为导向、产学研相结合的技术创新体系。要按照产业技术创新体系建设的目标和规律，有效协同整合分散、割裂的各种创新资源，形成创新资源的链接，改善创新环境，完善创新体系，提升创新能力，加快促进建筑产业发展方式由要素驱动、由外延增长向内涵发展转变。要切实做好技术开发政策，包括技术开发的鼓励和保护政策、提高新技术、新工艺等普及率的政策；做好产业技术转移政策，包括为较好地引进、消化、吸收、改造国外先进技术制定正确的相关政策、产业技术扩散政策等。特别是，进入信息化时代，未来我国建筑产业技术政策将会面对结构性技术变革的挑战，产业创新体系割裂、碎片化带来的挑战以及企业主体技术创新动力和能力不足的挑战。技术创新资源有效配置和创新效率的提升是未来我国建筑产业技术政策亟待解决的问题。

4. 产业布局政策

要以更好地实现建筑产业合理分布为目标，来制定相关的产业政策。根据产业布局战略，选定优先发展地区，合理安排大型建筑企业的合理布局。制定总体的产业布局规划，确定各个地区的发展目标和重点，指导建筑产业的选择、调整、发展，避免地区产业结构趋同，实现建筑业企业的总体布局的合理性。要突出防范和抑制现代建筑产业在发展过程中出现"一哄而上"盲目发展的问题，应根据国家产业政策和区域经济发展状况，对建筑部品生产企业、预制构件生产企业进行合理布局。政府还可通过产业布局要求，鼓励建立产业基地及示范城市，并根据安排和资源、产品等位置情况，合理布局建筑企业。政府还可通过发布税收减免政策、采购政策、就业支持政策等间接引导各地产业布局。

5. 产业市场政策

要加快完善现代化市场监管体系，充分发挥市场在资源配置中的决定性作用，更好地发挥政府对现代建筑产业的引导、监督和管理作用。要进一步开放建筑市场，废除一切不利于现代建筑产业的市场统一开放、妨碍企业公平竞争的各种规定和做法，严厉查处围标串标、转包挂靠、违法分包等违法违规行为。要大力推进行政审批制度改革，逐步放开资质限制，强化个人职业资格的改革方向，充分发挥社会信用、工程担保、金融保险等市场机制的作用。要改革招标投标监管方式，大力推进非国有资金投资项目的发包方式，放开民间资金投资项目自主发包方式，重点加强国有资金投资项目的招标投标监管。要营造公平竞争的市场环境，减少对中小企业不必要的直接干预，打破地方与部门的分割，鼓励要素自由流动。要构建全面、系统的产业监管体系，包括工程质量、安全生产、履约管理、用工制度、信用保障、信息安全等方面的市场监管政策。

8.4 我国现代建筑产业政策调整方向及建议

8.4.1 现代建筑产业政策调整方向

1. 逐步放开资质限制，让市场决定建筑企业的组织形态

放开资质限制，强化信用管理。首先是落实并严格追究建设单位的质量安全责任，同时将选择承包商的权力还给建设单位，促使其使用市场机制约

束承包商。在市场机制发挥作用的前提下，担保保险等市场工具才能发育发展，也才能形成真正由市场决定的企业的规模和专业性质的组织格局，各类施工总承包企业、分包企业才可以走出同质化竞争困境，培育各具特色的核心竞争能力。采取的路径可以是政府保留资质评审，但有条件放开法规对于相应承揽工程范围的限制，逐步过渡到主要由市场机制发挥作用的局面。

2. 创造中小企业专业分包的发展环境，促其规范健康发展

将现有施工劳务分包管理制度，调整为建筑施工专业分包管理制度。增加小微建筑施工专业分包企业（注册人数为 1 ~ 50 人）的类型，对于小微建筑施工专业分包企业，应实行工商注册加从业人员培训达标的备案从业制度。培训达标即所有从业人员都需有建筑从业安全、技术技能培训合格证书，特殊工种人员持有技能证书。小微建筑施工专业分包企业经工商注册、行业主管部门备案后即可进入建筑市场，承揽建筑专业分包业务。简易登记，减免税收，落实国家的工商登记规定及改革的要求，能够让建筑专业分包的小微企业享受国家相关的各项优惠政策。鉴于建筑专业分包企业营业收入弹性大的特点，可实行无营业收入不缴营业税。政府及行业组织应为小微企业提供融资、培训、技术服务体系，引导小微企业做专做特做优，推动形成一批以施工作业为主的建筑产业专业化企业队伍。

3. 压缩大型国有建筑企业纵向管理层级，打造扁平企业组织

对于大型国有建筑企业，要进一步明确企业内部的各层次分工，将资产管理和经营管理区分开来，资产管理层人员精简，管理考核科学简明。充分授予经营层次经营自主权，激发其活力；提高龙头企业的资本、技术、管理含量，形成以资本、技术、管理要素支撑承包业务的基本格局，抑制外延式的扩大承包规模；通过企业内部组织调整，构造合理专业结构和空间布局结构，在业务上打造优势、聚力、互补、专业的板块集合，使得企业的经营、业务特色更为突出，克服同一企业集团内同质化竞争的状况；以企业的管理、技术为灵魂，拓展组织空间布局，加强经营层次的人财物等资源的战略调度能力，形成大企业应有的资本、研发、一体化等优势。重点围绕"能力强的总部""要素全的区域"的发展战略定位，优化部门及机构设置，完善管理制度和流程，理顺各层级管理关系，形成总部引领到位、服务到位、监督到位，区域市场能力到位、资源配置能力到位、要素协同能力到位的良好发展格局。

4. 充分运用信息化手段，推动企业组织结构优化

引导鼓励大型建筑企业建立企业级信息化系统平台，以适应生产力新的组织方式。以企业核心技术与运行管理机制为核心，将企业生产活动的设计、生产、施工、采购、管理等各环节，多纬度进行规范化、流程化、数据化；以互联网＋为手段，把标准化管理与信息化管理手段充分融合，实现系统集成和组织优化，打通信息数据孤岛，整合技术与管理要素，优化资源配置效率。通过企业级信息化系统平台建设，强化工程项目组织，提高工程项目效率，降低工程项目成本，创新工程项目运作；提升建筑企业的核心能力，促进其与相关产业跨界融合，提高企业效率效益，推动建筑产业转型升级。

5. 完善执业资格管理制度，培育专业中介咨询组织

中介咨询组织是建筑业合理的企业组织结构形成的纽带和机制。专业化的中介咨询组织发育发展的关键是行政管制的退位。大力培育全过程工程咨询企业，积极推行建筑师负责制。要落实各类有执业资格的个人的执业权力和责任，做到权责匹配，克服行政权力超越专业权力、执业资格人员责任界定不到位问题，真正使技术人员发挥质量、技术、经济的专业控制制约作用。认真研究取消有执业资格人员只能在一个企业执业的限制，在对其所做的专业工作承担终身专业责任的前提下，探讨其独立执业和在不同企业项目任职的可能性。强化对于中介咨询组织权力责任落实的监管和查处，弱化对使用范围、领域的强制性规定，使其在市场中实现持续健康发展。

6. 摆脱传统建筑业规制体系，实现全产业链的规范运作

改革旧有的建筑业统计制度，实现现代建筑产业的统计数据全覆盖。要将冶金、铁道、交通、水利、电力等部门所属的建筑勘察设计、施工企业的业务活动和生产经营数据，统一由国家行政主管部门直接管理和统计；将建筑材料行业、建筑部品生产企业的业务活动和生产经营数据纳入建筑产业的统一管理，完善建筑产业链条，实现统筹规划、系统集成、整体施策。

8.4.2　现代建筑产业政策建议

针对当前我国建筑产业发展面临的突出问题，要坚持新发展理念，坚持深化市场化改革，破除阻碍现代建筑产业发展的体制机制障碍，要从体制创新、机制支持、技术支撑、管理现代等方面完善产业政策体系，应着重做好以下四个方面工作：

1. 加强顶层设计，促进现代建筑产业体系建设

要充分认识现代建筑产业体系建设是构建我国现代产业体系的重要组成部分，对于促进我国建筑产业由大变强、实现高质量发展的意义十分重大。因此，要加强顶层设计，做好宏观引导和协调，成立由有关国家部委牵头的现代建筑产业体系建设的部际协调机制，优化配置政策资源，统筹推进各相关产业间、企业间系统集成、协调有序发展。尽快制定《现代建筑产业体系建设中长期规划》及其《发展纲要》，科学确定我国现代建筑产业体系建设路线图，合理分解各阶段发展目标。以此为基础，制定同步、协调、可持续的建筑业转型升级、产业结构优化、产业布局合理化、技术创新发展、信息化水平提升等专项规划。

2. 完善建筑产业链，鼓励关联产业相互融合发展

传统建筑业和关联产业融合形成现代建筑产业是顺应新一轮科技革命和产业变革、增强建筑企业核心竞争力、培育现代建筑产业体系、实现高质量发展的重要途径。近年来，国家明确提出要发展多业融合，深化业务关联、链条延伸、技术渗透，探索新业态、新模式、新路径，推动各相关产业间相融相长、耦合共生。同时也面临发展不平衡、协同性不强、深度不够和政策环境、体制机制存在制约等问题。为此，要加强统筹规划，坚持市场主导政府引导相结合，鼓励企业集约化生产经营，强化产业链龙头企业引领作用。支持核心企业整合产业链各类企业和资源，在大力推行工程总承包管理模式下，培育一批处于价值链顶部、具有全产业链号召力和国际影响力的龙头企业。发挥产业链的推动者作用，在技术、产品、服务等领域持续创新突破，深化与相关配套产业、企业协同，引领建筑产业链

深度融合和高端跃升。

3. 以企业为主体，大力支持企业专用体系的创新发展

"以企业为主体"是当前国家有关产业政策中经常出现的一个政策取向。但是，长期以来，我国建筑产业的企业没有成为产业化过程中的技术创新主体，许多产业化的技术创新任务都是由科研院所承担的，即使有企业参加也是处于辅助的角色，研究的课题更多的是共性技术的公共研发项目，或者是通用的技术标准和指南，与企业内在的创新发展实际需求相差甚远，缺乏引导支持发展企业专用体系的政策和导向。专用体系是指企业以技术、管理为基本内核，将生产活动的资源与能力系统集合，形成适合企业特有的建造方式与运营管理体系，专用体系是企业的核心竞争力，包含了技术与管理的两个方面融合创新，这两个方面的协调发展具有重要意义，管理模式创新支撑技术创新，技术创新驱动管理模式创新，两者密不可分。因此，提升建筑企业的核心能力，不仅要从技术创新入手，同时还要加强管理模式创新，并将两者有机结合起来。

4. 优化发展环境，清理制约现代建筑产业发展的政策措施

放宽市场准入条件，深化资质、认证认可管理体制改革。简化企业资质管理，减少专业类别，进一步合并部分专业承包资质，减少资质等级。改革完善招标投标、劳务用工制度。推动建筑产业信息化、数字化和智能化建设，利用跨部门、跨产业等多元数据，发挥社会数据资源价值，建立建筑产业信息链分析和追溯机制。鼓励大型国有建筑企业建立企业信息化系统管理平台，减少组织层级，优化组织结构。加强人力资源保障，改革完善人才管理评价制度，探索建立复合型人才评价和职业发展通道体系，推行现代建筑产业工人的学徒制，加快创新型、技能型人才培养。建立创新高效协同的产业融合发展的工作推进机制。

附　录

现代建筑产业的企业发展模式典型案例

——中建科技集团有限公司的探索与实践

1. 引言

企业既是产业经济活动的微观基础，也是推动现代产业经济增长的主要动力。从某种程度上来说，一个国家的综合国力在很大程度上展现为该国是否有足够优秀的企业，而一个产业的核心竞争力则表现为该产业是否具有世界一流的大型龙头企业。然而，要成为具有全球竞争力的世界一流企业，必须要具有时代特色的发展模式，这种发展模式是企业在生产运营实践中，基于内外部因素的综合考量所形成自身成长和发展的技术与管理融合的整体性结构。尤其在企业发展理念、业务结构、核心能力和产业链地位等方面都具有独特性，从而提升企业的市场竞争力、行业领导力和社会影响力。

没有最佳的企业发展模式，只有时代的企业发展模式。企业的发展模式与时代变化具有很强的契合性，任何一个企业只有跟上时代的发展步伐，才能获得生存与发展，这已是人们的一个基本共识。当今社会，正处在工业经济时代、信息经济时代和数字经济时代的叠加。因此，企业要生存和发展，需要不断地适应时代的交替，以及新时代的政策和市场环境的变化，以满足政策和市场环境对企业发展模式提出的新要求。

进入新时代，中建集团作为现代建筑产业的大型龙头企业，提出了"一创五强"战略目标，即以创建具有全球竞争力的世界一流企业为牵引，致力成为价值创造力强、国际竞争力强、行业引领力强、品牌影响力强、文化软实力强的世界一流企业集团。中建集团瞄准我国新型建筑工业化发展的新趋势，敏锐地抓住新时代发展的新机遇，以革命的精神和勇气，摆脱传统路径的依赖，通过创新驱动，大力推进中建蓝海战略。2015年成立的中建科技集团有限公司（以下简称中建科技），现代建筑产业的企业发展模式典型案例是中建集团专门为发展新型建筑工业化而成立的科技型企业，是中建集团开展科技创新与实践的技术平台、投资平台、产业平台，被赋予了开展新型建筑工业化业务的重任，要求深度聚焦工业化建造、绿色建造、智能建造等创新领域，走出一条不同于传统建筑企业发展模式的差异化之路，探索中国建筑未来发展的新理念、新技术、新模式和新路径，并通过中建科技的探索和实践，以点带面，引领和带动中建集团乃至全国的新型建筑工业化发展。

在短短5年的时间里，在叶浩文董事长的带领下，中建科技不负厚望，已经成为我国新型建筑工业化的领军企业，获得了一系列成功的经验和业绩。本书以中建科技为典型案例，旨在结合现代建筑产业发展的相关理论，从技术与管理创新两个维度，以企业组织结构、发展模式及运行机制为重点，与广大读者共同分享中建科技在构建现代建筑企业发展模式上的探索与实践，以及对走新型建筑工业化道路的思考，希望可以与各位业界同仁共同探讨，从中总结经验、找出问题、完善提升，共同推进我国建筑产业现代化进程，共创中国现代建筑产业发展的新未来。

2. 中建科技发展概况

（1）基本情况

中建科技成立于2015年4月，目前企业拥有员工3000余人，所属子、分公司共27家，预制构件生产基地22个，装配式建筑设计研究院1家，业务范围遍及东北、华北、西北、东南、华南、西南等区域近20个省、直辖市，拥有建筑工程施工总承包壹级资质、建筑工程设计甲级资质和建筑装修装饰工程专业二级资质等，并于2020年4月入选国务院"科改示范行动"企业名录。

（2）成立背景

进入新时代，中建集团作为建筑业的央企领军企业、世界500强排名第18位的世界最大的投资建设集团，既面临着国家对建筑业转型升级与高质量发展的新要求，又面临着我国建筑工业化蓬勃发展的新挑战，中建集团审时度势、登高望远，找准所处的时代方位，确立了发展新型建筑工业化业务的目标航向，寻求新的发展路径，以此实现企业的创新发展，更好地引领未来。

"一张白纸绘蓝图，另辟蹊径谋发展"，中建集团高瞻远瞩、深谋远虑，深知走新型建筑工业化道路是建造方式的重大变革，是具有革命性、创新性和引领性的重大任务，不能在传统业务板块上修修补补或一哄而上，必须摆脱传统路径的依赖、挣脱利益链的束缚，要轻装上阵，在一张白纸上绘就最美的蓝图。要建立一个全新的专业化、工业化并具有工程总承包能力的科技型企业，通过这个企业的先行探索和实践，以点带面，引领和带动全集团乃至全行业的发展。为此，早在 2013 年底，中建集团党组决定，注资 20 亿元专门成立中建科技，吹响了向新型建筑工业化进军的号角。

（3）总体发展

5 年来，中建科技从零起步，肩负着中建集团赋予开展新型建筑工业化的重任和期望，面临着建筑业转型升级与高质量发展的新形势，面对着全国建筑工业化和装配式建筑蓬勃发展的新局面，敢为人先、善作善成，把创新基因和创新文化根植于新兴企业的血脉和灵魂，闯出了一条以创新引领创业、以创业支持创新的科技兴企之路。

为创新而生的中建科技，自诞生之日起，就确立了"科技引领、创新驱动"的发展战略，通过广泛吸收世界建筑工业化领域的先进技术与管理经验，虚心向国内外优秀企业学习借鉴，在独立自主的基础上，开放合作地发展了领先的核心技术体系，形成了具有自主知识产权的科研、设计、制造、施工、运营一体化全产业链运营管理体系，目前正在以一往无前的精神和不懈追求，致力于成为建筑工业化领域最具国际竞争力的投资建设集团。

中建科技经过多年的努力探索和深入实践，创造性地提出并全面推行"三个一体化"的经营理念、"四个标准化"的设计方法和"REMPC 五位一体"的工程总承包发展模式。在建造方式上基本实现了从现场作业向工厂制造转变、从现场湿作业向施工装配化转变、从施工分包向工程总承包转变，这是中建科技在工程实践中相对传统建造方式实现的三个根本性转变。在企业运营管理上，采用现代企业组织结构，差异化发展战略，平台型企业模式，通过科技引领、设计主导与工程建设全产业链的贯穿衔接，着力提升了企业工程总承包能力和产业链的协同高效水平。

中建科技在全国范围内率先采用 REMPC 工程总承包模式，倾力建造了深圳裕景幸福家园、山东建大教学实验楼、深圳坪山会展中心、深圳坪山学校等多个装配式建筑工程项目，以及全国在建最大的装配式建筑社区——深圳长圳公共租赁住房的标杆项目。目前，中建科技已经发展成为我国新型建筑工业化领域的领航者和现代建筑产业的全要素服务商。

3. 中建科技发展模式和启示

（1）新时代创新的发展理念

中建科技基于多年对新型建筑工业化的深入理解和不懈追求，创造性地提出以"建筑"为最终产品，全面推行"三个一体化"建造方式的经营发展理念。即在工程建造的生产经营活动中，要从系统性设计的角度，推行建筑、结构、机电、内装一体化；从工业化建造的角度，推行设计、制造、装配一体化；从生产方式的角度，推行技术、管理、市场一体化。这种一体化的建造方式，是建立在以"建筑"为最终产品的发展理念之上，以实现工程项目整体品质、效率、效益最大化为经营目标，具有工业制造的特征，是发展观的深刻变革。一体化的建造过程是一个产品生产的系统流程，要通过建筑师对建造全过程的控制，采用工业化的设计思维和方法，进而实现工程建造的标准化、一体化、工业化和高度组织化。

（2）差异化发展的经营战略

中建科技成立之初，就确立了差异化发展的经营战略。这种差异化发展主要是区别于中建集团内部各工程局以施工总承包为主的发展模式，避免同质化竞争，形成新的差异化的发展经营业态。主要体现在：在经营目标上要实现工程项目的整体品质、效率、效益最大化；在业务结构上要实现纵向一体化、横向多元化；在核心能力上要打造技术产品的集成能力和组织管理的协同能力并具有独特性；在业务模式上以 EPC 工程总承包项目为主营业务，聚焦绿色建筑、装配式建筑、模块化建筑、智慧建筑、绿色建筑产业园和新能源等绿色环保建筑领域。长期以来，中国建筑主要以传统房建的施工总包为主，一直存在业务结构单一、发展方式单一、子企业同质化竞争严重等问题。中建科技的差异化发展战略，一方面是为了区别于中建各工程局的传统经营模式，避免同质化竞争和相似发展；另一方面就是要通过中建科技的努力和实践，为中建集团探索出一条具有全球竞争力的世界一流企业的发展路径和发展模式。

（3）现代企业的组织形态

中建科技创建之初，就高度重视企业组织结构的建设，努力打造符合产业特点和时代要求的现代企业形态。中建科技没有采用教条、单一的组织结构，而是根据中建集团制定的科技型企业发展战略目标和定位，紧紧围绕发展新型建筑工业化的核心业务，综合考虑企业战略、企业环境、企业规模、业务特点、技术水平、信息化发展水平等因素，采取灵活的策略，通过不同组织模式的组合应用与创新，建立具有时代特征的符合自身特色的现代企业组织结构。

中建科技创造性地采用了一种直线职能制、事业部制与矩阵制融合发展的组织结构模式，即常规职能采用直线职能制，子企业管理采用准事业部制，而工程项目管理采用矩阵制的集权、分权相结合的管理体制。具体做法主要是，强化总部的协调管理职能，减少职能层级，保证内部资源配置效率最佳。通过总部设计院与科研中心等职能人员的派出，深度参加项目组工作，实现了突破企业内部纵向和横向边界，跨部门、同级化、系统性协作与资源共享。此模式已经逐渐演变为中建科技所独有的集团层级化、分层扁平化、核心能力矩阵化的组织管理模式，很好地契合了企业的特点，实现了效率提升、协同配合、资源共享、成本降低、人才培养、活力激发的有机统一的现代企业的组织形态。

（4）产业链贯通的研发设计

中建科技始终坚持以市场需求为导向，以"建筑"为最终产品的经营理念，注重研发与设计贯穿工程项目建设的生产活动全过程、全产业链。多年来，积极开展针对性的技术研发工作，要求技术研发成果必须要与工程建设项目有机结合，必须形成技术系统集成应用。通过技术研发和工程实践，目前已建立了企业十大结构技术体系：装配式剪力墙高层住宅体系、全装配式多低层住宅体系、PC框架体系、PS结构体系、预应力结构体系、钢混结构体系、模块化结构体系、主次框架结构体系、交错桁架结构体系、内浇外挂结构体系。

工程项目是一个系统工程，研发、设计、采购和施工各阶段有紧密的内在联系和协调规律，能否合理地组织各阶段的对接关系，直接关系到工程项目的质量品质、效率效益。中建科技充分发挥设计在工程建造活动中的主导作用，专门制定有关建筑设计的管理流程，具体界定业主、总包、分包、设计方等行为规则和责任界面以及效益分配机制，使深化设计的管理有序进行，并充分调动了设计人员在工程建设全过程参与的积极性和主动性。

（5）系统性集成的专有技术

企业专有技术是以技术、管理为基本内核，是企业将生产活动的资源与能力系统集合，形成适合企业特有的生产运营与管理体系，是企业的核心竞争力的具体体现。中建科技经过多年的探索和实践，初步形成了"技术体系、设计方法、制造工艺、施工工法、工程管理"于一体的专有技术体系和新型建造方式。通过技术研发，形成了高品质、高效率的技术产品体系；通过建筑设计的主导，打造了技术集成与协同高效的新型建造方式；通过技术与管理及资源的有机结合，不断完善了中建科技所特有的运营管理体系，最终形成了难以复制的企业专用体系。这是中建科技运营管理与创新发展的内在逻辑，并以此形成了企业的核心竞争力。

目前已经基本掌握并广泛应用的专有技术主要包括：装配式高层住宅、装配式低多层住宅、装配式学校、典型预制构件工厂、多高层装配式办公楼、装配式医院、装配式超低能耗建筑、集成建筑防疫医院、集成建筑市政设施、集成建筑工地临建。通过建造方式与管理体系的系统整合，形成了独具中建科技特色的企业专用体系，为企业带来真正的效益，也进一步强化了企业的差异化竞争优势。

（6）工厂化生产的产业基地

工厂化生产是工业化建造方式的显著特征，是企业技术研发和生产的重要载体，是采用工程总承包模式的关键环节。为此，中建科技明确地认识到，要走新型建筑工业化道路，就必须投资建设预制构件生产基地，掌握预制构件生产技术和工艺，这样才能打通产业链，才能真正形成自己的专有技术体系。然而，要实现工厂化生产需要大量的资金投资建厂，需要专门的人才生产经营，需要向工业制造方向转型，这对于长期以施工承包为主的中建集团来讲，可以说是一个全新的课题和挑战。中建科技迎难而上，通过深入调研和广泛学习，在短短5年的时间里，在全国布局的区域公司范围内投资建设了22个预制构件生产基地，主要用于支撑区域公司的市场经营和项目实施。

目前，各区域的预制构件生产基地正逐步向全国自动化程度最高、生产工艺最先进、产品质量最优、厂区环境最美的现代化工厂的目标迈进。在工厂的经营管理方面，中建科技大力推行工厂"四化"管理和7S管理，全面推行工厂生产的工艺精益化、成本精细化、管理信息化和质量可溯化。在预制构件的产品类型方面，保证构件门类基本齐全，满足工程项目的需求。随着工厂建设和生产运营步入正常轨道，各区域的预制构件生产基地目前已开始全面生产，进入质量、工艺、效率和效益提升阶段，中建科技将努力打造我国的标杆工厂，引领并支撑我国新型建筑工业化发展。

（7）一体化建造的总包模式

中建科技结合自身的科研、设计、制造以及管理优势，大力推行"五位一体"的REMPC工程总承包模式，即实施"研发＋设计＋制造＋采购＋施工装配（管理）"的一体化建造模式，实现在"技术、管理、市场"三个层面上的同频共振，全面发挥装配式建筑一体化建造的优势。中建科技采用的一体化建造的工程总承包管理模式，不仅是企业技术创新发展的环境、动力和源泉，也是工程项目在实施过程中的重要基础和保障，而且也是保证工程建设的质量、效率和效益的关键。

中建科技"五位一体"的工程总承包模式，主要是建立了对整个工程项目实行整体策划、全面部署、协同运营的承包管理体系。这种具有一体化建造特征的总承包模式，有助于建筑企业实现规模化发展，能够实现做大做强的目标，具备和掌握与工程规模相适应的条件和能力，扩大规模优势；有助于激励企业拥有核心技术，生产出核心产品，为企业赢得超额利润，扩大技术优势；有助于企业形成具有自己特色的管理模式，整合优化整个产业链上的资源，解决设计、制作、施工一体化问题，充分发挥企业活力，扩大管理优势。中建科技坚定地推行工程总承包模式，经过多年的努力实践，使企业的核心技术体系、项目管理体系和信息化管理平台的应用水平得到了大幅度提升，进一步提高了企业核心能力。

（8）信息化管理的企业平台

信息化、数字化是企业现代化管理的重要手段，是企业将运营管理逻辑与信息互联技术的深度融合，进而实现工程管理精细化和高度组织化。中建科技坚持以信息化、数字化为支撑，不断提升设计的协同建造优势，大力推进协同创新、融合创新和"三全 BIM"创新，创造性地研发了具有自主知识产权的"中建科技装配式智慧建造平台"。平台包括模块化设计、云筑网购、智能工厂、智慧工地、幸福空间五大模块，融合设计、采购、生产、施工、运维的全过程。融合 BIM+ 互联网 + 物联网技术的"中建科技装配式智慧建造平台"成果，经国内院士专家组评审，一致认为是我国装配式建筑领域第一个全过程智慧建造平台，达到了国际先进水平。

"中建科技装配式智慧建造平台"实现了设计、采购、生产、施工和运维全链条的信息交互传递，有力促进了"绿色建造、智慧建造、精益建造和一体化建造"，从发展模式、实施路径和数字化支撑上，形成了中建科技全产业链建造优势。此外，中建科技充分发挥中建集团信息化优势，实现各业务线的信息纵向贯通与横向共享，特别是云筑网集中采购的集团优势，保证了价格、品质的优势和供应链的稳定高效；通过钉钉等软件产品的个性化应用，顺应了企业管理移动化的需要，保障了信息的高效传递和企业管理体系的高速运转。

（9）高素质凝聚的人才队伍

中建科技的成长和进步离不开一批高素质的人才队伍。团队的成员主要是来自各工程局的具有创新性管理能力的领导和业务管理、技术研发、工程设计骨干，以及集团外部的具有丰富经验的业界专家和工程技术人员。一批怀揣梦想、充满激情的技术专家和管理骨干，奠定了中建科技的高起点。在高端的智库方面，组建了国内首个装配式建筑院士工作站，首批入站院士包括聂建国、肖绪文、周福霖、周绪红、孟建民、叶可明、刘加平7位院士。在行业领军人才方面，聚集了住房和城乡建设部科学技术委员会专家1人，住房和城乡建设部有关专家委员会2人，科技部在库评审专家近20人，各省级装配式专家委员会专家近30余人。在研发骨干方面，中建科技采用差异化发展模式，加大科技人才的吸引和储备力度，充分利用总部注册地深圳的人才政策，聚集了剑桥大学、帝国理工、南洋理工、清华大学、哈工大、上海交大等世界知名高校的48位博士，15%以上员工具有硕士以上学历。在吸引外部人才的同时，也得到了集团内部的鼎力支持，集团技术中心和兄弟单位的优秀人才也得以无障碍地向中建科技聚集。在产业工人培育方面，加强专业技工培训，弘扬工匠精神。企业自有工人曾荣获2019年全国第二届装配式职业技能竞赛中生产环节模具组装项目的冠、亚、季军等多项荣誉。

中建科技秉承"海纳百川"的用人文化及"高标准、严要求、重实用"的人才导向，通过战略分解、规划引领，大力开展社会成熟人才引进和校园招聘工作，不断健全人才培养机制、拓展员工成长渠道，持续强化人力资源开发及人才梯队建设。目前公司六支人才队伍数量基本满足公司经营发展需要，其中经营管理人才约330人，科技研发人才约420人，建筑设计人才约550人，项目管理人才约840人，专业管理人才约628人，产业工人约250人。

4. 中建科技典型工程

中建科技完成的典型工程见图1～图7。

图 1　全钢结构装配式大型公建 EPC 项目——深圳坪山会展中心项目

图 2　全国最大的装配式建筑社区——深圳长圳公共住房及其附属工程项目

图 3   国内第一个装配式钢结构被动式超低能耗建筑——山东建筑大学综合实验楼

图 4   南京一中项目

图 5　锦龙学校项目

图 6　深圳生物医药产业加速器园区项目

图 7　中建科技深汕 PC 工厂

参考文献

[1] 高志刚.产业经济学[M].北京:中国人民大学出版社,2016.

[2] 苏东水.产业经济学[M].北京:高等教育出版社,2015.

[3] 尹迪,张庆阳.日本建筑业管理概览[J].建筑,2018(24):40-43.

[4] 刘国维,张庆阳.美国建筑业管理概览[J].建筑,2019(01):56-59.

[5] 王志成.美国装配式建筑:"六大链"积聚产业优势[N].中国建材报,2018-04-19(008).

[6] 张庆阳,刘文钊.德国建筑业管理概览[J].建筑,2019(03):52-55.

[7] 夏锋,樊骅,丁泓.德国建筑工业化发展方向与特征[J].住宅产业,2015(09):68-74.

[8] 叶明.装配式建筑概论[M].北京:中国建筑工业出版社,2018.

[9] 中国工业发展报告[M].中国社会科学院工业经济研究所,2019

[10] 鲁贵卿.企业信息化要从实践中来到实践中去——关于"建筑业+互联网"困局的又思考[J].建筑,2018(03):20-26.

[11] 王彬武,李德全.中外建筑业企业组织结构对比研究[J].建筑经济,2017,38(04):13-18.

[12] 王伍仁.EPC工程总承包管理[M].北京:中国建筑工业出版社,2008.

[13] 刘玉明,张常杰.北京市民用建筑节能规划实施效果评价[J].科技管理研究,2017,37(07).

[14] 叶浩文.一体化建造[M].北京:中国建筑工业出版社,2019.